Jutta Arrenberg

Finanzmathematik

hrbuch mit Übungen

3., aktualisierte Auflage

DE GRUYTER
OLDENBOURG

ISBN 978-3-11-041369-4
e-ISBN (PDF) 978-3-11-041370-0
e-ISBN (EPUB) 978-3-11-042378-5

Library of Congress Cataloging-in-Publication Data
A CIP catalog record for this book has been applied for at the Library of Congress.

Bibliografische Information der Deutschen Nationalbibliothek
Die Deutsche Nationalbibliothek verzeichnet diese Publikation in der Deutschen
Nationalbibliografie; detaillierte bibliografische Daten sind im Internet über
http://dnb.dnb.de abrufbar.

© 2015 Walter de Gruyter GmbH, Berlin/Boston
Coverabbildung: Kiyoshi Takahase Segundo/Thinkstock
Druck und Bindung: CPI books GmbH, Leck
♾ Gedruckt auf säurefreiem Papier
Printed in Germany

www.degruyter.com

Vorwort

Vorwort zur dritten Auflage

Der in diesem Buch mit zahlreichen Beispielen unterstützte Zugang zur Finanzmathematik hat eine große Leserschaft gefunden, so dass eine weitere Neuauflage erforderlich wurde.

Die dritte Auflage wurde erweitert durch Formeln der Finanzmathematik im Tabellenkalkulator Excel, so dass jetzt nach der Rechnung mit Papier und Bleistift die Ergebnisse auch mit Excel abrufbar sind. Ferner wurde aus den Zusammenfassungen am Ende eines jeden Kapitels eine Formelsammlung erstellt. Diese Formel-Übersicht befindet sich im Anhang.

Vorwort zur zweiten Auflage

In der zweiten Auflage wurden die Beispiele aktualisiert. Besonderes Augenmerk lag außerdem auf der Überarbeitung des sechsten Kapitels mit dem Effektivzins. Dazu wurde das Kapitel u.a. ergänzt um weitere Beispiele aus der Praxis, um die Berechnung des Effektivzins transparenter zu gestalten. Im siebten Kapitel wurde ferner die Investitionsrechnung um betriebswirtschaftliche Aspekte erweitert, es gibt eine Interpretation von Ergebnissen aus mathematischer und aus betriebswirtschaftlicher Sicht.

Vorwort zur ersten Auflage

Finanzmathematik ist ein anwendungsbezogenes Fachgebiet der Mathematik, das als eigenständiges Lehrfach im Rahmen des Studiums der Wirtschaftswissenschaften seinen festen Platz an den Hochschulen hat. Eine typische Aufgabe der Finanzmathematik ist es, mehrere Geldbeträge zu einem Betrag zusammenzufassen, um Vergleiche mit anderen Zahlungsströmen anstellen zu können.

Das vorliegende Buch behandelt die Grundlagen der Finanzmathematik. Es gliedert sich in neun Kapitel. Nach der Festlegung der Notation im ersten Kapitel wird im zweiten Kapitel die lineare Verzinsung vorgestellt. Das dritte Kapitel befasst sich mit verschiedenen Berechnungsmöglichkeiten von Zinseszinsen. Auf der Grundlage dieser Verzinsungsarten wird im vierten Kapitel die Rentenrechnung dargelegt. Hier werden Berechnungsformeln erarbeitet, um regelmäßige Zahlungen über einen längeren Zeitraum rechnerisch zu erfassen. Im fünften Kapitel schließt sich die sogenannte Tilgungsrechnung an. Bei regelmäßigen Zahlungen über einen längeren Zeitraum wird hierbei unterschieden nach Zins- und Tilgungsbeträgen. Die effektive Verzinsung wird im sechsten Kapitel erläutert. Im siebten Kapitel werden die drei Methoden der Investitionsrechnung dargestellt: Kapitalwertmethode, interner Zins und Annuitätenmethode. Im achten Kapitel werden Abschreibungsverfahren aufgezeigt.

Jedes Kapitel enthält Beispiele, um die Leserin bzw. den Leser sukzessive an den Lernstoff heranzuführen. Das neunte Kapitel stellt etliche Aufgaben (mit Lösungen) zum Üben bereit. Im Anhang befinden sich Tabellen mit Auf- und Abzinsungsfaktoren.

Das Buch richtet sich an Studierende der Wirtschaftswissenschaften. Durch die vielen Beispiele sowie Aufgaben mit Lösungen kann der Inhalt auch autodidaktisch im Selbststudium erarbeitet werden. Ferner gibt es in dem Buch Zeitachsen, gerade wenn etliche Teilbeträge vorliegen, ist das Zeichnen einer Zeitachse wichtig, um den Überblick über die Zahlungsströme zu behalten.

Ich danke allen Hörerinnen und Hörern meiner Vorlesung Finanzmathematik, die mit ihren Fragen maßgeblich dazu beigetragen haben, aus meinem Skript dieses Buch reifen zu lassen.

Köln   Jutta Arrenberg

Inhaltsverzeichnis

1	**Einführung**	**1**
2	**Einfache Zinsen**	**3**
2.1	Lineare Verzinsung	3
2.2	Zusammenfassung	8
3	**Zinseszinsen**	**9**
3.1	Jährliche Verzinsung..	9
3.1.1	Nachschüssige Verzinsung...	9
3.1.2	Vorschüssige Verzinsung	14
3.2	Unterjährliche Verzinsung	20
3.2.1	Relativer Zinssatz	21
3.2.2	Konformer Zinssatz...	25
3.3	Gemischte Verzinsung	28
3.3.1	Relativ gemischte Verzinsung	28
3.3.2	Bankmäßig gemischte Verzinsung	33
3.4	Stetige Verzinsung..	35
3.5	Zusammenfassung	36
4	**Rentenrechnung**	**39**
4.1	Jährliche Renten	39
4.1.1	Nachschüssige Jahresrente	39
4.1.2	Vorschüssige Jahresrente...	47
4.2	Unterjährliche Renten	54
4.2.1	Nachschüssige Rente zu relativ gemischter Verzinsung	54
4.2.2	Vorschüssige Rente zu relativ gemischter Verzinsung	59
4.2.3	Nachschüssige Rente zu unterjährlicher Verzinsung zum relativen Zins ..	65
4.2.4	Vorschüssige Rente zu unterjährlicher Verzinsung zum relativen Zins ...	67
4.3	Ewige Rente...	70
4.4	Zusammenfassung	72

5   Tilgungsrechnung   75

5.1   Raten-Tilgung... 75

5.2   Annuitäten-Tilgung 79
5.2.1 Prozentannuitäten-Tilgung 85
5.2.2 Zweimalige Prozentannuitäten-Tilgung................................ 90

5.3   Zusammenfassung 94

6   Effektivzins   97

6.1   Einmalige Zahlung 97

6.2   Jährliche Zahlungen 98

6.3   Unterjährliche Zahlungen 104

6.4   Wertpapiere 109

6.5   Zusammenfassung 118

7   Investitionsrechnung   121

7.1   Kapitalwertmethode... 121

7.2   Annuitätenmethode 125

7.3   Interner Zins 125

7.4   Amortisation 128

7.5   Zusammenfassung 129

8   Abschreibungsverfahren   131

8.1   Lineare Abschreibung 132

8.2   Geometrisch-degressive Abschreibung 134

8.3   Übergang von der geometrisch-degressiven zur linearen Abschreibung... 137

8.4   Zusammenfassung 141

9   Übungen   143

9.1   Aufgaben 143

9.2   Lösungen... 157

A   Anhang   177
A.1   Herleitung der Duration nach Macaulay.............................. 177

A.2   Tabelle Abzinsungssummenfaktor 178

A.3   Formelsammlung 183
A.3.1 Zinsrechnung 183

A.3.2   Rentenrechnung 184
A.3.3   Tilgungsrechnung.. 185
A.3.4   Investitionsrechnung... 185
A.3.5   Abschreibungen 186

Index   **187**

1 Einführung

Aufgabe der Finanzmathematik ist es, für langwierige Zahlungsvorgänge kurze, prägnante Berechnungsformeln zu entwickeln, mit deren Hilfe gewünschte Ergebnisse und Vergleiche schnell und bequem berechnet werden können. Wir beschäftigen uns in diesem Buch mit der Herleitung solcher Berechnungsformeln.

Bevor wir mit dem finanzmathematischen Rechnen beginnen, legen wir die zukünftige Notation fest. Gemessen an den vielen Formeln, die wir später erarbeiten werden, umfasst die Notation nur einige wenige Bezeichnungen.

Definition 1.1

K_0 Anfangskapital

K_n Endkapital nach n Jahren

n Laufzeit in Jahren

p Zinsfuß pro anno (bei 4 % Jahreszinsen beträgt $p = 4$)

i $= \frac{p}{100}$ Zinssatz pro anno (bei 4 % Jahreszinsen beträgt $i = 0{,}04$)

q $= 1 + \frac{p}{100}$ Zinsfaktor pro anno (bei 4 % Jahreszinsen beträgt $q = 1{,}04$)

Neben diesen sechs Bezeichnungen spielen die folgenden beiden Rechenoperationen in der Finanzmathematik eine zentrale Rolle: Mit dem Begriff **Aufzinsen** wird die Rechenoperation bezeichnet, die von K_0 zu K_n führt. Mit dem Begriff **Abzinsen** wird hingegen die Rechenoperation bezeichnet, die von K_n zu K_0 führt.

Zum Lösen einer Aufgabe hat es sich als sehr hilfreich herausgestellt, wenn die Zahlungsströme auf einer Zeitachse dargestellt werden. Dazu werden die Jahreszahlen mittig zwischen zwei senkrechte Begrenzungsstriche auf der Zeitachse eingetragen. Die Geldbeträge werden zum Fälligkeitszeitpunkt mit senkrechten Pfeilen – bei Einzahlungen nach unten gerichtet und bei Auszahlungen nach oben gerichtet – markiert:

Beispiel 1.2

Ein Konto hat die folgenden Zahlungsbewegungen:

- sofortige Einzahlung von 5 000 GE
- Auszahlung von 1 000 GE nach drei Jahren

- Einzahlung von 2 000 GE nach fünf Jahren
- Auszahlung von 3 000 GE nach sechs Jahren

Um den Kontostand nach sechs Jahren erfassen zu können, wird erst einmal die Zeitachse mit den Zahlungsströmen angelegt:

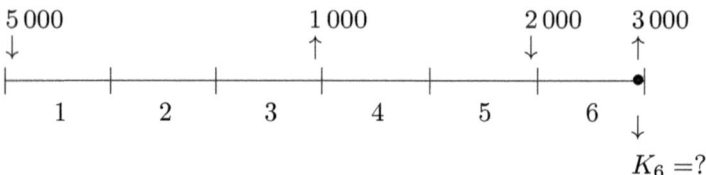

Um jetzt den Kontostand am Ende des sechsten Jahres berechnen zu können, wird neben dem Jahreszins die Verzinsungsart benötigt.

In der Finanzmathematik werden im Wesentlichen zwei Zinsarten unterschieden: Im ersten Fall gibt es keine Zinsen auf Zinsen, d.h. Bemessungsgrundlage für die jährliche Zinshöhe ist immer das Startkapital, diese Zinsen werden in der Finanzmathematik als **einfache Zinsen** bezeichnet. Im zweiten Fall werden die Vorjahreszinsen im nächsten Jahr mit verzinst, diese Zinsen werden in der Finanzmathematik als **Zinseszinsen** bezeichnet.

2 Einfache Zinsen

Bei der Verzinsung mit einfachen Zinsen ist der Endwert K_n eine lineare Funktion der Laufzeit n. Deshalb wird die Verzinsung mit einfachen Zinsen auch als **lineare Verzinsung** bezeichnet.

Mit der linearen Verzinsung werden z.B. Kapitalschulden für Zwecke der Erbschaft- und Schenkungsteuer bewertet.

Wie wir später in Kapitel 3.3 noch sehen werden, wird die lineare Verzinsung herangezogen, um Jahresbruchteile bei der gemischten Verzinsung zu verzinsen.

2.1 Lineare Verzinsung

Hauptaufgabe der linearen Verzinsung ist es, den Betrag auszurechnen, auf den ein Kapital von K_0 Geldeinheiten (GE) in n Jahren angewachsen sein wird, wenn für die Verzinsung zu p % pro anno jeweils das Anfangskapital K_0 zur Bemessung zu Grunde gelegt wird.

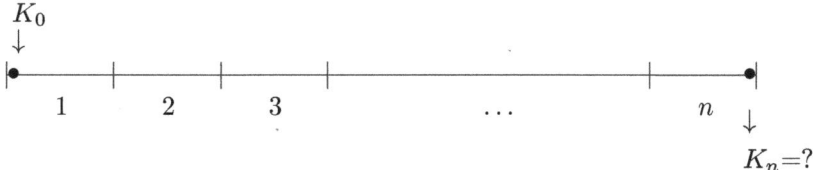

Die Zinsen sind jedes Jahr gleich groß, da sie immer bezogen auf das Anfangskapital berechnet werden. Nach einem Jahr ergeben sich folgende Beträge:

$$\text{Zinsen Ende des ersten Jahres: } K_0 \cdot i \tag{2.1}$$
$$\text{Guthaben Ende des ersten Jahres: } K_1 = K_0 + K_0 \cdot i = K_0 \left(1 + i\right) \tag{2.2}$$

Nach einem weiteren Jahr ergeben sich folgende Beträge:

$$\text{Zinsen Ende des zweiten Jahres: } K_0 \cdot i \tag{2.3}$$
$$\text{Guthaben Ende des zweiten Jahres: } K_2 = K_1 + K_0 \cdot i \tag{2.4}$$
$$= K_0 \left(1 + i\right) + K_0 \cdot i \tag{2.5}$$
$$= K_0 \left(1 + 2 \cdot i\right) \tag{2.6}$$

Bei einer Laufzeit von n Jahren ergibt sich folgender Verzinsungsplan:

Definition 2.1

Lineare Verzinsung

Jahr	Zinsen am Ende des Jahres	Guthaben am Ende des Jahres
1	$K_0 \cdot i$	$K_1 = K_0(1+i)$
2	$K_0 \cdot i$	$K_2 = K_0(1+2\cdot i)$
3	$K_0 \cdot i$	$K_3 = K_0(1+3\cdot i)$
$\vdots$		
n	$K_0 \cdot i$	$K_n = K_0(1+n\cdot i)$

In der Definition 2.1 lässt sich insb. erkennen, dass bei der linearen Verzinsung das Endkapital K_n linear abhängt von der Laufzeit n.

Beispiel 2.2

Eine Studentin hat am 01.01.2014 ihrem Freund einen Betrag von 450 GE geliehen. Der Freund verpflichtet sich, bei linearer Verzinsung zu 11 % pro anno die Schulden am 31.12.2016 zurückzuzahlen. Welchen Betrag muss er zahlen?

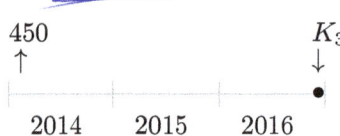

$$K_3 = K_0(1+3\cdot i) = 450(1+3\cdot \frac{11}{100}) = 598{,}50$$

d.h. er muss 598,50 GE zurückzahlen. Der Verzinsungsplan sieht wie folgt aus:

Jahr	Zinsen am Ende des Jahres	Schulden am Ende des Jahres
1	49,50	499,50
2	49,50	549,00
3	49,50	598,50

Ist der Endwert K_n bei einer linearen Verzinsung bekannt, so lässt sich daraus wie folgt das Startkapital K_0, der sogenannte **Barwert** berechnen:

$$K_n = K_0 \cdot (1+n\cdot i) \tag{2.7}$$

Division durch $(1+n\cdot i)$ ergibt:

$$K_0 = \frac{K_n}{(1+n\cdot i)} \tag{2.8}$$

In dem Beispiel 2.2 hatten wir für die Laufzeit n eine natürliche Zahl zu Grunde gelegt: $n = 3$. Bei der linearen Verzinsung darf die Laufzeit n jedoch auch eine beliebige positive reelle Zahl sein; d.h. $n \in \mathbb{R}^+$.

Beispiel 2.3

Bei linearer Verzinsung zu 4 % p.a. steht nach zwei Jahren und drei Monaten ein Betrag von 2 180 GE zur Verfügung. Wie groß ist der Barwert?

$$\text{zwei Jahre und drei Monate sind } 2 + \frac{3}{12} = 2{,}25 \text{ Jahre}$$

$$K_0 = \frac{K_n}{1 + n \cdot i} = \frac{2\,180}{1 + 2{,}25 \cdot 0{,}04} = \frac{2\,180}{1{,}09} = 2\,000$$

d.h. der Barwert beträgt 2 000 GE.

Ist nur ein unterjährlicher Zins bekannt, so lässt sich daraus der Jahreszins berechnen.

Beispiel 2.4

Eine Bank gewährt 2,5 % einfache Vierteljahreszinsen. Ein Kapital von GE 1 000 soll 72 Tage angelegt werden. Wie hoch ist der Endbetrag nach 72 Tagen?

$$\text{Jahreszinsfuß: } p = 4 \cdot 2{,}5 = 10$$

$$\text{Laufzeit: } n = \frac{72}{360} = 0{,}2 \text{ Jahre}$$

Endbetrag nach 72 Tagen:

$$K_{0,2} = K_0(1 + 0{,}2 \cdot i) = 1\,000(1 + 0{,}2 \cdot \frac{10}{100}) = 1\,020$$

d.h. der Endbetrag beträgt 1 020 GE.

Ist bei linearer Verzinsung die Höhe des Zinssatzes i gesucht, so ergibt sich:

$$K_n = K_0(1 + n \cdot i) \mid \div K_0 \tag{2.9}$$

$$\frac{K_n}{K_0} = 1 + n \cdot i \mid -1 \tag{2.10}$$

$$\frac{K_n}{K_0} - 1 = \frac{K_n - K_0}{K_0} = n \cdot i \mid \div n \tag{2.11}$$

$$\frac{K_n - K_0}{n \cdot K_0} = i \tag{2.12}$$

Beispiel 2.5

Ein Startkapital von 1 000 € ist bei linearer Verzinsung nach vier Jahren und drei Monaten angewachsen auf 1 051 €. Wie hoch ist der einfache Jahreszins?

$$1\,051 = 1\,000(1 + 4{,}25 \cdot i) \Leftrightarrow i = \frac{1\,051 - 1\,000}{4{,}25 \cdot 1\,000} = 0{,}012$$

d.h. der einfache Jahreszins beträgt 1,2 %.

Um zu verschiedenen Zeitpunkten angelegte (gezahlte, fällige) Geldbeträge wertmäßig miteinander vergleichen zu können, müssen die Geldbeträge zunächst durch entsprechendes Auf- bzw. Abzinsen auf ein und denselben Zeitpunkt bezogen werden.

⚠ Bei der linearen Verzinsung kann dieser Vergleichszeitpunkt nicht beliebig gewählt werden, sondern ist als sogenannter **Bewertungsstichtag** anzugeben.

Beispiel 2.6

Eine Zahlungsverpflichtung besteht aus zwei Zahlungen:

- 1 000 000 GE am 31.03. des Jahres
- 2 000 000 GE am 31.10. des Jahres

Wie hoch ist bei linearer Verzinsung zu 4 % p.a. der Wert der Zahlungsverpflichtung am 01.01. des Jahres, wenn der Bewertungsstichtag der

  a) 31.03. des Jahres ist?

  b) 31.10. des Jahres ist?

  c) 01.01. des Jahres ist?

Lösung:

  a) $$\frac{1\,000\,000 + \frac{2\,000\,000}{1+\frac{7}{12}\cdot 0{,}04}}{1 + \frac{3}{12} \cdot 0{,}04} = 2\,925\,146$$

   d.h. der Wert der beiden Zahlungen beträgt am 01.01. des Jahres 2 925 146 GE.

  b) $$\frac{1\,000\,000 \cdot (1 + \frac{7}{12} \cdot 0{,}04) + 2\,000\,000}{1 + \frac{10}{12} \cdot 0{,}04} = 2\,925\,806$$

   d.h. der Wert der beiden Zahlungen beträgt am 01.01. des Jahres 2 925 806 GE.

  c) $$\frac{1\,000\,000}{1 + \frac{3}{12} \cdot 0{,}04} + \frac{2\,000\,000}{1 + \frac{10}{12} \cdot 0{,}04} = 2\,925\,583$$

   d.h. der Wert der beiden Zahlungen beträgt am 01.01. des Jahres 2 925 583 GE.

Liegt eine zukünftige Zahlungsverpflichtung vor, so kann mit Hilfe des Barwerts die ausgleichende sofortige Zahlung berechnet werden.

Beispiel 2.7

Ein Schuldner hat bei linearer Verzinsung zu 4 % p.a. folgende Zahlungsverpflichtung:

- 1 000 € in sechs Monaten
- 2 000 € in acht Monaten
- 3 000 € in vierzehn Monaten

a) Durch welche sofortige Rückzahlung kann der Schuldner seine zukünftigen Schulden begleichen? (Bewertungsstichtag der Schulden ist der Zeitpunkt der sofortigen Zahlung.)
   Die sofortige Rückzahlung ist der Barwert aller Teilbeträge.

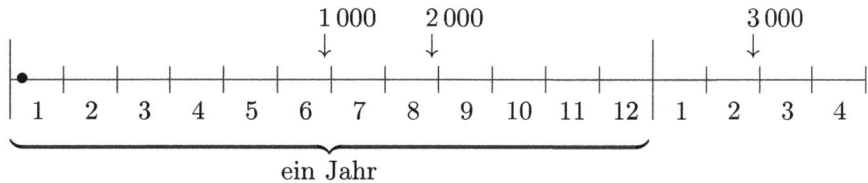

$$K_0 = \frac{1\,000}{1 + \frac{6}{12} \cdot 0{,}04} + \frac{2\,000}{1 + \frac{8}{12} \cdot 0{,}04} + \frac{3\,000}{1 + \frac{14}{12} \cdot 0{,}04}$$

$$= 980{,}3922 + 1\,948{,}0519 + 2\,866{,}2420$$

$$= 5\,794{,}6861$$

d.h. mit einer sofortigen Zahlung von 5 794,69 € hat der Schuldner seine zukünftigen Schulden beglichen.

b) Zu welchem Zeitpunkt reicht eine einmalige Rückzahlung in Höhe des Nennwertes aus, um sämtliche Schulden zu begleichen, wenn der Bewertungsstichtag der Zeitpunkt der sofortigen Zahlung ist?

   Wert der Schulden (Zeitpunkt der sofortigen Zahlung): 5 794,69

   Nennwert: 1 000 + 2 000 + 3 000 = 6 000

Gesucht $n = ?$ mit $K_0(1 + n \cdot i) = 6\,000$; d.h.:

$$5\,794{,}6861 \cdot (1 + n \cdot 0{,}04) = 6\,000 \Leftrightarrow n = 0{,}8858$$

$$0{,}8858 \text{ Jahre } \cdot 360 \text{ Tage } = 318{,}8 \approx 319 \text{ Tage}$$

d.h. 319 Tage nach dem Zeitpunkt der sofortigen Zahlung können die Zahlungsverpflichtungen durch eine einmalige Rückzahlung in Höhe von 6 000 € abgelöst werden.

c) Durch welche einmalige Rückzahlung nach sechzehn Monaten können die Schulden beglichen werden?

   1. Lösungsweg:

   Da kein Bewertungsstichtag vorgegeben wurde, unterstellen wir den Zeitpunkt der sofortigen Zahlung als Bewertungsstichtag:

   $$\frac{x}{1 + \frac{16}{12} \cdot 0{,}04} = 5\,794{,}6861 \Leftrightarrow x = 6\,103{,}736$$

   d.h. nach sechzehn Monaten sind 6 103,74 € zu bezahlen, falls der Bewertungsstichtag für die Schulden der Zeitpunkt der sofortigen Zahlung ist.

   2. Lösungsweg:

   Da kein Bewertungsstichtag vorgegeben wurde, unterstellen wir den Zeitpunkt sechzehn Monate nach der sofortigen Zahlung als Bewertungsstichtag:

   $$1\,000 \cdot \left(1 + \frac{10}{12} \cdot 0{,}04\right) + 2\,000 \cdot \left(1 + \frac{8}{12} \cdot 0{,}04\right)$$
   $$+ 3\,000 \cdot \left(1 + \frac{2}{12} \cdot 0{,}04\right) = 6\,106{,}\overline{6}$$

   d.h. nach sechzehn Monaten sind 6 106,67 € zu bezahlen, falls der Bewertungsstichtag für die Schulden der Zeitpunkt sechzehn Monate nach dem Zeitpunkt der sofortigen Zahlung ist.

Im Beispiel 2.7 erhielten wir im Aufgabenteil c) unterschiedliche Ergebnisse, weil zwei unterschiedliche Bewertungsstichtage unterstellt wurden. In der Praxis ist der Bewertungsstichtag z.B. das Datum der Bilanz eines Unternehmens.

2.2   Zusammenfassung

Für die lineare Verzinsung mit $n \in \mathbb{R}^+$ gelten folgende Berechnungsformeln:

Endkapital	$K_n = K_0(1 + n \cdot i)$
Barwert	$K_0 = \dfrac{K_n}{1 + n \cdot i}$
Zinssatz	$i = \dfrac{K_n - K_0}{n \cdot K_0}$
Laufzeit	$n = \dfrac{K_n - K_0}{i \cdot K_0}$

3 Zinseszinsen

Die im Kapitel 2 behandelten einfachen Zinsen bleiben jedes Jahr unverändert, da die Bemessungsgrundlage für die einfachen Zinsen jeweils das Startkapital ist. Im Gegensatz hierzu werden bei der Zinseszinsrechnung aus Vorperioden aufgelaufene Zinsen in der folgenden Zinsperiode mit verzinst, es gibt also Zinsen auf Zinsen.

Bei der Zinseszinsrechung unterscheiden wir drei Fälle. Entweder können die Zinsen nur jährlich ausgeschüttet werden oder die Zinsen können auch für Jahresbruchteile, d.h. unterjährlich berechnet werden. Oder es werden zwei Verzinsungsarten gemischt, d.h. die Zinsen werden für volle Jahre anders berechnet als für Jahresbruchteile.

3.1 Jährliche Verzinsung

Hauptaufgabe der Zinseszinsrechnung mit jährlichen Zinsen ist es, den Betrag auszurechnen, auf den ein Kapital von K_0 GE in n ($n \in \mathbb{N}$) Jahren angewachsen sein wird, wenn bei einer Verzinsung zu p % pro anno die jährlichen Zinsen zu dem Kapital geschlagen werden und im darauffolgenden Jahr mitverzinst werden.

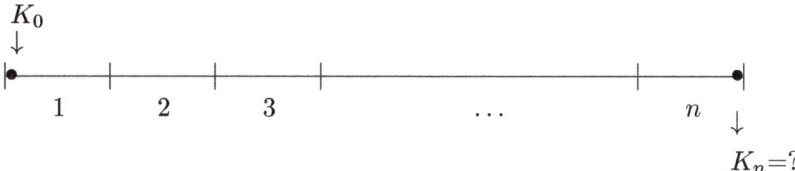

3.1.1 Nachschüssige Verzinsung

Bei der **nachschüssigen** Verzinsung werden die Zinsen erst nach Ablauf eines Jahres gezahlt. Die Laufzeit n einer nachschüssigen Verzinsung wird nur in vollen Jahren gemessen; d.h. $n \in \mathbb{N}$. Es ergibt sich folgender Verzinsungsplan:

Definition 3.1

Nachschüssige Verzinsung

Jahr	Zinsen am Ende des Jahres	Guthaben am Ende des Jahres
1	$K_0 \cdot i$	$K_1 = K_0 + K_0 \cdot i = K_0(1+i)$
2	$K_1 \cdot i$	$K_2 = K_1 + K_1 \cdot i = K_1(1+i) = K_0(1+i)^2$
3	$K_2 \cdot i$	$K_3 = K_2 + K_2 \cdot i = K_2(1+i) = K_0(1+i)^3$
$\vdots$		
n	$K_{n-1} \cdot i$	$K_n = K_{n-1} + K_{n-1} \cdot i = K_0(1+i)^n = K_0 \cdot q^n$

Mit der Berechnungsformel $K_n = K_0 \cdot q^n$ aus der Definition 3.1 lassen sich Kapitalendwerte schnell berechnen.

Beispiel 3.2

Auf welchen Betrag ist ein Kapital von GE 5 200 bei nachschüssigen Zinseszinsen von 4 % pro anno in sechs Jahren angewachsen?

$$K_6 = K_0 \left(1+i\right)^6 = 5\,200 \left(1 + \frac{4}{100}\right)^6 = 5\,200 \cdot 1{,}04^6 = 6\,579{,}66$$

d.h. das Kapital ist auf 6 579,66 GE angewachsen. Der Verzinsungsplan sieht wie folgt aus:

Jahr	Zinsen a.E.d.J.	Guthaben a.E.d.J.
1	208	5 408
2	216,32	5 624,32
3	224,97	5 849,29
4	233,97	6 083,27
5	243,33	6 326,60
6	253,06	6 579,66

Aus dem Wert eines Guthabens nach n Jahren lässt sich das Startkapital (der Barwert) berechnen.

Beispiel 3.3

Ein Kapital ist nach fünf Jahren bei nachschüssiger Verzinsung von 8 % pro Jahr auf 14 693,28 € angewachsen. Wie groß war das Startkapital? Das Startkapital wird berechnet, indem das Endkapital fünf Jahre abgezinst wird:

$$K_0 = \frac{K_n}{q^n} = \frac{14\,693{,}28}{1{,}08^5} = 10\,000$$

d.h. das Startkapital betrug 10 000 €. Oder anders ausgedrückt: Um bei 8 % Zinsen p.a. nach fünf Jahren ein Guthaben von 14 693,28 € zu haben, sind heute 10 000 € anzulegen.

Häufig taucht in den Vorlesungen die Frage auf, wie die Höhe des Zins einen Barwert beeinflusst. Wir rechnen dazu ein kleines Beispiel.

Beispiel 3.4

Es bestehen folgende Zahlungsverpflichtungen:

- 1 000 € sind fällig bei Ablauf eines Jahres
- 2 000 € sind fällig bei Ablauf von zwei Jahren
- 3 000 € sind fällig bei Ablauf von drei Jahren

Durch welche sofortige Zahlung können die Schulden zurückgezahlt werden, wenn nachschüssige Verzinsung unterstellt wird?

$$\text{Barwert: } K_0 = \frac{1\,000}{q} + \frac{2\,000}{q^2} + \frac{3\,000}{q^3}$$

Zins p.a.	Barwert
4 %	5 477,64
5 %	5 357,95
6 %	5 242,25
7 %	5 130,35
8 %	5 022,10
9 %	4 917,34
10 %	4 815,93

Fazit: Je höher der Zins, desto geringer der Barwert.

Mathematisch lässt sich das damit begründen, dass der Zins im Nenner steht. Und je größer der Nenner, desto kleiner ist der Bruch.

Inhaltlich lässt sich das damit begründen: Möchten wir in fünf Jahren 1 000 € abheben, so müssen wir jetzt umso weniger einzahlen, je höher der Zins ist.

Im Beispiel 3.4 haben wir gesehen, dass Barwerte sinken, sobald der Zins steigt.

Ist der jährliche Zinseszins p bzw. i unbekannt, so wird mit Hilfe der n-ten Wurzel erst einmal der Zinsfaktor q berechnet. Anschließend kann dann aus dem Wert für q der Zins p bzw. i bestimmt werden.

Beispiel 3.5

Ein Kapital von 1 Mio. GE ist nach drei Jahren bei nachschüssiger Verzinsung auf 1 061 208 GE angewachsen. Wie hoch war der jährliche Zinseszins?

$$K_0 \cdot q^3 = K_3 \qquad | \div K_0$$

$$q^3 = \frac{K_3}{K_0} \qquad | \text{ 3. Wurzel}$$

$$q = \sqrt[3]{\frac{K_3}{K_0}} = \sqrt[3]{\frac{1\,061\,208}{1\,000\,000}} = 1{,}061\,208^{0{,}\overline{3}} = 1{,}02$$

d.h. der jährliche Zinseszins betrug 2 %.

Mit dem Taschenrechner lässt sich die dritte Wurzel aus 1,061 208 mit Hilfe der $\boxed{y^x}$ -Taste berechnen, wobei x den Wert $1/3$ hat.

Bei der nachschüssigen Verzinsung muss die Laufzeit n immer eine natürliche Zahl sein. Ist die Laufzeit unbekannt, so erhalten wir n mit Hilfe des Logarithmus. Dabei ist es egal, ob wir den natürlichen Logarithmus ln oder den Zehner-Logarithmus log verwenden.

Beispiel 3.6

Ein Kapital von 20 000 GE ist nach einigen Jahren bei nachschüssiger Verzinsung zu 2 % p.a. auf 21 224,16 GE angewachsen. Wie hoch war die Laufzeit?

$$K_0 \cdot q^n = K_n \qquad | \div K_0$$

$$q^n = \frac{K_n}{K_0} \qquad | \text{ Logarithmus}$$

$$\ln(q^n) = \ln\left(\frac{K_n}{K_0}\right) \qquad | \text{ III. Log-Gesetz}$$

$$n \cdot \ln q = \ln\left(\frac{K_n}{K_0}\right) \qquad | \div \ln q$$

$$n = \frac{\ln\left(\frac{K_n}{K_0}\right)}{\ln q} = \frac{\ln\left(\frac{21\,224{,}16}{20\,000}\right)}{\ln 1{,}02} = \frac{\ln 1{,}0612}{\ln 1{,}02} = \frac{0{,}0594}{0{,}0198} = 3$$

d.h. die Laufzeit betrug drei Jahre.

Werden mehrere Darlehn zu verschiedenen Zeitpunkten aufgenommen, so ist es für weitere Fragestellungen immer hilfreich, diese Schulden in eine einzige Zahlung an einem bestimmten (vorgegebenen) Tag umzuwandeln. Dazu werden alle Beträge auf diesen Tag bezogen. Waren die Schulden schon vor diesem Tag fällig, so sind die Schulden aufzuzinsen. Werden die Schulden erst nach diesem Tag fällig, so sind die Schulden abzuzinsen.

Beispiel 3.7

Ein Schuldner hat bei nachschüssiger Verzinsung zu einem Jahreszins von 4 % folgende Zahlungsverpflichtungen:

- 1 000 GE nach drei Jahren
- 2 000 GE nach fünf Jahren
- 3 000 GE nach sechs Jahren

Durch welche einmalige Zahlung nach vier Jahren kann der Schuldner seine Schulden zurückzahlen?

Lösung:

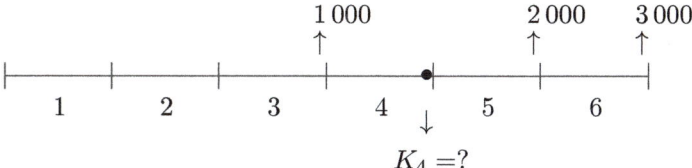

$$K_4 = 1\,000 \cdot 1{,}04 + \frac{2\,000}{1{,}04} + \frac{3\,000}{1{,}04^2} = 5\,736{,}75$$

d.h. mit einer einzigen Zahlung von 5 736,75 GE nach vier Jahren ist der Schuldner seine Schulden los.

Rückzahlungen lassen sich auch durch einen Prozentanteil an der Kredithöhe ausdrücken.

Beispiel 3.8

Wir nehmen bei nachschüssiger Verzinsung zu 5,5 % Jahreszins einen Kredit über 10 000 € auf und vereinbaren drei Rückzahlungen wie folgt:

- 600 € nach einem Jahr
- 600 € nach zwei Jahren
- und den Restbetrag nach vier Jahren

Wie groß ist der Restbetrag am Ende des vierten Jahres?

$$10\,000 = \frac{600}{1{,}055} + \frac{600}{1{,}055^2} + \frac{x}{1{,}055^4} \Leftrightarrow x = 11\,015{,}87$$

d.h. am Ende des vierten Jahres ist ein Restbetrag in Höhe von 11 015,87 € zu zahlen. Dieser Betrag lässt sich auch als Prozentanteil von K_0 angeben:

$$K_0 = \frac{0{,}06 \cdot K_0}{1{,}055} + \frac{0{,}06 \cdot K_0}{1{,}055^2} + \frac{x/100 \cdot K_0}{1{,}055^4}$$

Jetzt teilen wir beide Seiten der Gleichung durch K_0:

$$1 = \frac{0{,}06}{1{,}055} + \frac{0{,}06}{1{,}055^2} + \frac{x/100}{1{,}055^4}$$

Beide Seiten der Gleichung werden mit 100 multipliziert:

$$100 = \frac{6}{1{,}055} + \frac{6}{1{,}055^2} + \frac{x}{1{,}055^4}$$

Daraus ergibt sich:

$$x = 110{,}1587 \; \%$$

d.h. die Restzahlung beläuft sich auf etwa 110,16 % der ursprünglich aufgenommenen Schuld.

Zusammengefasst gelten für die nachschüssige Verzinsung mit $n \in \mathbb{N}$ folgende Berechnungsformeln:

	nachschüssige Verzinsung
Endkapital	$K_n = K_0 \cdot q^n$
Barwert	$K_0 = \dfrac{K_n}{q^n}$
Zinsfaktor	$q = \sqrt[n]{\dfrac{K_n}{K_0}}$
Laufzeit	$n = \dfrac{\ln\left(\frac{K_n}{K_0}\right)}{\ln(q)}$

3.1.2 Vorschüssige Verzinsung

Bei der **vorschüssigen** Verzinsung erfolgt die Zinszahlung zu Beginn statt am Ende des Jahres. Die Bemessungsgrundlage für diese antizipativen Zinsen ist das Guthaben am Ende des Jahres. (D.h. insb., die vorschüssige Verzinsung ist nicht identisch mit der nachschüssigen Verzinsung, bei der die Zinsen lediglich zu Beginn des Jahres ausgezahlt werden würden.) Für die vorschüssige Verzinsung wird die Laufzeit in vollen Jahren gemessen; d.h. $n \in \mathbb{N}$. Es ergibt sich der folgende Verzinsungsplan:

Definition 3.9

Vorschüssige Verzinsung

Jahr	Zinsen zu Beginn des Jahres	Guthaben am Ende des Jahres
1	$K_1 \cdot i$	$K_1 = K_0 + K_1 \cdot i$
2	$K_2 \cdot i$	$K_2 = K_1 + K_2 \cdot i$
3	$K_3 \cdot i$	$K_3 = K_2 + K_3 \cdot i$
$\vdots$		
n	$K_n \cdot i$	$K_n = K_{n-1} + K_n \cdot i$

Das Guthaben am Ende eines Jahres soll in Abhängigkeit von K_0 ausgedrückt werden. Für das Guthaben am Ende des ersten Jahres ergeben sich folgende Umformungen:

$$K_1 = K_0 + K_1 \cdot i \tag{3.1}$$

$$K_1 - K_1 \cdot i = K_0 \tag{3.2}$$

$$K_1(1 - i) = K_0 \tag{3.3}$$

$$K_1 = \frac{K_0}{1 - i} \tag{3.4}$$

Analog sind die Umformungen für das Guthaben am Ende des zweiten Jahres wie folgt:

$$K_2 = K_1 + K_2 \cdot i \tag{3.5}$$

$$K_2 - K_2 \cdot i = K_1 \tag{3.6}$$

$$K_2(1 - i) = K_1 \tag{3.7}$$

$$K_2 = \frac{K_1}{1 - i} = \frac{K_0}{(1 - i)^2} \tag{3.8}$$

Analog sind die Umformungen für das Guthaben am Ende des dritten Jahres wie folgt:

$$K_3 = K_2 + K_3 \cdot i \tag{3.9}$$

$$K_3 - K_3 \cdot i = K_2 \tag{3.10}$$

$$K_3(1 - i) = K_2 \tag{3.11}$$

$$K_3 = \frac{K_2}{1 - i} = \frac{K_0}{(1 - i)^3} \tag{3.12}$$

Allgemein gilt:

$$K_n = \frac{K_0}{(1 - i)^n} \tag{3.13}$$

Mit der Berechnungsformel 3.13 lassen sich Kapitalendwerte schnell berechnen.

Beispiel 3.10

Auf welchen Betrag ist ein Kapital von GE 5 200 bei vorschüssigen Zinseszinsen von 4 % pro anno in sechs Jahren angewachsen?

$$K_6 = \frac{K_0}{(1-i)^6} = \frac{5\,200}{(1-0,04)^6} = \frac{5\,200}{0,96^6} = 6\,643,18$$

d.h. das Kapital ist auf 6 643,18 GE angewachsen.

Der Verzinsungsplan sieht wie folgt aus:

Jahr	Zinsen zu Beginn des Jahres	Guthaben am Ende des Jahres
1	216,67	5 416,67
2	225,69	5 642,36
3	235,10	5 877,46
4	244,89	6 122,35
5	255,10	6 377,45
6	265,73	6 643,18

Wir müssten jetzt für die vorschüssige Verzinsung wieder die Berechnungsformeln für die Höhe des Zinses und die Länge der Laufzeit aufstellen. Stattdessen werden wir die schon bekannten Formeln der nachschüssigen Verzinsung verwenden. Dies ist aber nur möglich, wenn wir bei der vorschüssigen Verzinsung gleichzeitig überlegen, wie hoch der nachschüssige Zins sein müsste.

Beispiel 3.11

Welcher nachschüssige Zinssatz $i^{'}$ wäre in Beispiel 3.10 nötig gewesen, damit ein Startkapital von 5 200 GE nach sechs Jahren auf 6 643,18 GE angewachsen ist?

$$5\,200 \cdot q^6 = 6\,643,18$$

Wir teilen durch 5 200 und ziehen anschließend die sechste Wurzel:

$$q = \sqrt[6]{\frac{6\,643,18}{5\,200}} = \sqrt[6]{1,2775} = 1,2775^{0,1\overline{6}} = 1,041\overline{6}$$

d.h. der nachschüssige Zinssatz müsste $i^{'} = 0,0417$ betragen. Im vorherigen Beispiel 3.10 führte der vorschüssige Jahreszinssatz von $i = 0,04$ dasselbe Startkapital ebenfalls nach sechs Jahren auf das Endkapital von 6 643,18 GE.

Anstatt bei der vorschüssigen Verzinsung mit dem Jahreszinssatz i die Berechnungsformel $K_n = \frac{K_0}{(1-i)^n}$ zu benutzen, kann auch die bekannte Formel $K_n = K_0 \cdot (1 + i^{'})^n$

der nachschüssigen Verzinsung mit einem nachschüssigen Zinssatz i' zur Berechnung herangezogen werden:

$$\underbrace{K_0\left(1+i'\right)}_{\text{nachsch. Verz.}} = K_1 = \underbrace{K_0\left(\frac{1}{1-i}\right)}_{\text{vorsch. Verz.}} \tag{3.14}$$

Division durch K_0 ergibt:

$$1+i' = \frac{1}{1-i} \tag{3.15}$$

Subtraktion von 1 ergibt:

$$i' = \frac{1}{1-i} - 1 = \frac{1}{1-i} - \frac{1-i}{1-i} = \frac{i}{1-i} \tag{3.16}$$

Liegt eine vorschüssige Verzinsung bei einem jährlichen Zins i vor, so wird der Zins i' aus der Gleichung 3.16 auch als (nachschüssiger) **Ersatzzins** bezeichnet. Bei vorschüssiger Verzinsung lässt sich somit das Endkapital auch über die nachschüssige Verzinsung berechnen.

Beispiel 3.12

Auf welchen Betrag ist das Kapital von GE 5 200 aus Beispiel 3.10 bei vorschüssigen Zinseszinsen von 4 % pro anno in sechs Jahren angewachsen?

$$i' = \frac{i}{1-i} = \frac{0{,}04}{0{,}96} = 0{,}041\overline{6}$$

$$K_6 = K_0\left(1+i'\right)^6 = 5\,200\left(1+0{,}041\overline{6}\right)^6 = 6\,643{,}18$$

d.h. das Kapital ist auf 6 643,18 GE angewachsen.

Für einen vorgegebenen vorschüssigen Zins ergeben sich folgende Ersatzzins-Werte:

vorschüssiger Zins	nachschüssiger Zins
4 %	4,1$\overline{6}$ %
5 %	5,26 %
6 %	6,38 %
7 %	7,53 %
8 %	8,70 %
9 %	9,89 %
10 %	11,11 %

Mit Hilfe des nachschüssigen Ersatzzinses i' lässt sich für eine vorschüssige Verzinsung nicht nur das Endkapital (wie im Beispiel 3.12) über die nachschüssige Verzinsung berechnen, sondern auch die Laufzeit:

$$n = \frac{\ln\left(\frac{K_n}{K_0}\right)}{\ln(1 + i')} \tag{3.17}$$

Wir rechnen ein Beispiel zu Formel 3.17; d.h. zur vorschüssigen Verzinsung bei unbekannter Laufzeit.

Beispiel 3.13

Bei vorschüssiger Verzinsung zu 2 % p.a. ist ein Kapital von 5 000 € auf 6 119,41 € angewachsen. Wie lange wurde es angelegt?

vorschüssiger Jahreszinssatz $i = 0,02$

nachschüssiger Jahreszinssatz $i' = \dfrac{i}{1 - i} = \dfrac{0,02}{0,98} = 0,0204$

$$n = \frac{\ln \frac{K_n}{K_0}}{\ln q} = \frac{\ln \frac{6\,119,41}{5\,000}}{\ln 1,0204} = 10$$

d.h. es wurde zehn Jahre angelegt.

Soll aus vorgegebenem Start- und Endkapital die Höhe des vorschüssigen Jahreszinses ermittelt werden, so ergibt sich aufgrund von 3.15 mit Hilfe des Ersatzzinses i' folgender vorschüssige Zins i:

$$\sqrt[n]{\frac{K_n}{K_0}} = 1 + i' = \frac{1}{1 - i} \tag{3.18}$$

Bilden wir den Kehrwert:

$$\frac{1}{1 + i'} = 1 - i \tag{3.19}$$

Subtraktion von 1 und Multiplikation mit (-1) ergeben den gesuchten vorschüssigen Zins:

$$i = 1 - \frac{1}{1 + i'} = \frac{i'}{1 + i'} \tag{3.20}$$

Wir rechnen ein Beispiel zur vorschüssigen Verzinsung bei unbekanntem Zinssatz.

Beispiel 3.14

Bei vorschüssiger Verzinsung ist ein Kapital von $3\,000$ € in acht Jahren auf $4\,522{,}02$ €
angewachsen. Wie hoch war der vorschüssige Jahreszins?
1. Lösungsweg:

$$4\,522{,}02 = \frac{3\,000}{(1-i)^8}$$

$$(1-i)^8 = \frac{3\,000}{4\,522{,}02} = 0{,}6634$$

$$1-i = \sqrt[8]{0{,}6634} = 0{,}95$$

$$i = 0{,}05$$

d.h. die vorschüssigen Jahreszinsen betrugen 5 %.
2. Lösungsweg:

$$\text{nachschüssiger Zinsfaktor: } 1+i' = \sqrt[8]{\frac{4\,522{,}02}{3\,000}} = \sqrt[8]{1{,}5073} = 1{,}0526$$

$$\text{nachschüssiger Zinssatz: } i' = 0{,}0526$$

Daraus folgt mit 3.20:

$$i = \frac{0{,}0526}{1{,}0526} = 0{,}05$$

Zusammengefasst gelten mit $n \in \mathbb{N}$ für die vorschüssige Verzinsung zu einem Jahreszinssatz von i folgende Berechnungsformeln:

	vorschüssige Verzinsung
Endkapital	$K_n = \dfrac{K_0}{(1-i)^n}$
Barwert	$K_0 = K_n(1-i)^n$
Ersatzzins	$i' = \dfrac{i}{1-i}$
Laufzeit	$n = \dfrac{\ln(\frac{K_n}{K_0})}{\ln(1+i')}$

3.2   Unterjährliche Verzinsung

Hauptaufgabe der Zinseszinsrechnung mit unterjährlichen Zinsen ist es, den Betrag aus-
zurechnen, auf den ein Kapital von K_0 GE angewachsen sein wird, wenn bei einer Ver-
zinsung zu p % pro anno die Zinsen nach jeder Zinsperiode zu dem Kapital geschlagen
werden und in der darauffolgenden Zinsperiode mit verzinst werden.

Wird bei einem Jahreszinsfuß von p % ein Kapital nicht jährlich, sondern monatlich
oder täglich oder in einem sonstigen Zeitintervall verzinst, so spricht man von **unter-**
jährlicher Verzinsung. Wir teilen das Jahr in m Zeitintervalle (Zinsperioden) ein,
zum Beispiel:

$$m = 360 \text{ tägliche Verzinsung} \tag{3.21}$$
$$m = 12 \text{ monatliche Verzinsung} \tag{3.22}$$
$$m = 4 \text{ quartalsweise Verzinsung} \tag{3.23}$$
$$m = 2 \text{ halbjährliche Verzinsung} \tag{3.24}$$

Definition 3.15

$$m = \text{ Anzahl der Verzinsungen in einem Jahr}$$

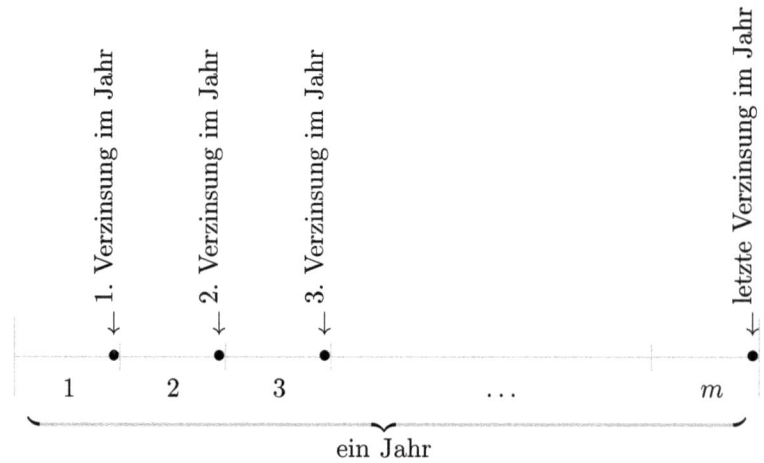

Am Ende einer jeden Zinsperiode werden die Zinsen ausgezahlt und dem Kapital zuge-
rechnet, so dass die gezahlten Zinsen in der nächsten Zinsperiode bereits mit verzinst
werden.

3.2.1   Relativer Zinssatz

Aus dem (nominellen) Jahreszinssatz i wird der unterjährliche Zinssatz berechnet:

$$\text{unterjährlicher } \textbf{relativer Zinssatz } \frac{i}{m} \tag{3.25}$$

Der relative Zinssatz ist das Verhältnis von Jahreszinssatz und Anzahl der jährlichen Verzinsungen. Bei der **unterjährlichen Verzinsung zum relativen Zins** beträgt somit der unterjährliche Aufzinsungsfaktor $1 + \frac{i}{m}$. Bei jeder Verzinsung multiplizieren wir das Kapital mit diesem Faktor. Daraus ergibt sich für die insgesamt m Zinsperioden des ersten Jahres der folgende Verzinsungsplan:

Definition 3.16

Unterjährliche Verzinsung zum relativen Zins

Zinsperiode	Guthaben am Ende der Zinsperiode
1	$K_0 \cdot \left(1 + \dfrac{i}{m}\right)$
2	$K_0 \cdot \left(1 + \dfrac{i}{m}\right) \cdot \left(1 + \dfrac{i}{m}\right) = K_0 \cdot \left(1 + \dfrac{i}{m}\right)^2$
3	$K_0 \cdot \left(1 + \dfrac{i}{m}\right)^2 \cdot \left(1 + \dfrac{i}{m}\right) = K_0 \cdot \left(1 + \dfrac{i}{m}\right)^3$
$\vdots$	
m	$K_1 = K_0 \cdot \left(1 + \dfrac{i}{m}\right)^m$

Mit der Definition 3.16 haben wir eine Berechnungsformel für das Guthaben am Ende des ersten Jahres.

Beispiel 3.17

Bei einem (nominellen) Jahreszinsfuß von 6 % wachsen 100,- GE bei halbjährlicher Verzinsung zum relativen Zinssatz nach Ablauf eines Jahres auf:

$$K_1 = K_0 \left(1 + \frac{i}{2}\right)^2 = 100 \left(1 + \frac{0{,}06}{2}\right)^2 = 100 \cdot 1{,}03^2 = 106{,}09$$

106,09 GE an. Während bei jährlicher nachschüssiger Verzinsung 100,- GE auf 106,- GE anwachsen. D.h. der relative Zinssatz $\frac{i}{m}$ führt, auf das Jahr umgerechnet, zu einer höheren tatsächlichen Verzinsung.

Frage: Welcher Jahreszins wäre nötig, damit bei nachschüssiger Verzinsung ein Kapital von GE 100 nach einem Jahr auf ein Kapital von GE 106,09 anwächst?
Antwort: 6,09 %

Zur Unterscheidung und damit keine Verwechslungen auftreten, wird der Zins von 6 % p.a. der unterjährlichen Verzinsung zum relativen Zins als **nomineller** Jahreszins bezeichnet. Hingegen wird der nachschüssige gleichwertige Jahreszins von 6,09 % als **effektiver** Jahreszins bezeichnet.

Liegt eine unterjährliche Verzinsung zum relativen Zins $\frac{i}{m}$ vor, so lässt sich der jährliche Effektivzinssatz j allgemein wie folgt berechnen:

$$\underbrace{K_0\,(1+j)}_{\text{nachsch. Verz.}} \;=\; K_1 \;=\; \underbrace{K_0 \cdot \left(1 + \frac{i}{m}\right)^m}_{\text{unterj. Verz. zum rel. Zins}} \qquad (3.26)$$

Division durch K_0 ergibt:

$$1 + j = \left(1 + \frac{i}{m}\right)^m \qquad (3.27)$$

Subtraktion von 1 ergibt:

$$j = \left(1 + \frac{i}{m}\right)^m - 1 \qquad (3.28)$$

⚠ Der relative Zinssatz bewirkt nach einem Jahr eine höhere Verzinsung, als der nominelle Jahreszinssatz angibt.

Bei der unterjährlichen Verzinsung zum relativen Zins werden die Zinsen immer nur am Ende einer Zeitperiode ausgeschüttet. Liegt z.B. vierteljährliche Verzinsung zum relativen Zins vor und soll das Guthaben nach vier Monaten berechnet werden, so ist das gesuchte Guthaben identisch mit dem Guthaben nach drei Monaten, weil nur am Ende eines jeden Quartals verzinst wird.

Beispiel 3.18

Für den nominellen Jahreszins von 4 % ergeben sich bei unterjährlicher Verzinsung zum relativen Zins folgende Effektiv-Zinsfüße $100 \cdot j$:

unterj. Verz.	halbj.	viertelj.	monatl.	wöchentl.	tägl.
Effektivzins in %	4,04	4,0604	4,0742	4,0795	4,0808

Bisher sind wir nur in der Lage, das Guthaben nach einem Jahr zu berechnen. Verzinsen wir das Guthaben K_1 am Ende des ersten Jahres weiter, so erhalten wir:

$$K_2 = K_1 \cdot \left(1 + \frac{i}{m}\right)^m = K_0 \cdot \left(1 + \frac{i}{m}\right)^{2m} \qquad (3.29)$$

$$K_3 = K_2 \cdot \left(1 + \frac{i}{m}\right)^m = K_0 \cdot \left(1 + \frac{i}{m}\right)^{3m} \qquad (3.30)$$

$$\vdots$$

$$K_n = K_0 \cdot \left(1 + \frac{i}{m}\right)^{n \cdot m} \qquad (3.31)$$

Wobei für die Anzahl $n \cdot m$ aus Formel 3.31 aller vereinbarten Verzinsungen gelten muss, dass $n \cdot m$ eine natürliche Zahl ist; kurz: $n \cdot m \in \mathbb{N}$.

Beispiel 3.19

Ein Guthaben von 100 GE wird bei einem nominellen Jahreszins von 6 % zu vierteljährlicher Verzinsung zum relativen Zins angelegt. Wie hoch ist das Guthaben nach drei Jahren?

$$K_3 = 100 \cdot \left(1 + \frac{0{,}06}{4}\right)^{3 \cdot 4} = 100 \cdot 1{,}015^{12} = 119{,}56$$

d.h. nach drei Jahren beträgt das Guthaben 119,56 GE.

Ist das Produkt $n \cdot m$ eine natürliche Zahl, so lässt sich das Guthaben am Ende der Laufzeit sowohl mit der Formel 3.31 als auch über den Effektivzins 3.28 berechnen.

Beispiel 3.20

Wird ein Wertpapier in Höhe von GE 100,- vierteljährlich verzinst zum relativen Zinssatz, so beträgt bei einem nominellen Jahreszins von 6 % der Wert nach $4\frac{1}{4}$ Jahren:

$$K_{4{,}25} = K_0 \left(1 + \frac{i}{4}\right)^{4{,}25 \cdot 4} = 100 \left(1 + \frac{0{,}06}{4}\right)^{17} = 100 \cdot 1{,}015^{17} = 128{,}80$$

d.h. der Wert nach $4\frac{1}{4}$ Jahren beträgt 128,80 GE. Ein anderer Lösungsweg zur Berechnung von $K_{4{,}25}$ ergibt sich über den effektiven Jahreszins:

$$j = \left(1 + \frac{i}{m}\right)^m - 1 = \left(1 + \frac{0{,}06}{4}\right)^4 - 1 = 1{,}015^4 - 1 = 0{,}061364$$

d.h. der effektive Jahreszins beträgt 6,14 %. Das Guthaben $K_{4{,}25}$ bei unterjährlicher Verzinsung zum relativen Zins lässt sich mit dem Effektiv-Zins von 6,14 % p.a. wie folgt berechnen:

$$K_{4{,}25} = 100 \cdot 1{,}0614^{4{,}25} = 128{,}80$$

Mit Hilfe des Effektiv-Zins j aus 3.28 lässt sich die Laufzeit bei unterjährlicher Verzinsung zum relativen Zins bequem berechnen.

Beispiel 3.21

Zu 4,2 % nominellen Jahreszins wurde ein Guthaben von 20 000 € angelegt bei monatlicher Verzinsung zum relativen Zins. Wann übersteigt das Guthaben erstmals den Betrag von 22 000 €?

$$\text{Effektivzins:} \quad j = \left(1 + \frac{0{,}042}{12}\right)^{12} - 1 = 1{,}0428 - 1 = 0{,}0428 = 4{,}28 \ \%$$

$$\text{Laufzeit:} \quad n = \frac{\ln \frac{22\,000}{20\,000}}{\ln 1{,}0428} = 2{,}2733 \ \text{Jahre}$$

$$0{,}2733 \cdot 12 \ \text{Monate} \ = 3{,}3 \ \text{Monate}$$

d.h. nach zwei Jahren und vier Monaten übersteigt das Guthaben erstmals den Betrag von 22 000 €.

Geldinstitute berechnen für Schulden einen höheren Zins (**Soll-Zins**) als für ein Guthaben (**Haben-Zins**).

Beispiel 3.22

Bei einer Bank erfolgen folgende Kontobewegungen:

- Einzahlung am 31.01.2014 von 2 000 €
- Auszahlung am 31.03.2015 von 3 000 €

Der Haben-Zins beträgt nominell 0,5 % p.a. und der Soll-Zins nominell 14,1 % p.a. Wie hoch ist bei monatlicher Verzinsung zum relativen Zins der Kontostand

   a) am 31.12.2014?

   b) am 31.12.2015?

Lösung:

a) $2\,000 \left(1 + \dfrac{0{,}005}{12}\right)^{11} = 2\,009{,}19$

   d.h. der Kontostand am 31.12.2014 beträgt 2 009,19 €.

b) $2\,000 \left(1 + \dfrac{0{,}005}{12}\right)^{14} - 3\,000 = -988{,}30$

   $-988{,}30 \left(1 + \dfrac{0{,}141}{12}\right)^{9} = -1\,097{,}86$

   d.h. am 31.12.2015 betragen die Schulden 1 097,86 €.

Ist das Produkt $n \cdot m$ eine natürliche Zahl, so ergeben sich für die unterjährliche Verzinsung zum relativen Zins zusammengefasst folgende Berechnungsformeln:

	unterjährliche Verzinsung zum relativen Zins
unterjährlicher Zinssatz	$\dfrac{i}{m}$
Endkapital	$K_n = K_0 \left(1 + \dfrac{i}{m}\right)^{m \cdot n}$
effektiver jährlicher Zinssatz	$j = \left(1 + \dfrac{i}{m}\right)^{m} - 1$
nomineller jährlicher Zinssatz	$i = m \cdot \sqrt[m]{1 + j} - m$

3.2.2   Konformer Zinssatz

Wird ein Kapital zu einem nominellen Jahreszins i bei jeder unterjährlichen Verzinsung mit dem Faktor $(1 + i)^{\frac{1}{m}}$ multipliziert, so spricht man von unterjährlicher Verzinsung zum **konformen Zinssatz**.

Definition 3.23

Unterjährliche Verzinsung zum konformen Zins

Zinsperiode	Guthaben am Ende der Zinsperiode
1	$K_0 \cdot (1 + i)^{\frac{1}{m}}$
2	$K_0 \cdot (1 + i)^{\frac{1}{m}} \cdot (1 + i)^{\frac{1}{m}} = K_0 \cdot (1 + i)^{\frac{2}{m}}$
3	$K_0 \cdot (1 + i)^{\frac{2}{m}} \cdot (1 + i)^{\frac{1}{m}} = K_0 \cdot (1 + i)^{\frac{3}{m}}$
$\vdots$	
m	$K_1 = K_0 \cdot (1 + i)^{\frac{m}{m}} = K_0 \cdot (1 + i) = K_0 \cdot q$

Die Bezeichnung „konform" rührt daher, weil über ein Jahr betrachtet der unterjährliche konforme Zinssatz dasselbe Guthaben hervorbringt wie die nachschüssige Verzinsung.

Beispiel 3.24

Bei einem nominellen Jahreszins von 6 % wachsen 100,- GE bei halbjährlicher Verzinsung zum konformen Zinsfuß nach Ablauf eines Jahres auf folgendes Guthaben an:

$$K_1 = 100 \cdot 1{,}06^{\frac{1}{2}} \cdot 1{,}06^{\frac{1}{2}} = 100 \cdot 1{,}06 = 106$$

d.h. nach einem Jahr beträgt das Guthaben genau 106 GE.

Wird ein Guthaben unterjährlich zum konformen Zins verzinst, so ist das Guthaben am Jahresende effektiv genau so hoch wie das Guthaben nach einem Jahr bei nachschüssiger Verzinsung. Auf das Jahr bezogen ist die konforme Verzinsung also übereinstimmend/konform mit der nachschüssigen Verzinsung.

Ist das Produkt $m \cdot n$ eine natürliche Zahl, so beträgt das Guthaben nach n Jahren:

$$K_n = K_0 \cdot \left(q^{\frac{1}{m}}\right)^{m \cdot n} = K_0 \cdot q^n \qquad (3.32)$$

Bemerkung: Sie werden jetzt vielleicht sagen: „Die Formel 3.32 $K_n = K_0 \cdot q^n$ kenne ich schon aus der nachschüssigen Verzinsung." Das ist so richtig. Nur musste bei der nachschüssigen Verzinsung der Wert von n eine natürliche Zahl sein. Dies ist bei der konformen Verzinsung nicht mehr gefordert.

Beispiel 3.25

Eine Bank gewährt üblicherweise 3 % Jahreszinsen. Auf besonderen Wunsch werden die Zinsen viermal jährlich ausgeschüttet, wobei der effektive Jahreszinsfuß von 3 % aber nicht überschritten werden darf. Auf welches Guthaben ist ein Kapital von GE 1 000 bei konformer Verzinsung nach $2\frac{1}{4}$ Jahren angewachsen?

1. Lösungsweg:
Der konforme Aufzinsungsfaktor beträgt:

$$q^{\frac{1}{m}} = q^{\frac{1}{4}} = \sqrt[4]{1 + i} = \sqrt[4]{1 + 0{,}03} = 1{,}007\,417$$

Daraus ergibt sich folgendes Guthaben nach 2,25 Jahren:

$$K_{2{,}25} = K_0 \cdot \left(q^{\frac{1}{m}}\right)^{m \cdot n} = K_0 \cdot \left(q^{\frac{1}{4}}\right)^{4 \cdot 2{,}25} = 1\,000 \cdot 1{,}007\,417^9 = 1\,068{,}77$$

Schneller und einfacher lässt sich das Guthaben nach $2\frac{1}{4}$ Jahren wie folgt berechnen:
2. Lösungsweg:

$$K_{2{,}25} = K_0 \cdot (1 + i)^n = 1\,000 \cdot 1{,}03^{2{,}25} = 1\,068{,}77$$

d.h. nach zwei Jahren und drei Monaten ist das Kapital auf 1 068,77 GE angewachsen.

Der unterjährliche konforme Zins ist nie größer als der unterjährliche relative Zins:

Beispiel 3.26

Für den Jahreszins von 5 % ergibt sich folgender unterjährliche konforme Zins im Vergleich zum unterjährlichen relativen Zins:

m	1	2	4	12	52	360
konformer Zins (in %)	5	2,4695	1,2272	0,4074	0,0939	0,0136
relativer Zins (in %)	5	2,5	1,25	0,4167	0,0962	0,0139

Der konforme Zinsfuß birgt eine Besonderheit: Je nachdem, ob die Laufzeit kürzer oder länger als ein Jahr beträgt, bringt der konforme Zinssatz 'mal weniger und 'mal mehr Zinsen hervor als die lineare Verzinsung. Wir betrachten dazu ein Beispiel:

Beispiel 3.27

Das Anfangskapital beträgt 1 000 GE, der nominelle Jahreszins liegt bei 4 %. Dann erhalten wir für eine Laufzeit von drei Monaten und für eine Laufzeit von einem Jahr und drei Monaten folgende Endkapitale:

Lauf-zeit	Verzinsung zum konformen Zinssatz	lineare Verzinsung
$n = 0,25$	$K_{0,25} = 1\,000 \cdot 1,04^{0,25} = 1\,009,85$ kleiner	$K_{0,25} = 1\,000 \cdot (1 + 0,25 \cdot 0,04) = 1\,010$ größer
$n = 1,25$	$K_{1,25} = 1\,000 \cdot 1,04^{1,25} = 1\,050,25$ größer	$K_{1,25} = 1\,000 \cdot (1 + 1,25 \cdot 0,04) = 1\,050$ kleiner

d.h. je nach Laufzeit bringt die Verzinsung zum konformen Zinsfuß weniger oder mehr Zinsen als die lineare Verzinsung.

Der Jahreszinssatz i ergibt sich aus dem Zinsfaktor $q = 1 + i$ wie folgt:

$$K_n = K_0 \cdot q^n \Leftrightarrow q = \sqrt[n]{\frac{K_n}{K_0}} \Leftrightarrow i = \sqrt[n]{\frac{K_n}{K_0}} - 1 \qquad (3.33)$$

Beispiel 3.28

Ein Startkapital über 1 000 € wird sieben Jahre lang zu konformer Verzinsung angelegt. Im ersten Jahr betragen die Jahreszinsen 1,2 %. Im zweiten und dritten Jahr betragen die Jahreszinsen 1,3 %, ab dem vierten Jahr gibt es 1,4 % Jahreszinsen.

Wie hoch ist in diesem Zeitraum der durchschnittliche Jahreszins?

1. Lösungsweg:

$$K_7 = 1\,000 \cdot 1,012 \cdot 1,013^2 \cdot 1,014^4 = 1\,097,87$$

$$q = \sqrt[7]{\frac{1\,097,87}{1\,000}} = 1,013428$$

2. Lösungsweg:

$$K_0 \cdot q^7 = K_0 \cdot 1{,}012 \cdot 1{,}013^2 \cdot 1{,}014^4 \mid \div K_0$$

$$q^7 = 1{,}012 \cdot 1{,}013^2 \cdot 1{,}014^4 \mid 7. \text{ Wurzel}$$

$$q = \sqrt[7]{1{,}012 \cdot 1{,}013^2 \cdot 1{,}014^4} = 1{,}013428$$

d.h. der durchschnittliche Jahreszins beträgt 1,3428 %.

Bisher haben wir den effektiven Jahreszins immer nur für Laufzeiten in vollen Jahren berechnet, indem wir die nachschüssige Verzinsung herangezogen haben.

⚠ Ist die Laufzeit nicht ein volles Jahr oder wird ein Ratenkauf (siehe Kapitel 6.3) getätigt oder ein Wertpapier (siehe Kapitel 6.4) erworben, so wird anhand der konformen Verzinsung der effektive Jahreszins berechnet.

Ist die Laufzeit $n \in \mathbb{R}^+$ ein Vielfaches von der Anzahl m der Verzinsungen pro Jahr, so ergibt sich für die konforme Verzinsung zum Jahreszinssatz i zusammengefasst folgende Berechnungsformel:

	konforme Verzinsung
Endkapital	$K_n = K_0 \left(1 + i\right)^n$
Zinssatz	$i = \sqrt[n]{\dfrac{K_n}{K_0}} - 1$

3.3   Gemischte Verzinsung

Hauptaufgabe der gemischten Verzinsung ist es, den Betrag auszurechnen, auf den ein Kapital von K_0 GE nach $k \in \mathbb{N}_0$ vollen Jahren plus einem Jahresbruchteil $\gamma \in (0; 1)$ angewachsen sein wird, wenn der nominelle Jahreszinssatz i beträgt.

Je nachdem, ob nur Kalenderjahre als volle Jahre gelten oder nicht, unterscheiden wir zwei verschiedene gemischte Verzinsungen.

3.3.1   Relativ gemischte Verzinsung

Bei der **relativ gemischten** Verzinsung veranschlagen wir für die k vollen Jahre nachschüssige Zinseszinsen und für den Jahresbruchteil γ veranschlagen wir einfache Zinsen von K_k. Es werden also jeweils zwei verschiedene Verzinsungen gemischt. Daher rührt die Bezeichnung.

Definition 3.29

Relativ gemischte Verzinsung

Laufzeit   Guthaben am Ende der Laufzeit

k volle Jahre $K_k = K_0 \cdot q^k$ nachschüssige Zinsen auf K_0

$k + \gamma$ Jahre $K_{k+\gamma} = K_k \cdot (1 + \gamma \cdot i) = K_0 \cdot q^k \cdot (1 + \gamma \cdot i)$ einfache Zinsen auf K_k

Wir werden im Nachfolgenden kaufmännisch rechnen, d.h. ein Jahr hat 360 Tage und ein Monat hat 30 Tage.

Beispiel 3.30

Eine Anlegerin überlässt einer Bank GE 5 000 zu 8 % jährlichen Zinsen. Nach zwei Jahren, vier Monaten und siebzehn Tagen hebt sie ihr Kapital samt Zinsen ab. Welchen Betrag wird sie bei relativ gemischter Verzinsung erhalten?

Lösung:
Nachschüssige Verzinsung für die beiden vollen Jahre:

$$K_2 = K_0 \left(1 + i\right)^2 = 5\,000 \cdot \left(1 + 0{,}08\right)^2 = 5\,000 \cdot 1{,}08^2 = 5\,832$$

Lineare Verzinsung von K_2 für den Jahresbruchteil:

$$4 \text{ Monate und } 17 \text{ Tage} \;\overset{\wedge}{=}\; 4 \cdot 30 + 17 = 137 \text{ Tage}$$

$$\text{Jahresbruchteil } \gamma = \frac{137}{360} = 0{,}3805 \text{ Jahre}$$

$$K_{2,3805} = K_2 \left(1 + \gamma \cdot i\right) = 5\,832 \cdot \left(1 + 0{,}3805 \cdot 0{,}08\right) = 6\,009{,}55$$

d.h. der erhaltene Betrag beträgt 6 009,55 GE.

Bei der relativ gemischten Verzinsung werden Jahresbruchteile linear verzinst. Und da bei der linearen Verzinsung unterschiedliche Bewertungsstichtage zu unterschiedlichen Ergebnissen führen (vgl. Kapitel 2), ergeben sich, je nachdem an welchem Tag Beträge erfasst werden, auch bei der relativ gemischten Verzinsung unterschiedliche Werte.

Beispiel 3.31

Jemand nimmt bei 4 % Zinsen p.a. am 31.12.2014 einen Kredit über 1 000 € auf, den er bei relativ gemischter Verzinsung am 31.03.2016 zurückzahlen soll.

a) Wie hoch ist der Rückzahlungsbetrag am 31.03.2016?

b) Angenommen die Schuld kann schon am 30.09.2015 zurückgezahlt werden. Wie hoch ist dann am 31.03.2016 der Wert dieser Rückzahlung?

Lösung:

a) Vom Zeitpunkt 31.12.2014 bis 31.03.2016 sind es ein Jahr und drei Monate:

$$1\,000 \cdot 1{,}04 \cdot \left(1 + \frac{3}{12} \cdot 0{,}04\right) = 1\,000 \cdot 1{,}04 \cdot 1{,}01 = 1\,050{,}40$$

d.h. die Rückzahlung am 30.03.2016 beträgt 1 050,40 €.

b) Vom Zeitpunkt 31.12.2014 bis 30.09.2015 sind es neun Monate:

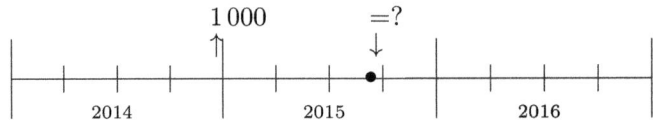

$$1\,000 \cdot \left(1 + \frac{9}{12} \cdot 0{,}04\right) = 1\,000 \cdot 1{,}03 = 1\,030$$

d.h. die vorzeitige Rückzahlung am 30.09.2015 würde 1 030 € betragen.
Lässt man diese Rückzahlung anschließend bis zum Termin 31.03.2016 auf einem separaten Konto liegen, so hat dieses Konto am 31.03.2016 folgenden Wert:

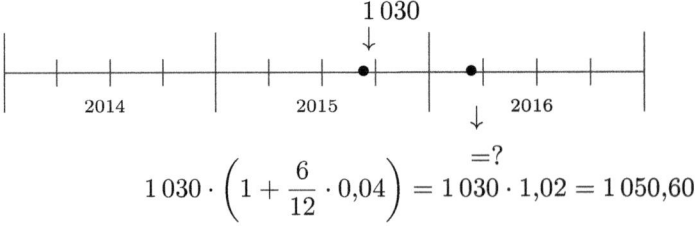

$$1\,030 \cdot \left(1 + \frac{6}{12} \cdot 0{,}04\right) = 1\,030 \cdot 1{,}02 = 1\,050{,}60$$

Der Unterschied von 20 Cent der Beträge 1 050,40 € aus a) und 1 050,60 € b) beruht nicht auf Rundungsfehlern, sondern wird von der relativ gemischten Verzinsung verursacht. Der Betrag unter a) wurde sowohl nachschüssig als auch linear verzinst, während der Betrag unter b) lediglich linear verzinst wurde.
Fazit: Unter a) wird am 31.03.2014 der Rückzahlungsbetrag vom 31.03.2016 bewertet, der Rückzahlungsbetrag vom 31.03.2016 beträgt so 1 050,40 €. Unter b) wird am 30.09.2015 der Rückzahlungsbetrag vom 31.03.2016 bewertet, der Rückzahlungsbetrag vom 31.03.2016 beträgt so 1 050,60 €.

Um solche nicht eindeutigen Ergebnisse wie in Beispiel 3.31 zu vermeiden, wird bei der relativ gemischten Verzinsung (so wie bei der linearen Verzinsung) ein Tag vereinbart, auf den alle Beträge zu beziehen sind. Dieser Tag heißt Bewertungsstichtag.

Beispiel 3.32

Wir setzen das Beispiel 3.31 fort. Als Bewertungsstichtag wird der 30.09.2015 vereinbart. Mit x wird der Rückzahlungsbetrag vom 31.03.2016 bezeichnet. Alle Beträge werden jetzt auf den 30.09.2015 bezogen; d.h. die Schuld muss neun Monate aufgezinst werden und der Rückzahlungsbetrag x muss sechs Monate abgezinst werden. Insgesamt erhalten wir dann folgende Gleichung:

$$1\,000 \cdot \underbrace{\left(1 + \frac{9}{12} \cdot 0{,}04\right)}_{9 \text{ Monate aufzinsen}} = \underbrace{\frac{x}{\left(1 + \frac{6}{12} \cdot 0{,}04\right)}}_{6 \text{ Monate abzinsen}} \Leftrightarrow 1\,000 \cdot 1{,}03 = \frac{x}{1{,}02}$$

$$x = 1\,050{,}60$$

In der Praxis ist der Bewertungsstichtag z.B. der Tag der Bilanz; in Klausuraufgaben muss der Bewertungsstichtag vorgegeben sein, anderenfalls darf er frei gewählt werden.

Beispiel 3.33

Eine am 30.04.2014 aufgenommene Schuld in Höhe von GE 100 000 eines Unternehmens soll durch drei gleich hohe Beträge, die jeweils am 30.11.2014, am 30.04.2015 und am 30.11.2015 fällig sind, zurückgezahlt werden. In welcher Höhe gehen bei relativ gemischter Verzinsung zu 4 % pro anno die drei Rückzahlungsbeträge in die Unternehmensplanung ein, wenn der Bewertungsstichtag der

  a) 30.04.2015 ist?

  b) 30.11.2015 ist?

Lösung:

  a) Am 30.04.2015 Wertstellung aller Beträge

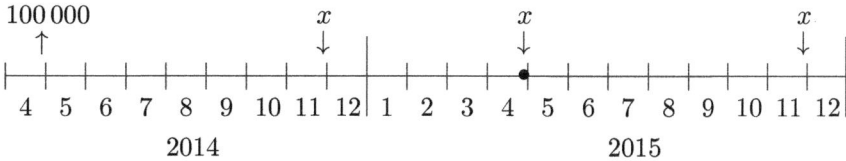

Die Schulden sind schon ein Jahr lang fällig, d.h. 100 000 sind ein Jahr aufzuzinsen:

$$100\,000 \cdot 1{,}04 = 104\,000$$

Die erste Einzahlung von x GE erfolgte vor fünf Monaten, x ist also fünf Monate aufzuzinsen:

$$x \left(1 + \frac{5}{12} \cdot \frac{4}{100}\right) = 1{,}0167\,x$$

Die zweite Einzahlung von x GE ist gerade fällig. Die dritte Einzahlung von x GE ist in sieben Monaten fällig und ist also sieben Monate abzuzinsen:

$$\frac{x}{1 + \frac{7}{12} \cdot \frac{4}{100}} = \frac{x}{1{,}0233} = \frac{1}{1{,}0233} \cdot x = 0{,}9772\,x$$

Setzen wir die Schulden gleich den Einzahlungen, so erhalten wir:

$$104\,000 = 1{,}0167\,x + x + 0{,}97772\,x = 2{,}9939\,x$$

$$x = \frac{104\,000}{2{,}9939} = 34\,737{,}70$$

d.h. die Rückzahlungsbeträge gehen mit jeweils 34 737,70 GE in die Unternehmensplanung ein.

b) Am 30.11.2015 Wertstellung aller Beträge

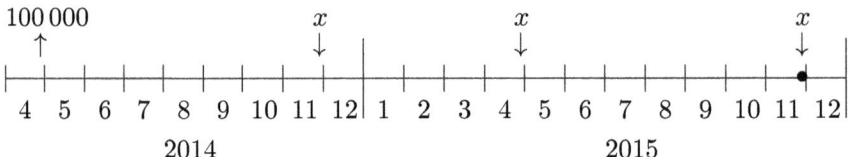

Die Schulden sind ein Jahr und sieben Monate aufzuzinsen:

$$100\,000 \cdot 1{,}04 \cdot \left(1 + \frac{7}{12} \cdot 0{,}04\right) = 106\,426{,}67$$

Die erste Einzahlung von x GE ist ein Jahr aufzuzinsen:

$$x \cdot 1{,}04$$

Die zweite Einzahlung von x GE ist sieben Monate aufzuzinsen:

$$x \left(1 + \frac{7}{12} \cdot 0{,}04\right) = 1{,}0233\,x$$

Die dritte Einzahlung von x GE ist gerade fällig. Setzen wir die Schulden gleich den Einzahlungen, so erhalten wir:

$$106\,426{,}67 = 1{,}04\,x + 1{,}0233\,x + x = 3{,}0633\,x$$

$$x = \frac{106\,426{,}67}{3{,}0633} = 34\,742{,}11$$

d.h. die Rückzahlungsbeträge gehen mit jeweils 34 742,11 GE in die Unternehmensplanung ein.

Der effektive Jahreszins wird mit der konformen Verzinsung berechnet:

Beispiel 3.34

Ein Startkapital in Höhe von $1\,000$ GE wurde vier Jahre und drei Monate zu einem nominellen Jahreszins von $1{,}2$ % bei relativ gemischter Verzinsung angelegt. Wie hoch ist der effektive Jahreszins $i^* = q^* - 1$?
Lösung:

$$K_{4,25} = 1\,000 \cdot 1{,}012^4 \cdot (1 + 0{,}25 \cdot 0{,}012) = 1\,052{,}02$$

$$q^* = \sqrt[4,25]{\frac{1\,052{,}02}{1\,000}} = 1{,}012004$$

d.h. der Effektivzins beträgt $1{,}2004$ % p.a.
Probe: $1\,000 \cdot 1{,}012004^{4,25} = 1\,052{,}02$

Zusammengefasst ergeben sich bei einem nominellen Jahreszinssatz i für die relativ gemischte Verzinsung mit der Laufzeit $k + \gamma$, wobei gilt $k \in \mathbb{N}_0$ und $\gamma \in (0\,;1)$, folgende Berechnungsformeln:

	relativ gemischte Verzinsung
Endkapital	$K_{k+\gamma} = K_0 \cdot q^k \cdot (1 + \gamma \cdot i)$
Barwert	$K_0 = \dfrac{K_{k+\gamma}}{q^k \cdot (1 + \gamma \cdot i)}$

3.3.2   Bankmäßig gemischte Verzinsung

Liegt eine relativ gemischte Verzinsung vor, bei der jedoch nur Kalenderjahre als volle Jahre gelten, so wird diese Verzinsungsart als **bankmäßig gemischte Verzinsung** bezeichnet. D.h. für den Spezialfall, dass nur Kalenderjahre als volle Jahre gelten, wird die relativ gemischte Verzinsung auch als bankmäßig gemischte Verzinsung bezeichnet. Die Laufzeit eines Guthabens besteht dann aus:

• einem Jahresbruchteil γ_1 vor Beginn der vollen Jahre
• k vollen Jahren
• und einem Jahresbruchteil γ_2 nach Ende der vollen Jahre;

d.h. die Laufzeit beträgt $\gamma_1 + k + \gamma_2$ Jahre mit $\gamma_1 \in (0\,;1)$, $k \in \mathbb{N}_0$, $\gamma_2 \in (0\,;1)$. Das Startkapital wird wie folgt relativ gemischt verzinst.

Definition 3.35

Bankmäßig gemischte Verzinsung

Laufzeit	Guthaben am Ende der Laufzeit
γ_1 Jahre	$K_{\gamma_1} = K_0 \, (1 + \gamma_1 \cdot i)$ einfache Zinsen auf K_0
$(\gamma_1 + k)$ Jahre	$K_{\gamma_1+k} = K_{\gamma_1} \cdot q^k$ nachschüssige Zinsen auf K_{γ_1}
$(\gamma_1 + k + \gamma_2)$ Jahre	$K_{\gamma_1+k+\gamma_2} = K_{\gamma_1+k} \, (1 + \gamma_2 \cdot i)$ einfache Zinsen auf K_{γ_1+k}

$$K_{\gamma_1+k+\gamma_2} = K_0 \cdot (1 + \gamma_1 \cdot i) \cdot q^k \cdot (1 + \gamma_2 \cdot i)$$

Üblicherweise gibt eine Bank für den Tag der Einzahlung keine Zinsen. Für den Tag der Auszahlung werden jedoch Zinsen berechnet.

Beispiel 3.36

Eine Bank gewährt 4 % nachschüssige Zinseszinsen pro Kalenderjahr. Ein Betrag von GE 1 000 wird 128 Tage vor Jahresende eingezahlt, liegt dann fünf Kalenderjahre und wird im anschließenden neuen Jahr nach 62 Tagen abgehoben. Welcher Betrag wird dann bei relativ gemischter Verzinsung ausgezahlt?

Da es für den Einzahlungstag keine Zinsen gibt, beträgt der erste Jahresbruchteil vor den vollen Kalenderjahren 127 Tage.

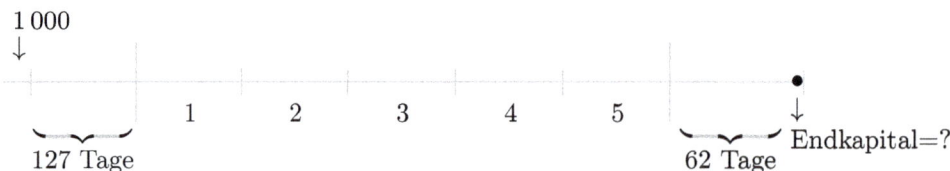

Die Laufzeit beträgt:

$$\gamma_1 = \frac{127}{360} = 0,3528 \text{ Jahre}$$

$$k = 5 \text{ volle Jahre}$$

$$\gamma_2 = \frac{62}{360} = 0,1722 \text{ Jahre}$$

Das Endkapital beträgt:

$$\begin{aligned}
K_{5,5250} &= K_0 \, (1 + \gamma_1 \cdot i) \cdot q^k \cdot (1 + \gamma_2 \cdot i) \\
&= 1\,000 \, (1 + 0,3528 \cdot 0{,}04) \cdot 1{,}04^5 \cdot (1 + 0,1722 \cdot 0{,}04) \\
&= 1\,242{,}32
\end{aligned}$$

d.h. es werden 1 242,32 GE ausgezahlt.

Zusammengefasst gilt für die bankmäßig gemischte Verzinsung mit der Laufzeit $\gamma_1 + k + \gamma_2$ Jahre, mit $k \in \mathbb{N}_0$ und $0 < \gamma_1, \gamma_2 < 1$, folgende Berechnungsformel:

	bankmäßig gemischte Verzinsung
Endkapital	$K_{\gamma_1 + k + \gamma_2} = K_0 \left(1 + \gamma_1 \cdot i\right) \cdot q^k \cdot \left(1 + \gamma_2 \cdot i\right)$

3.4 Stetige Verzinsung

Hauptaufgabe der stetigen Verzinsung ist es, den Betrag auszurechnen, auf den ein Kapital bei m-maliger unterjährlicher Verzinsung zum relativen Zins anwächst, wenn die Zeitintervalle (Zinsperioden) beliebig klein werden, d.h. wenn die Anzahl m der Zeitintervalle in einem Jahr beliebig groß wird.

In der Finanzmathematik spielt diese Verzinsung eine Rolle in der Investitionsrechnung; sie ist außerdem wichtig für

- demografische
- ökologische
- physikalische
- chemische
- biologische

Fragestellungen. Das Guthaben nach einem Jahr bei stetiger Verzinsung beträgt:

$$K_1 = \lim_{m \to \infty} K_0 \left(1 + \frac{i}{m}\right)^m = K_0 \cdot \underbrace{\lim_{m \to \infty} \left(1 + \frac{i}{m}\right)^m}_{= e^i} = K_0 \cdot e^i \tag{3.34}$$

Nach n Jahren beträgt das Guthaben bei stetiger Verzinsung:

$$K_n = \lim_{m \to \infty} K_0 \left(1 + \frac{i}{m}\right)^{m \cdot n} = K_0 \cdot \left[\lim_{m \to \infty} \left(1 + \frac{i}{m}\right)^m\right]^n \tag{3.35}$$

$$= K_0 \cdot \left[e^i\right]^n = K_0 \cdot e^{i \cdot n} \tag{3.36}$$

Bemerkung: Wieso $\lim_{m \to \infty} \left(1 + \frac{i}{m}\right)^m = e^i$ gilt, können wir für z.B. $i = 0{,}08$ schnell nachrechnen:

m	1	2	3	4	5	...	100
$\left(1 + \dfrac{0{,}08}{m}\right)^m$	1,08	1,0816	1,0822	1,0824	1,0826		$1{,}0833 \approx e^{0{,}08}$

Bei der stetigen Verzinsung muss die Laufzeit n nicht in vollen Jahren gemessen werden.

Definition 3.37

Stetige Verzinsung

$$K_n = K_0 \cdot e^{i \cdot n} \; ; n \geq 0$$

Bei der stetigen Verzinsung wird zu jedem Augenblick das Kapital verzinst, deshalb wird die stetige Verzinsung auch als Verzinsung des Augenblicks bezeichnet.

Beispiel 3.38

Der Holzbestand eines Waldes beträgt $12\,000$ m³. Wie hoch ist der Bestand nach fünf Jahren, wenn er sich stetig um 3 % vermehrt?

$$K_5 = K_0 \cdot e^{0,03 \cdot 5} = 12\,000 \cdot e^{0,15} = 12\,000 \cdot 1{,}1618 = 13\,942$$

d.h. der Holzbestand wächst auf $13\,942$ m³.

Mit dem Taschenrechner wird der Wert von $e^{0,15}$ mit Hilfe der $\boxed{e^x}$ -Taste berechnet.

Zusammengefasst wird bei einer stetigen Verzinsung das Endkapital nach einer Laufzeit von n Jahren, $n \geq 0$, wie folgt berechnet:

	stetige Verzinsung
Endkapital	$K_n = K_0 \cdot e^{i \cdot n}$

3.5   Zusammenfassung

Statt hier noch einmal alle Formeln aufzulisten, werden wir ein Beispiel rechnen, das die Unterschiede der bisher vorgestellten Verzinsungsarten verdeutlichen soll.

Insb. werden die Ergebnisse einer jährlichen und einer unterjährlichen Verzinsung aufgezeigt.

Beispiel 3.39

Ein Startkapital von 100 GE wird zwei bzw. zweieinhalb Jahre angelegt zu 8 % nominellem Jahreszins. Uns interessiert das Guthaben am Ende der Laufzeit, wenn wir die nachfolgenden verschiedenen Verzinsungsarten unterstellen.

lineare Verzinsung

$$
\begin{aligned}
K_2 &= 100(1 + 2 \cdot 0{,}08) \\
&= 116 \\
K_{2,5} &= 100(1 + 2{,}5 \cdot 0{,}08) \\
&= 120
\end{aligned}
$$

relativ gemischte Verzinsung

$$
\begin{aligned}
K_2 &= 100 \cdot 1{,}08^2 \\
&= 116{,}64 \\
K_{2,5} &= 100 \cdot 1{,}08^2 \left(1 + \tfrac{1}{2} \cdot 0{,}08\right) \\
&= 121{,}31
\end{aligned}
$$

nachschüssige Verzinsung

$$
\begin{aligned}
K_2 &= 100 \cdot 1{,}08^2 \\
&= 116{,}64 \\
K_{2,5} &= \text{nicht erklärt} \\
\text{bzw. } K_{2,5} &= K_2
\end{aligned}
$$

vorschüssige Verzinsung

$$
\begin{aligned}
K_2 &= \tfrac{100}{0{,}92^2} \\
&= 118{,}15 \\
K_{2,5} &= \text{nicht erklärt} \\
\text{bzw. } K_{2,5} &= K_2
\end{aligned}
$$

konforme Verzinsung

$$
\begin{aligned}
K_2 &= 100 \cdot 1{,}08^2 \\
&= 116{,}64 \\
K_{2,5} &= 100 \cdot 1{,}08^{2,5} \\
&= 121{,}22
\end{aligned}
$$

stetige Verzinsung

$$
\begin{aligned}
K_2 &= 100 \cdot e^{2 \cdot 0{,}08} \\
&= 117{,}35 \\
K_{2,5} &= 100 \cdot e^{2,5 \cdot 0{,}08} \\
&= 122{,}14
\end{aligned}
$$

monatliche Verzinsung
zum relativen Zins

$$
\begin{aligned}
K_2 &= 100 \left(1 + \tfrac{0{,}08}{12}\right)^{24} \\
&= 117{,}29 \\
K_{2,5} &= 100 \left(1 + \tfrac{0{,}08}{12}\right)^{30} \\
&= 122{,}06
\end{aligned}
$$

Grafische Übersicht der verschiedenen Verzinsungen

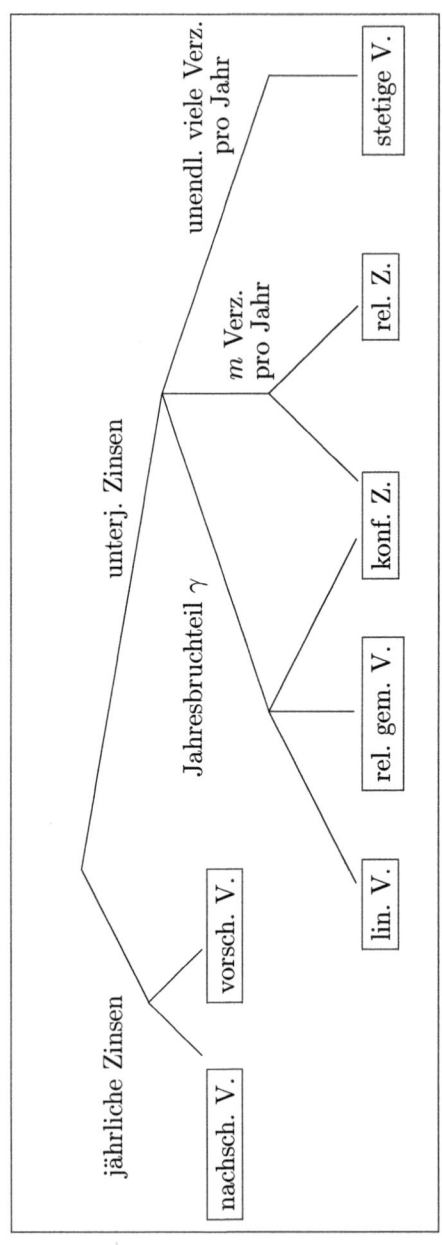

4 Rentenrechnung

*Hauptaufgabe der Rentenrechnung ist es, das Guthaben zu berechnen, das bei regelmä-ßigen (z. B. jährlichen) festen Einzahlungen von r GE (**Rente**) mit p % Verzinsung pro anno in n Jahren entsteht.*

4.1 Jährliche Renten

Die Verzinsungsart für Jahresrenten ist die nachschüssige Verzinsung. Die Jahresrente kann jeweils am Ende des Jahres (**nachschüssige Rente**) oder zu Beginn eines jeden Jahres (**vorschüssige Rente**) eingezahlt werden. Insb. sind also die beiden Adjekti-ve „nachschüssig" und „vorschüssig" doppelt vergeben: Zum einen beschreiben sie eine Verzinsungsart, zum anderen beschreiben sie einen Zahlungstermin.

Definition 4.1

r jährlich nachschüssige Einzahlung (Rente, Rate)

r' jährlich vorschüssige Einzahlung (Rente, Rate)

R_n nachschüssiger Rentenendwert

R_0 Barwert der nachschüssigen Rente

R'_n vorschüssiger Rentenendwert

R'_0 Barwert der vorschüssigen Rente

4.1.1 Nachschüssige Jahresrente

Wir zahlen jeweils am Ende eines Jahres r GE ein und interessieren uns für das Gut-haben R_n, das bei nachschüssiger Verzinsung nach n Jahren entstanden ist:

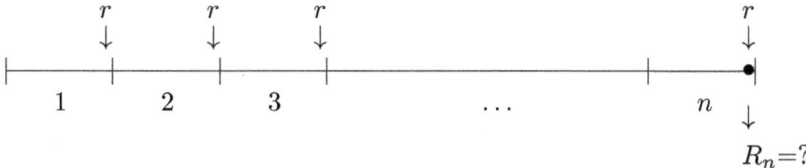

Durch diese regelmäßigen Einzahlungen erhalten wir den folgenden Verzinsungsplan:

Definition 4.2

Nachschüssige Jahresrente r

Jahr	Einzahlung am Ende des Jahres	Guthaben am Ende des Jahres
1	r	r
2	r	$r + rq$
3	r	$r + rq + rq^2$
$\vdots$		
n	r	$r + rq + rq^2 + \ldots + rq^{n-1}$

Somit beträgt das Guthaben nach n Jahren:

$$R_n = r + rq + rq^2 + \ldots + rq^{n-1} \tag{4.1}$$

Um für R_n eine schnellere Berechnungsformel als 4.1 zu erhalten, klammern wir r aus:

$$R_n = r(1 + q + q^2 + \ldots + q^{n-1}) \tag{4.2}$$

Anschließend multiplizieren wir beide Seiten der Gleichung 4.2 mit dem Faktor $(q-1)$:

$$R_n(q-1) = r(q-1)(1 + q + q^2 + \ldots + q^{n-1}) \tag{4.3}$$

$$R_n(q-1) = r \left[\begin{array}{cccccc} q & +q^2 & +q^3 & +\ldots & +q^n \\ -1 & -q & -q^2 & -\ldots & -q^{n-1} \end{array} \right] \tag{4.4}$$

$$R_n(q-1) = r\left[q^n - 1\right] \tag{4.5}$$

Jetzt teilen wir beide Seiten der Gleichung 4.5 durch $(q-1)$:

$$R_n = r\frac{q^n - 1}{q - 1} \tag{4.6}$$

Das Guthaben R_n aus Formel 4.6 nach n Jahren wird auch als nachschüssiger Rentenendwert bezeichnet.

Der nachschüssige Rentenbarwert R_0 ergibt sich durch Abzinsen aus dem Rentenendwert R_n:

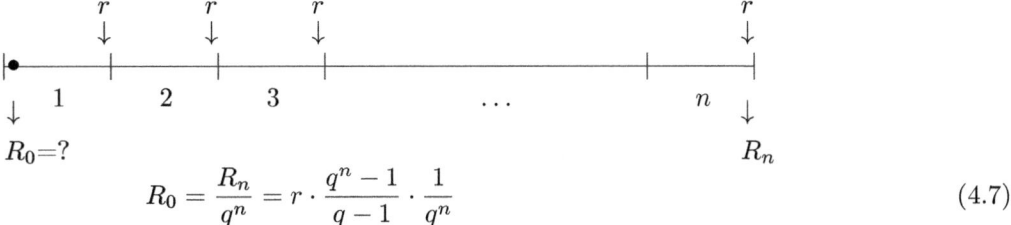

$$R_0 = \frac{R_n}{q^n} = r \cdot \frac{q^n - 1}{q - 1} \cdot \frac{1}{q^n} \tag{4.7}$$

Insbesondere ist der nachschüssige Rentenbarwert ein Jahr vor der ersten Einzahlung fällig (z.B. 1. Januar), während der nachschüssige Rentenendwert zum Zeitpunkt der letzten Einzahlung fällig ist (z.B. 31. Dezember).

Beispiel 4.3

Jemand zahlt am Ende eines jeden Jahres bei der Sparkasse GE 300 ein. Wie hoch ist der gesparte Betrag einschließlich 3 % Zinseszins p.a. am Ende des zwölften Jahres?

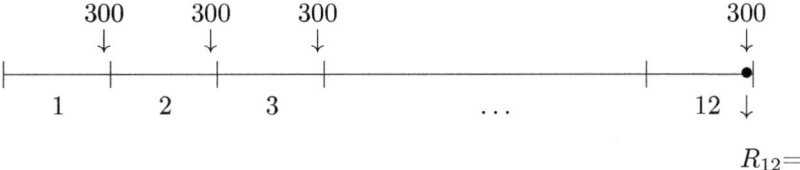

$$R_{12} = 300 \cdot \frac{1{,}03^{12} - 1}{0{,}03} = 4\,257{,}61$$

Aus dem Versprechen, zwölf Jahre lang nachschüssig GE 300 einzuzahlen, ergibt sich bei 3 % Zinseszinsen ein sofort auszahlbarer Betrag von:

$$R_0 = \frac{R_{12}}{q^{12}} = \frac{4\,257{,}61}{1{,}03^{12}} = 2\,986{,}20$$

Mit der Formel 4.7 ergibt sich der Rentenbarwert wie folgt:

$$R_0 = r \cdot \frac{q^n - 1}{q - 1} \cdot \frac{1}{q^n} = 300 \cdot \frac{1{,}03^{12} - 1}{0{,}03} \cdot \frac{1}{1{,}03^{12}} = 300 \cdot 9{,}95400 = 2\,986{,}20$$

d.h. es werden 4 257,61 GE angespart und der Barwert dieser Ansparung beträgt 2 986,20 GE. Würde sich jemand 2 986,20 GE leihen, so könnte er mit diesen 2 986,20 GE eine zukünftige zwölfjährige nachschüssige Jahresrente über 300 GE finanzieren.

Der Barwert von 2 986,20 lässt sich auch mit der Barwert-Formel BW(0,03;12;-300;;) im Tabellenkalkulator Excel wie folgt berechnen:

Zins = 0,03 Zinssatz pro anno

Zzr = 12 Anzahl der Zahlungszeiträume

Rmz = −300

Ist der nachschüssige Rentenendwert R_n bekannt, so lässt sich daraus mit Hilfe des Logarithmus die Laufzeit berechnen:

$$R_n = r \cdot \frac{q^n - 1}{q - 1} \qquad | \cdot \frac{1}{r}(q - 1) \tag{4.8}$$

$$\frac{R_n}{r}(q - 1) = q^n - 1 \qquad | +1 \tag{4.9}$$

$$1 + \frac{R_n}{r}(q - 1) = q^n \qquad | \ln \tag{4.10}$$

$$\ln\left[1 + \frac{R_n}{r}(q - 1)\right] = n \cdot \ln(q) \qquad | \div \ln(q) \tag{4.11}$$

$$\frac{\ln\left[1 + \frac{R_n}{r}(q - 1)\right]}{\ln(q)} = n \tag{4.12}$$

Im nachfolgenden Beispiel werden wir die Laufzeit einer nachschüssigen Jahresrente zunächst ohne Formel und anschließend mit der Formel 4.12 bestimmen.

Beispiel 4.4

Am Ende des Jahres werden jeweils GE 5 000 eingezahlt. Wann übersteigt bei 5 % Verzinsung p.a. dieses Guthaben erstmals den Wert GE 45 000?

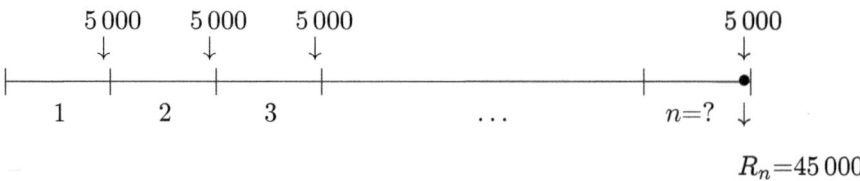

1. Lösungsweg: Mit der Endwertformel 4.6 ergibt sich:

$$45\,000 = 5\,000 \cdot \frac{1{,}05^n - 1}{0{,}05}$$

$$2\,250 = 5\,000(1{,}05^n - 1) = 5\,000 \cdot 1{,}05^n - 5\,000$$

$$7\,250 = 5\,000 \cdot 1{,}05^n$$

$$1{,}45 = 1{,}05^n$$

$$n = \log_{1{,}05}(1{,}45) = \frac{\ln 1{,}45}{\ln 1{,}05} = 7{,}6155$$

2. Lösungsweg: Mit der Laufzeitformel 4.12 ergibt sich:

$$n = \frac{\ln\left[1 + \frac{R_n}{r}(q-1)\right]}{\ln q} = \frac{\ln\left[1 + \frac{45\,000}{5\,000} \cdot 0{,}05\right]}{\ln 1{,}05} = 7{,}6155$$

d.h. nach acht Jahren übersteigt das Guthaben erstmals den Betrag von GE 45 000.

Mit der Laufzeitformel ZZR(0,05;−5000;0;45000;0) im Tabellenkalkulator Excel lässt sich auch diese Laufzeit von 7,6155 Jahren wie folgt berechnen:

Zins $= 0{,}05$ Zinssatz pro anno

Rmz $= -5\,000$ regelmäßige Zahlung

BW $= 0$

ZW $= 45\,000$ Zielwert

F $= 0$ Fälligkeit

Ist der nachschüssige Rentenbarwert R_0 bekannt, so lässt sich daraus mit Hilfe des Logarithmus die Laufzeit berechnen:

$$R_0 = r \cdot \frac{q^n - 1}{q - 1} \cdot \frac{1}{q^n} \qquad \left| \cdot \frac{1}{r}(q-1) \right. \tag{4.13}$$

$$\frac{R_0}{r}(q-1) = \frac{q^n - 1}{q^n} = 1 - \frac{1}{q^n} \qquad \left| + \frac{1}{q^n} - \frac{R_0}{r}(q-1) \right. \tag{4.14}$$

$$\frac{1}{q^n} = 1 - \frac{R_0}{r}(q-1) \qquad |\ \text{Kehrwert} \tag{4.15}$$

$$q^n = \frac{1}{1 - \frac{R_0}{r}(q-1)} \qquad |\ \ln \tag{4.16}$$

$$n \cdot \ln(q) = \underbrace{\ln(1)}_{=0} - \ln\left[1 - \frac{R_0}{r}(q-1)\right] \qquad |\ \div \ln(q) \tag{4.17}$$

$$n = -\frac{\ln\left[1 - \frac{R_0}{r}(q-1)\right]}{\ln(q)} \tag{4.18}$$

Im nachfolgenden Beispiel werden wir die Laufzeit einer nachschüssigen Jahresrente zunächst ohne Formel und anschließend mit der Formel 4.18 bestimmen.

Beispiel 4.5

Gegen Einzahlung von GE 50 000 soll eine nachschüssige Jahresrente von GE 2 500 ausgezahlt werden. Wie oft kann diese Rente bei 4 % Zinseszinsen p.a. geleistet werden?

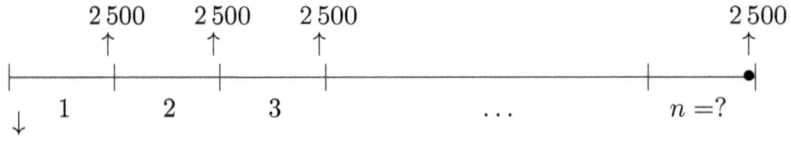

$R_0 = 50\,000$

1. Lösungsweg: Mit der Barwertformel 4.7 ergibt sich:

$$50\,000 = 2\,500 \cdot \frac{1{,}04^n - 1}{0{,}04} \cdot \frac{1}{1{,}04^n}$$

$$50\,000 \cdot 1{,}04^n = 2\,500 \cdot \frac{1{,}04^n - 1}{0{,}04}$$

$$50\,000 \cdot 1{,}04^n = 62\,500(1{,}04^n - 1) = 62\,500 \cdot 1{,}04^n - 62\,500$$

$$62\,500 = 12\,500 \cdot 1{,}04^n$$

$$5 = 1{,}04^n$$

$$n = \log_{1{,}04}(5) = \frac{\ln 5}{\ln 1{,}04} = 41{,}0354$$

2. Lösungsweg: Mit der Laufzeitformel 4.18 ergibt sich:

$$n = -\frac{\ln[1 - \frac{R_0}{r}(q - 1)]}{\ln q} = -\frac{\ln[1 - \frac{50\,000}{2\,500} \cdot 0{,}04]}{\ln 1{,}04} = 41{,}0354$$

d.h. 41 Jahre lang kann die volle Rente von GE 2 500 gezahlt werden.
Mit der Laufzeitformel ZZR(0,04; −2500; 50000; 0; 0) im Tabellenkalkulator Excel lässt sich auch diese Laufzeit von 41,0354 Jahren wie folgt berechnen:

Zins = 0,04 Zinssatz pro anno

Rmz = −2 500 regelmäßige Zahlung

BW = 50 000 Barwert

ZW = 0

F = 0 Fälligkeit

Liegen mehrere Renten vor, so kann der Rentenendwert einer Rente identisch sein mit dem Barwert einer anderen Rente. Damit es nicht zu Verwechselungen von Rentenend- und Rentenbarwert kommt, sollte für eine Aufgabenstellung immer die Zeitachse mit den Zahlungsströmen gezeichnet werden.

Beispiel 4.6

Eine Rente in Höhe von GE 10 000 wird fünf Jahre lang jeweils am Jahresende eingezahlt. Wie lange können anschließend bei nachschüssiger Verzinsung zu 5 % pro anno jeweils am Jahresende GE 10 000 in voller Höhe entnommen werden?

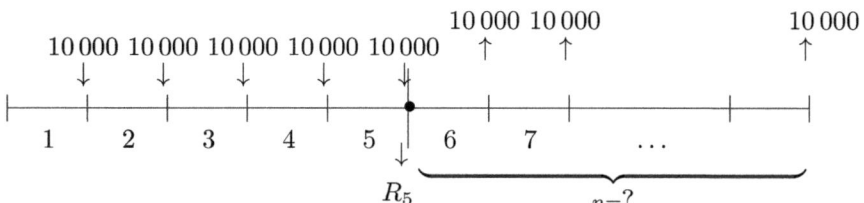

1. Lösungsweg:
Mit der Rentenendwertformel 4.6 ergibt sich der Rentenendwert R_5 der Einzahlungen:

$$R_5 = 10\,000 \cdot \frac{1{,}05^5 - 1}{0{,}05} = 55\,256{,}31$$

Der Rentenendwert der Einzahlungen ist der Rentenbarwert R_0 der Auszahlungen. Nach wie vielen Jahren beträgt die Differenz aus Einzahlungen minus Auszahlungen null GE?

$$55\,256{,}31 \cdot 1{,}05^n - 10\,000 \frac{1{,}05^n - 1}{0{,}05} = 0$$

$$55\,256{,}31 \cdot 1{,}05^n - 200\,000 \cdot (1{,}05^n - 1) = 0$$

$$55\,256{,}31 \cdot 1{,}05^n - 200\,000 \cdot 1{,}05^n + 200\,000 = 0$$

$$200\,000 = 144\,743{,}69 \cdot 1{,}05^n$$

$$1{,}3818 = 1{,}05^n$$

$$n = \log_{1{,}05}(1{,}3818) = \frac{\ln 1{,}3818}{\ln 1{,}05} = 6{,}6$$

2. Lösungsweg: Mit der Laufzeitformel 4.18 ergibt sich:

$$n = -\frac{\ln[1 - \frac{R_0}{r}(q-1)]}{\ln q} = -\frac{\ln[1 - \frac{55\,256{,}31}{10\,000} \cdot 0{,}05]}{\ln 1{,}05} = 6{,}6$$

d.h. sechs Jahre lang können die vollen Beträge von GE 10 000 entnommen werden. Nach der Entnahme der sechs vollen Beträge bleibt noch ein Restguthaben. Das Restguthaben unmittelbar nach der letzten vollen Rückzahlung beträgt:

$$55\,256{,}31 \cdot 1{,}05^6 - 10\,000 \cdot \frac{1{,}05^6 - 1}{0{,}05} = 6\,029{,}61$$

Der Verzinsungsplan sieht wie folgt aus:

Jahr	Einzahlung am Ende des Jahres	Rückzahlung am Ende des Jahres	Guthaben am Ende des Jahres
1	10 000	-	10 000
2	10 000	-	20 500
3	10 000	-	31 525
4	10 000	-	43 101,25
5	10 000	-	55 256,31
6	-	10 000	48 019,13
7	-	10 000	40 420,09
8	-	10 000	32 441,09
9	-	10 000	24 063,14
10	-	10 000	15 266,30
11	-	10 000	6 029,62

Die Laufzeitformeln 4.12 und 4.18 gelten nur, wenn die jährlichen Belastungen des Schuldners größer sind als die jährlich anfallenden Zinsen. Wurde ein Kredit aufgenommen und zahlt der Schuldner jeweils am Jahresende lediglich einen Geldbetrag in Höhe der jährlichen Kreditzinsen ein, so zahlt er den Kredit nicht zurück. Es werden dadurch lediglich die angefallenen Zinsen beglichen, die Schulden bleiben unverändert gleich hoch. Wird jedoch ein höherer Geldbetrag als die anfallenden Zinsen eingezahlt, so verringert sich die Schuld. Es wird in diesem Zusammenhang auch von **Tilgen** des Kredits gesprochen.

In der Klausur passiert manchmal folgender Fehler: Es wurde sich verrechnet, die jährlichen Rückzahlungen betragen fälschlicherweise weniger als die jährlich anstehenden Zinsen. Der Prüfling bemerkt seinen Fehler nicht und möchte die Anzahl der Rückzahlungen mit Hilfe der Laufzeitformel berechnen. Betrachten wir dazu ein Beispiel.

Beispiel 4.7

Bei einer Bank wurde zu 10 % Jahreszins ein Kredit über 10 000 € aufgenommen. Die erste Rückzahlung soll fällig sein ein Jahr nach Kreditaufnahme. Welchen Fehler begeht der Schuldner, wenn er glaubt, mit einem jährlichen Betrag von 900 € seine Schulden loszuwerden?

Lösung:
Mit der Laufzeitformel 4.18 bei bekannten Barwert ergibt sich:

$$n = -\frac{\ln\left[1 - \frac{10\,000}{900} \cdot 0{,}1\right]}{\ln 1{,}1} = -\frac{\ln[-0{,}\overline{1}]}{\ln 1{,}1}$$

Die Zinsen im ersten Jahr betragen 1 000 €. Deshalb reicht eine Rückzahlung in Höhe von 900 € nicht aus. Der Fehler der zu geringen Rückzahlungsbeträge lässt sich gut daran erkennen, dass in der Laufzeitformel 4.18 der Logarithmus einer negativen Zahl auftaucht, der bekanntlich nicht definiert ist.

Zusammengefasst haben wir folgende Formeln zur Berechnung einer nachschüssigen Jahresrente:

	nachschüssige Jahresrente
Endwert	$R_n = r \cdot \dfrac{q^n - 1}{q - 1}$
Barwert	$R_0 = r \cdot \dfrac{q^n - 1}{q - 1} \cdot \dfrac{1}{q^n}$
Laufzeit	$n = \dfrac{\ln[1 + \frac{R_n}{r}(q - 1)]}{\ln q}$
Laufzeit	$n = -\dfrac{\ln[1 - \frac{R_0}{r}(q - 1)]}{\ln q}$

4.1.2 Vorschüssige Jahresrente

Wir zahlen jeweils zu Beginn eines Jahres r' GE ein und interessieren uns für das Guthaben R'_n, das bei nachschüssiger Verzinsung nach n Jahren entstanden ist:

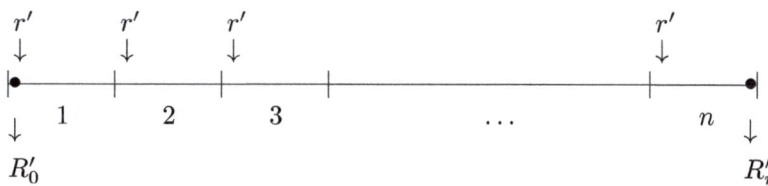

Die Einzahlungen einer vorschüssigen Jahresrente r' liegen ein Jahr länger auf dem Konto als die Einzahlungen einer nachschüssigen Jahresrente r. Das bedeutet, wir können sämtliche Berechnungsformeln einer nachschüssigen Rente übernehmen, indem wir in den Formeln die Rente r durch die Rente $r' \cdot q$ ersetzen.

Beispiel 4.8

Bei 3 % Zinseszins p.a. zahlt Frau X. jeweils zu Beginn des Jahres 100 Euro ein, während Frau Y. jeweils am Ende des Jahres 103 Euro einzahlt. Unterscheiden sich die Guthaben der beiden Frauen am Ende eines jeden Jahres?

Jahr	Einzahlung am Anfang des Jahres	Guthaben am Ende des Jahres		Jahr	Einzahlung am Ende des Jahres	Guthaben am Ende des Jahres
1	100	103		1	103	103
2	100	209,09		2	103	209,09
3	100	318,36		3	103	318,36
4	100	430,91		4	103	430,91

d.h. das Guthaben nach vier Jahren aus vorschüssigen Einzahlungen über 100 Euro ist bei 3 % Zinseszins p.a. genau so groß wie das Guthaben, das sich aus nachschüssigen Einzahlungen über 103 Euro ergibt.

Anders ausgedrückt: Werden zu Beginn eines Jahres jeweils r' GE eingezahlt, so ergibt sich derselbe Betrag, wie wenn jeweils am Ende eines Jahres $r = r' \cdot q$ GE einzahlt werden:

Definition 4.9

Vorschüssige Jahresrente r'

$$r = r' \cdot q = \text{nachschüssige Jahresrente}$$

Beispiel 4.10

Eine vorschüssige Jahresrente von $r' = 1\,200$ GE soll in eine nachschüssige Jahresrente r umgewandelt werden. Wie hoch muss bei einem Jahreszins von 3 % die nachschüssige Rente r sein?

$$r_{\text{nachschüssig}} = r'_{\text{vorschüssig}} \cdot q = 1\,200 \cdot 1{,}03 = 1\,236$$

d.h. die umgewandelte nachschüssige Rente beträgt GE 1 236.

Im Einzelnen ergeben sich für eine vorschüssige Rente r' folgende Berechnungsformeln:

$$\text{Endwert } R'_n = r' \cdot q \cdot \frac{q^n - 1}{q - 1} \tag{4.19}$$

$$\text{Barwert } R'_0 = r' \cdot q \cdot \frac{q^n - 1}{q - 1} \cdot \frac{1}{q^n} \tag{4.20}$$

$$\text{Laufzeit } n = \frac{\ln[1 + \frac{R'_n}{r' \cdot q}(q - 1)]}{\ln q} \tag{4.21}$$

$$\text{Laufzeit } n = -\frac{\ln[1 - \frac{R_0'}{r' \cdot q}(q-1)]}{\ln q} \qquad (4.22)$$

Der vorschüssige Rentenbarwert aus Formel 4.20 ist fällig zum Zeitpunkt der ersten Einzahlung, der vorschüssige Rentenendwert aus Formel 4.19 ist fällig ein Jahr nach der letzten Einzahlung.

Bemerkung: Im Folgenden werden wir bei der Berechnung von vorschüssigen Jahresrenten nicht die Formeln 4.19 bis 4.22 verwenden, sondern wir werden zunächst mit der Definition 4.9 die äquivalente nachschüssige Jahresrente berechnen und anschließend die Formeln 4.6 bzw. 4.7 bzw. 4.12 bzw. 4.18 einer nachschüssigen Jahresrente benutzen.

Beispiel 4.11

Jemand zahlt zu Beginn eines jeden Jahres bei der Sparkasse GE 300 ein. Wie hoch ist der gesparte Betrag bei 3 % Jahreszins am Ende des zwölften Jahres?

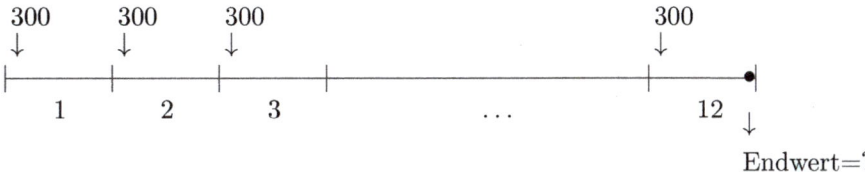

$r' = 300$ vorschüssige Jahresrente

$r = r' \cdot q = 300 \cdot 1{,}03 = 309$ nachschüssige Jahresrente

$R_{12}' = 309 \cdot \dfrac{1{,}03^{12} - 1}{0{,}03} = 4\,385{,}34$ Rentenendwert

Zinsen wir den Endwert zwölf Jahre ab, so erhalten wir den Barwert:

Barwert=?   Endwert=4 385,34

$$R_0' = \frac{4\,385{,}34}{1{,}03^{12}} = 3\,075{,}79$$

d.h. aus dem Versprechen, zwölf Jahre lang vorschüssig GE 300 einzuzahlen, ergibt sich bei 3 % Zinseszinsen p.a. ein sofort auszahlbarer Betrag von 3 075,79 GE. Oder anders ausgedrückt: Leiht sich jemand 3 075,79 GE, so kann er mit diesem Betrag eine zukünftige zwölfjährige vorschüssige Jahresrente über 300 GE finanzieren.

Der Rentenbarwert lässt sich über die nachschüssige Rente $r' \cdot q = 300 \cdot 1{,}03 = 309$ auch mit der Formel 4.7 wie folgt berechnen:

$$R'_0 = R_0 = 309 \cdot \frac{1{,}03^{12} - 1}{0{,}03} \cdot \frac{1}{1{,}03^{12}} = 3\,075{,}79$$

d.h. es werden $4\,385{,}34$ GE angespart und der Barwert dieser Ansparung beträgt $3\,075{,}79$ GE.

Mit der Barwert-Formel BW(0,03;12;−300;;1) im Tabellenkalkulator Excel lässt sich auch der Barwert von $3\,075{,}79$ GE wie folgt berechnen:

Zins $= 0{,}03$ Zinssatz pro anno

Zzr $= 12$ Anzahl der Zahlungszeiträume

Rmz $= -300$ regelmäßige Zahlung

F $= 1$ Fälligkeit

d.h. insb. Excel unterstellt bei jährlichen Renten als Verzinsungsart die nachschüssige Verzinsung.

Ist der Rentenendwert R'_n einer vorschüssigen Rente bekannt, so lässt sich daraus die Laufzeit der jährlichen Rente berechnen.

Beispiel 4.12

Eine Rente, bei der jeweils zu Beginn des Jahres GE $5\,000$ eingezahlt werden, ist unter 5 % Verzinsung pro anno auf GE $50\,132{,}82$ angewachsen. Wie lang ist die Laufzeit?

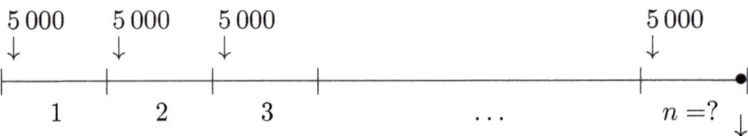

Zuerst berechnen wir die jährliche nachschüssige Rente:

$$r' \cdot q = 5\,000 \cdot 1{,}05 = 5\,250$$

1. Lösungsweg: Mit der Rentenendwert-Formel 4.6 haben wir dann:

$$50\,132{,}82 = 5\,250 \cdot \frac{1{,}05^n - 1}{0{,}05} = 105\,000(1{,}05^n - 1)$$

$$50\,132{,}82 = 105\,000 \cdot 1{,}05^n - 105\,000$$

$$155\,132{,}82 = 105\,000 \cdot 1{,}05^n$$

$$1{,}4775 = 1{,}05^n$$

$$n = \log_{1{,}05}(1{,}4775) = \frac{\ln 1{,}4775}{\ln 1{,}05} = 8$$

2. Lösungsweg: Mit der Laufzeit-Formel 4.12 haben wir:

$$n = \frac{\ln[1 + \frac{50\,132,82}{5\,250}(q - 1)]}{\ln(q)} = \frac{\ln[1 + 9,5491 \cdot 0,05]}{\ln 1,05} = 8$$

d.h. die Rente wurde acht Jahre lang eingezahlt.

Ist der Rentenbarwert einer vorschüssigen Rente bekannt, so lässt sich daraus die Laufzeit der jährlichen Rente berechnen.

Beispiel 4.13

Gegen Zahlung von GE 50 000 soll eine vorschüssige Jahresrente von GE 2 500 gezahlt werden. Wie oft kann diese Rente bei 4 % Zinseszinsen p.a. geleistet werden?

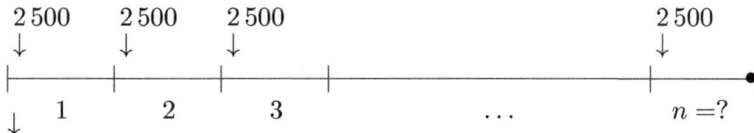

Barwert=50 000

Zuerst berechnen wir aus der vorschüssigen Jahresrente $r' = 2\,500$ die äquivalente nachschüssige Jahresrente r:

$$r = r' \cdot q = 2\,500 \cdot 1,04 = 2\,600$$

1. Lösungsweg: Mit der Rentenbarwertformel 4.7 haben wir:

$$50\,000 = 2\,600 \cdot \frac{1,04^n - 1}{0,04} \cdot \frac{1}{1,04^n}$$

$$50\,000 \cdot 1,04^n = 65\,000(1,04^n - 1) = 65\,000 \cdot 1,04^n - 65\,000$$

$$65\,000 = 15\,000 \cdot 1,04^n$$

$$4,\overline{3} = 1,04^n$$

$$n = \log_{1,04}(4,\overline{3}) = \frac{\ln 4,\overline{3}}{\ln 1,04} = 37,39$$

2. Lösungsweg: Mit der Laufzeitformel 4.18 haben wir:

$$n = -\frac{\ln[1 - \frac{50\,000}{2\,600}(q - 1)]}{\ln q} = -\frac{\ln[1 - 19,2308 \cdot 0,04]}{\ln 1,04}$$

$$= -\frac{\ln 0,2308}{\ln 1,04} = 37,39$$

d.h. 37 Jahre lang kann die volle Rente von GE 2 500 gezahlt werden. Wie hoch ist
das Restguthaben ein Jahr nach Zahlung der letzten vollen vorschüssigen Rente?

$$K_{37} = 50\,000 \cdot 1{,}04^{37} - 2\,500 \cdot 1{,}04 \cdot \frac{1{,}04^{37} - 1}{0{,}04}$$

$$= 213\,404{,}49 - 212\,425{,}84$$

$$= 978{,}65$$

d.h. das Restguthaben ein Jahr nach Zahlung der letzten vollen Rente beträgt 978,65
GE.

Sollen mehrere Einmalzahlungen in eine Rente umgewandelt werden, so müssen zunächst alle Einmalzahlungen auf ein und denselben Tag bezogen werden. Welcher Tag
auf der Zeitachse für diese Wertstellung gewählt wird, ist bei der nachschüssigen Verzinsung unerheblich, d.h. dieser Tag der Wertstellung ist frei wählbar.

Beispiel 4.14

Bei 4 % Zinseszins p.a. bestehen folgende Zahlungsverpflichtungen:

- 5 000 GE am 31.12.2012
- 1 000 GE am 31.12.2015
- 4 000 GE am 31.12.2017

Die Schulden sollen zurückgezahlt werden durch eine vierjährige Jahresrente über
2 500 GE, erster Betrag fällig am 01.01.2014, und durch einen weiteren Rückzahlungsbetrag, fällig am 01.01.2020.
Wie hoch ist der Rückzahlungsbetrag am 01.01.2020?

Lösung:
Als Tag der Wertstellung für die Schulden wählen wir 01.01.2014:

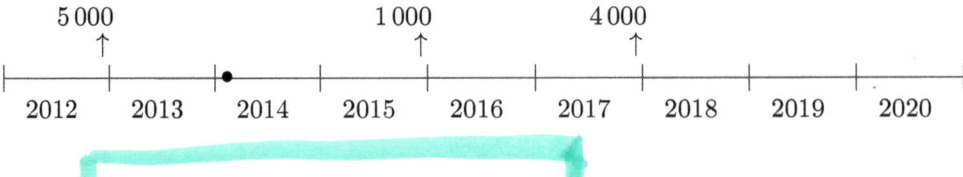

$$5\,000 \cdot 1{,}04 + \frac{1\,000}{1{,}04^2} + \frac{4\,000}{1{,}04^4} = 9\,543{,}77$$

d.h. werden alle drei Schuldbeträge zu einem Betrag zusammengefasst, so betragen
am 01.01.2014 die Schulden insgesamt 9 543,77 GE.

Jetzt werden die Rückzahlungen und die Schulden auf den Zeitpunkt des Rentenendwerts bezogen, also auf den 31.12.2017.

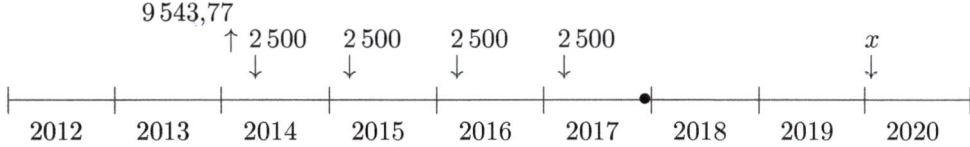

Zunächst berechnen wir die jährliche nachschüssige Rente:

$$r' \cdot q = 2\,500 \cdot 1{,}04 = 2\,600$$

Die Differenz aus Schulden und Rückzahlungen beträgt am 31.12.2017 nach vier Rentenzahlungen:

$$9\,543{,}77 \cdot 1{,}04^4 - 2\,600 \cdot \frac{1{,}04^4 - 1}{0{,}04} = 11\,164{,}87 - 11\,040{,}81 = 124{,}06$$

Restzahlung am 01.01.2020:

$$124{,}06 \cdot 1{,}04^2 = 134{,}18$$

d.h. die Restzahlung am 01.01.2020 beträgt 134,18 GE.

Zusammengefasst haben wir folgende Formeln zur Berechnung einer vorschüssigen Jahresrente r':

	vorschüssige Jahresrente
Endwert	$R'_n = r' \cdot q \cdot \dfrac{q^n - 1}{q - 1}$
Barwert	$R'_0 = r' \cdot q \cdot \dfrac{q^n - 1}{q - 1} \cdot \dfrac{1}{q^n}$
Laufzeit	$n = \dfrac{\ln\left[1 + \frac{R'_n}{r' \cdot q}(q - 1)\right]}{\ln q}$
Laufzeit	$n = -\dfrac{\ln\left[1 - \frac{R'_0}{r' \cdot q}(q - 1)\right]}{\ln q}$

4.2   Unterjährliche Renten

Erfolgen Einzahlungen z. B. monatlich oder vierteljährlich nachschüssig (d.h. am Ende eines Monats bzw. eines Quartals) oder vorschüssig (d.h. zu Beginn eines Monats bzw. eines Quartals), so können die Rentenendwerte anhand der relativ gemischten Verzinsung oder anhand der unterjährlichen Verzinsung zum relativen Zins bestimmt werden. Dabei sind die Verzinsungstermine die Termine der Rentenzahlungen.

Definition 4.15

m Anzahl der unterjährlichen Zahlungen in einem Jahr

r_u unterjährlich nachschüssige Einzahlung

r_u' unterjährlich vorschüssige Einzahlung

4.2.1   Nachschüssige Rente zu relativ gemischter Verzinsung

Angenommen wir zahlen bei relativ gemischter Verzinsung am Ende eines jeden Monats r_u GE ein. Uns interessiert die Höhe des Guthabens nach einem Jahr. Da wir innerhalb eines Jahres einzahlen und da wir am Ende eines Monats einzahlen, sprechen wir auch von einer monatlich **nachschüssigen** Rente.

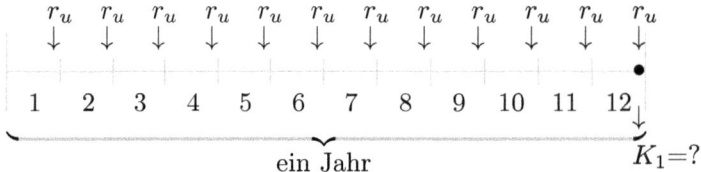

Definition 4.16

K_1 einer nachschüssigen Monatsrente r_u (relativ gemischte Verzinsung)

1. Einzahlung am Ende des 1. Monats wird 11 Monate verzinst: $r_u(1 + \frac{11}{12} \cdot i)$
2. Einzahlung am Ende des 2. Monats wird 10 Monate verzinst: $r_u(1 + \frac{10}{12} \cdot i)$
3. Einzahlung am Ende des 3. Monats wird 9 Monate verzinst: $r_u(1 + \frac{9}{12} \cdot i)$

$\vdots$

12. Einzahlung am Ende des Jahres unverzinst: r_u

Somit ergibt sich für monatlich nachschüssige Einzahlungen folgendes Guthaben nach einem Jahr:

$$K_1 = r_u + r_u(1 + \frac{1}{12} \cdot i) + r_u(1 + \frac{2}{12} \cdot i) + \ldots + r_u(1 + \frac{11}{12} \cdot i) \qquad (4.23)$$

Mit $1 + 2 + \ldots + 11 = 66$ haben wir:

$$K_1 = 12\,r_u + \frac{66}{12} \cdot i \cdot r_u = 12\,r_u + \frac{11}{2} \cdot i \cdot r_u = r_u \left(12 + \frac{11}{2} \cdot i \right) \qquad (4.24)$$

Allgemein ergibt sich aus 4.23 bei m unterjährlich nachschüssigen Einzahlungen r_u nach einem Jahr folgendes Guthaben:

$$K_1 = r_u + r_u(1 + \frac{1}{m} \cdot i) + r_u(1 + \frac{2}{m} \cdot i) + \ldots + r_u(1 + \frac{m-1}{m} \cdot i) \qquad (4.25)$$

Mit $1 + 2 + \ldots + (m-1) = \frac{m-1}{2} \cdot m$ haben wir:

$$K_1 = m \cdot r_u + \frac{m-1}{2} \cdot m \cdot \frac{1}{m} \cdot i \cdot r_u = r_u \left[m + \frac{m-1}{2} \cdot i \right] \qquad (4.26)$$

Bei der relativ gemischten Verzinsung (Mischung der nachschüssigen Verzinsung mit der linearen Verzinsung) werden die unterjährlichen Beträge r_u linear verzinst und die Jahresbeträge $r_J = r_u \left[m + \frac{m-1}{2} \cdot i \right]$ nachschüssig, so dass nach zwei Jahren regelmäßiger Rentenzahlungen das Guthaben $K_2 = r_J + r_J \cdot q$ beträgt. Oder mit der Rentenformel 4.6 für nachschüssige Jahresrenten ausgedrückt: $K_2 = r_J \cdot \frac{q^2 - 1}{q - 1}$

Beispiel 4.17

Auf ein Konto werden bei 4 % Zinsen pro Jahr regelmäßig am Ende eines Monats 100 € eingezahlt.
Wie hoch ist das Guthaben am Ende des ersten Jahres?

$$K_1 = 100 \cdot (12 + 5{,}5 \cdot 0{,}04) = 1\,222$$

d.h. das Guthaben am Ende des ersten Jahres beträgt 1 222 €.
Und wie hoch ist das Guthaben am Ende des zweiten Jahres?

$$K_2 = 1\,222 + 1\,222 \cdot 1{,}04 = 2\,492{,}88$$

d.h. das Guthaben am Ende des zweiten Jahres beträgt 2 492,88 €.
Das Guthaben am Ende des zehnten Jahres erhalten wir mit der Rentenendwertformel 4.6:

$$K_{10} = 1\,222 \cdot \frac{1{,}04^{10} - 1}{0{,}04} = 14\,671{,}46$$

d.h. das Guthaben am Ende des zehnten Jahres beträgt 14 671,46 €.

⚠ Da wir für unterjährlich nachschüssige Renten weder eine Barwertformel noch eine Rentenendwertformel noch eine Laufzeitformel kennen, müssen wir, sobald nach diesen Größen gefragt ist, immer zuerst die jährlich nachschüssige Ersatzrente r_J berechnen. Anschließend können wir dann die bekannten Formeln für jährlich nachschüssige Renten benutzen.

Beispiel 4.18

Eine jährlich nachschüssige Rente von 1 200 GE soll in eine monatliche Rente, zahlbar jeweils am Ende eines Monats, umgewandelt werden. Wie hoch sind die monatlichen Einzahlungen bei einem Zinsfuß von 6 % pro anno?

Jährlich nachschüssige Rente über 1 200 GE:

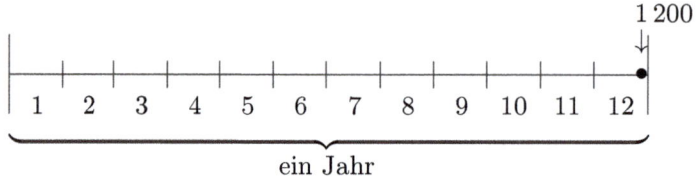

Monatlich nachschüssige Rente r_u:

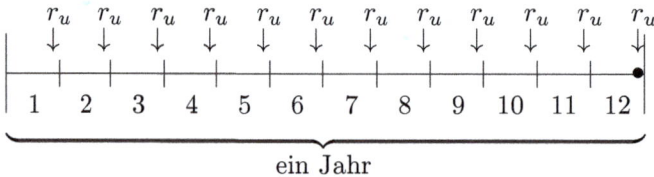

Damit die jährliche und die monatliche Rente gleichwertig sind, muss das Guthaben der monatlichen Rente nach einem Jahr den Wert 1 200 GE haben:

$$1\,200 = r_u\,(12 + 5{,}5 \cdot 0{,}06) = r_u \cdot 12{,}33 \Leftrightarrow r_u = \frac{1\,200}{12{,}33} = 97{,}32$$

d.h. die monatliche Rente beträgt 97,32 GE.

Im Beispiel 4.18 lag eine nachschüssige Jahresrente vor. Im nachfolgenden Beispiel wird von einer vorschüssigen Jahresrente ausgegangen.

Beispiel 4.19

Eine jährlich vorschüssige Rente von 1 200 GE soll in eine monatliche Rente, zahlbar jeweils am Ende eines Monats, umgewandelt werden. Wie hoch sind die monatlichen Einzahlungen bei einem Zinsfuß von 6 % pro anno?

Jährlich vorschüssige Rente über 1 200 GE:

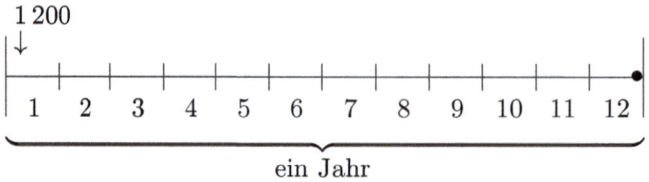

Da wir mit der Formel 4.26 bei unterjährlichen Renten nur das Guthaben am Ende eines Jahres kennen (und nicht zu Beginn), müssen wir die vorschüssige Jahresrente erst einmal ein Jahr aufzinsen:

$$1\,200 \cdot 1{,}06 = 1\,272$$

Jährlich nachschüssige Rente über 1 272 GE:

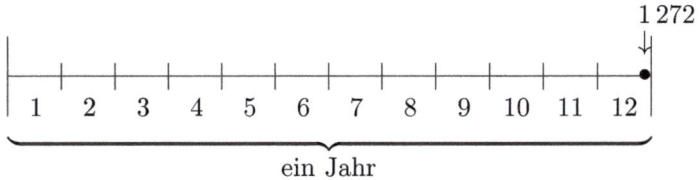

Monatlich nachschüssige Rente:

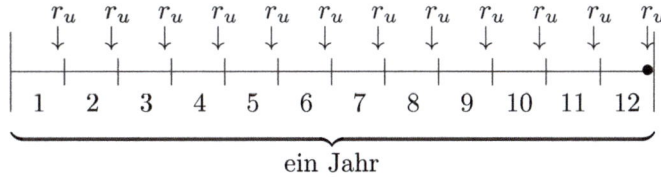

Damit die jährliche und die monatliche Rente gleichwertig sind, muss das Guthaben der monatlichen Rente nach einem Jahr den Wert 1 272 GE haben:

$$1\,272 = r_u \left(12 + 5{,}5 \cdot 0{,}06\right) = r_u \cdot 12{,}33 \Leftrightarrow r_u = \frac{1\,272}{12{,}33} = 103{,}16$$

d.h. die monatliche Rente beträgt 103,16 GE.

In den Beispielen 4.18 und 4.19 wurden Jahresrenten in unterjährliche Renten umgewandelt. Im nachfolgenden Beispiel soll eine Schuld durch unterjährliche Rentenzahlungen beglichen werden.

Beispiel 4.20

Ein Darlehen in Höhe von 20 000 GE soll bei 12 % Jahreszinsen durch zwölf gleich hohe vierteljährliche Zahlungen beglichen werden. Die erste Zahlung erfolgt drei Monate nach Darlehensaufnahme. Gesucht ist die Höhe der vierteljährlichen Zahlungen.

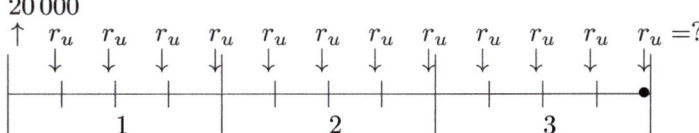

Die zwölf vierteljährlich nachschüssigen Zahlungen r_u erstrecken sich über eine Zeitraum von drei Jahren. Für die Höhe dieser vierteljährlichen Zahlungen haben wir direkt keine Formel. Wir können jedoch die Höhe von drei jährlichen Zahlungen r_J berechnen. Jetzt müssen wir uns nur noch entscheiden, ob die jährlichen Ersatzzahlungen r_J nachschüssig oder vorschüssig seien sollen. Da wir für unterjährliche Zahlungen gemäß der Formel 4.26 nur das Guthaben am Ende eines Jahres kennen, muss die jährliche Ersatzrente r_J nachschüssig sein.

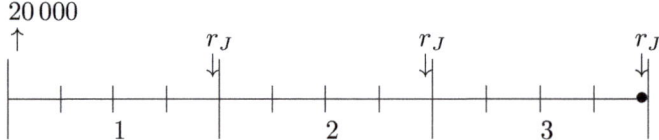

Wir berechnen zunächst mit der Rentenbarwert-Formel 4.7 die jährlich nachschüssige Rente r_J:

$$20\,000 = r_J \cdot \frac{q^3 - 1}{q - 1} \cdot \frac{1}{q^3}$$

$$r_J = 20\,000 \cdot q^3 \cdot \frac{q - 1}{q^3 - 1}$$

$$= 20\,000 \cdot 1,12^3 \cdot \frac{0,12}{1,12^3 - 1}$$

$$= 20\,000 \cdot 0,4163$$

$$= 8\,326,98$$

d.h. am Ende eines jeden Jahres wären 8 326,98 GE zu zahlen. Jetzt erst können wir mit Hilfe dieser jährlich nachschüssigen Rente r_J die unterjährlichen Zahlungen r_u berechnen:

$$r_J = 8\,326,98$$

Und zwar muss gemäß der Formel 4.26 das Guthaben der unterjährlichen Rente r_u nach einem Jahr den Wert 8 326,98 GE haben:

$$r_J = r_u \left(4 + \frac{3}{2} \cdot i\right)$$

$$8\,326,98 = r_u(4 + 1,5 \cdot 0,12)$$

$$8\,326,98 = 4,18 \cdot r_u$$

$$r_u = \frac{8\,326,98}{4,18} = 1\,992,10$$

d.h. es sind vierteljährlich 1 992,10 GE zurückzuzahlen.

Zusammengefasst haben wir folgende Formeln zur Berechnung einer unterjährlich nachschüssigen Rente r_u bei relativ gemischter Verzinsung:

	r_u nachschüssig
nachschüssige Jahresrente	$r_J = r_u\left(m + \dfrac{m-1}{2}\cdot i\right)$
Endwert	$K_n = r_u\left(m + \dfrac{m-1}{2}\cdot i\right)\cdot\dfrac{q^n-1}{q-1}$

4.2.2 Vorschüssige Rente zu relativ gemischter Verzinsung

Angenommen, wir zahlen bei relativ gemischter Verzinsung zu Beginn eines jeden Monats r_u' GE ein. Uns interessiert die Höhe des Guthabens nach einem Jahr. Da wir innerhalb eines Jahres einzahlen und da wir zu Beginn eines Monats einzahlen, sprechen wir auch von einer unterjährlich **vorschüssigen** Rente.

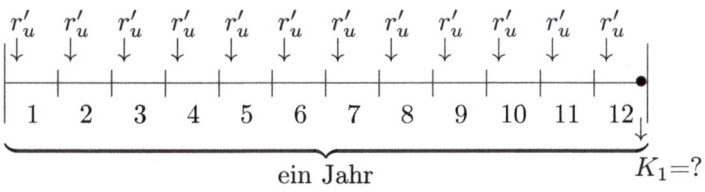

Definition 4.21

K_1 einer vorschüssigen Monatsrente r_u' (relativ gemischte Verzinsung)

1. Einzahlung Anfang des 1. Monats wird 12 Monate verzinst: $r_u'(1 + \frac{12}{12}\cdot i)$
2. Einzahlung Anfang des 2. Monats wird 11 Monate verzinst: $r_u'(1 + \frac{11}{12}\cdot i)$
3. Einzahlung Anfang des 3. Monats wird 10 Monate verzinst: $r_u'(1 + \frac{10}{12}\cdot i)$

$\vdots$

12. Einzahlung Anfang des 12. Monats wird einen Monat verzinst: $r_u'(1 + \frac{1}{12}\cdot i)$

Somit ergibt sich folgendes Guthaben nach einem Jahr:

$$K_1 = r_u'(1 + \frac{1}{12}\cdot i) + r_u'(1 + \frac{2}{12}\cdot i) + \ldots + r_u'(1 + \frac{12}{12}\cdot i) \tag{4.27}$$

Mit $1 + 2 + \ldots + 12 = 78$ haben wir:

$$K_1 = 12\,r'_u + \frac{78}{12} \cdot i \cdot r'_u = r'_u \left(12 + \frac{13}{2} \cdot i \right) \tag{4.28}$$

Allgemein ergibt sich aus 4.27 bei m unterjährlich vorschüssigen Einzahlungen r'_u nach einem Jahr folgendes Guthaben:

$$K_1 = r'_u(1 + \frac{1}{m} \cdot i) + r'_u(1 + \frac{2}{m} \cdot i) + \ldots + r'_u(1 + \frac{m}{m} \cdot i) \tag{4.29}$$

Mit $1 + 2 + \ldots + m = \frac{m+1}{2} \cdot m$ haben wir:

$$K_1 = m \cdot r'_u + \frac{m+1}{2} \cdot m \cdot \frac{1}{m} \cdot i \cdot r'_u = r'_u \left[m + \frac{m+1}{2} \cdot i \right] \tag{4.30}$$

Insb. wird mit der Formel 4.30 eine unterjährlich vorschüssige Rente r'_u umgewandelt in eine gleichwertige nachschüssige Jahresrente $r_J = K_1$, so dass nach zwei Jahren regelmäßiger Rentenzahlungen das Guthaben $K_2 = r_J + r_J \cdot q$ beträgt. Oder mit der Rentenendwertformel 4.6 für nachschüssige Jahresrenten ausgedrückt: $K_2 = r_J \cdot \frac{q^2-1}{q-1}$

Beispiel 4.22

Auf ein Konto werden bei 4 % Zinsen pro Jahr regelmäßig zu Beginn eines Monats 100 € eingezahlt. Wie hoch ist das Guthaben am Ende des ersten Jahres?

$$K_1 = 100 \cdot (12 + 6{,}5 \cdot 0{,}04) = 1\,226$$

d.h. das Guthaben am Ende des ersten Jahres beträgt 1 226 €.
Und wie hoch ist das Guthaben am Ende des zweiten Jahres?

$$K_2 = 1\,226 + 1\,226 \cdot 1{,}04 = 2\,501{,}04$$

d.h. das Guthaben am Ende des zweiten Jahres beträgt 2 501,04 €.
Das Guthaben am Ende des zehnten Jahres ergibt sich aus der Rentenendwertformel 4.6:

$$K_{10} = 1\,226 \cdot \frac{1{,}04^{10} - 1}{0{,}04} = 14\,719{,}49$$

d.h. das Guthaben am Ende des zehnten Jahres beträgt 14 719,49 €.

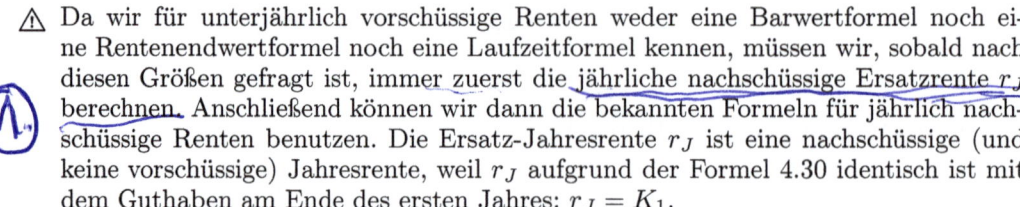 ⚠ Da wir für unterjährlich vorschüssige Renten weder eine Barwertformel noch eine Rentenendwertformel noch eine Laufzeitformel kennen, müssen wir, sobald nach diesen Größen gefragt ist, immer zuerst die jährliche nachschüssige Ersatzrente r_J berechnen. Anschließend können wir dann die bekannten Formeln für jährlich nachschüssige Renten benutzen. Die Ersatz-Jahresrente r_J ist eine nachschüssige (und keine vorschüssige) Jahresrente, weil r_J aufgrund der Formel 4.30 identisch ist mit dem Guthaben am Ende des ersten Jahres: $r_J = K_1$.

Beispiel 4.23

Eine jährlich nachschüssige Rente von 1 200 GE soll in eine monatliche Rente, zahlbar jeweils zu Beginn eines Monats, umgewandelt werden. Wie hoch sind die monatlichen Einzahlungen bei einem Zinsfuß von 6 % pro anno?

Jährlich nachschüssige Rente über 1 200 GE:

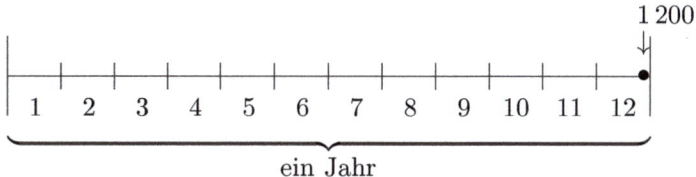

Monatlich vorschüssige Rente:

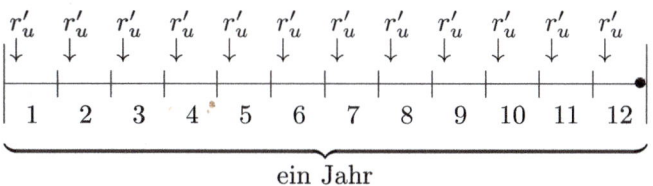

Damit die jährliche und die monatliche Rente gleichwertig sind, muss das Guthaben der monatlichen Rente nach einem Jahr den Wert 1 200 GE haben:

$$1\,200 = r'_u \left(12 + 6,5 \cdot 0{,}06\right) = 12{,}39 \cdot r'_u \Leftrightarrow r'_u = \frac{1\,200}{12{,}39} = 96{,}85$$

d.h. die monatliche Rente beträgt 96,85 GE.

In dem Beispiel 4.23 wurde eine nachschüssige Jahresrente umgewandelt in eine unterjährliche Rente. Im nachfolgenden Beispiel wird von einer vorschüssigen Jahresrente ausgegangen.

Beispiel 4.24

Eine jährlich vorschüssige Rente von 1 200 GE soll in eine monatliche Rente, zahlbar jeweils zu Beginn eines Monats, umgewandelt werden. Wie hoch sind die monatlichen Einzahlungen bei einem Zinsfuß von 6 % pro anno?

Da wir bei unterjährlichen Renten nur das Guthaben am Ende eines Jahres kennen (und nicht zu Beginn), müssen wir wie in Definition 4.9 den Betrag erst einmal ein Jahr aufzinsen:

$$1\,200 \cdot 1{,}06 = 1\,272$$

Mit der Formel 4.30 ergibt sich daraus:

$$1\,272 = r'_u\,(12 + 6{,}5 \cdot 0{,}06) = r'_u \cdot 12{,}39 \Leftrightarrow r'_u = \frac{1\,272}{12{,}39} = 102{,}66$$

d.h. die monatliche Rente beträgt 102,66 GE.

In dem nachfolgenden Beispiel wird die Laufzeit einer unterjährlichen Rente berechnet.

Beispiel 4.25

Auf ein Konto werden zehn Jahre lang bei 4 % Jahreszinsen jeweils zu Monatsanfang 100 GE eingezahlt.

a) Wie lange können anschließend jeweils am Ende eines Quartals 604,04 GE abgehoben werden? Die Verzinsung betrage 4 % p.a.

b) Anschließend werden sieben Jahre lang jeweils 600 GE am Quartalsende abgehoben. Wie hoch ist das Restguthaben am Ende des siebten Jahres? Die Verzinsung betrage wiederum 4 % p.a.

c) Anschließend soll acht Jahre lang eine vorschüssige Quartalsrente ausgezahlt werden. Die Verzinsung betrage wiederum 4 % p.a. Wie hoch ist die Quartalsrente?

Lösung:

a) Einzahlungen und Auszahlungen:

100,- monatl. vorsch. Einzahlungen   604,04 viertelj. nachsch. Auszahlungen

Mit der Gleichung 4.30 ergibt sich als jährlich nachschüssige Ersatzrente r_J für die monatlichen Einzahlungen:

$$r_J = 100\,(12 + 6{,}5 \cdot 0{,}04) = 1\,226$$

Das Guthaben der Einzahlungen nach zehn Jahren ergibt sich mit der Rentenendwertformel 4.6:

$$R_{10} = 1\,226 \cdot \frac{1{,}04^{10} - 1}{0{,}04} = 14\,719{,}49$$

Die jährlich nachschüssige Ersatzrente r_J ist genau so groß wie der Betrag gemäß 4.26 nach einem Jahr der vierteljährlichen Auszahlungen:

$$r_J = 604{,}04\,(4 + 1{,}5 \cdot 0{,}04) = 2\,452{,}40$$

Mit der Laufzeitformel 4.18 ergibt sich die folgende Laufzeit der Ersatzrente:

$$n = -\frac{\ln\left[1 - \frac{14\,719{,}49}{2\,452{,}40} \cdot 0{,}04\right]}{\ln 1{,}04} = 7$$

d.h. anschließend können sieben Jahre lang jeweils am Quartalsende 604,04 GE abgehoben werden.

b) Einzahlungen und Auszahlungen:

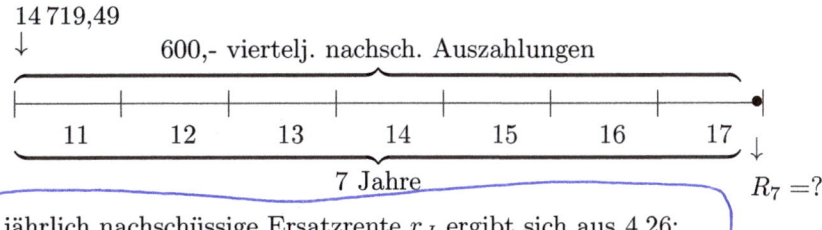

Die jährlich nachschüssige Ersatzrente r_J ergibt sich aus 4.26:

$$r_J = 600\,(4 + 1{,}5 \cdot 0{,}04) = 2\,436$$

Mit 4.6 beträgt der Rentenendwert:

$$R_7 = 14\,719{,}49 \cdot 1{,}04^7 - 2\,436 \cdot \frac{1{,}04^7 - 1}{0{,}04} = 129{,}60$$

d.h. das Restguthaben am Ende des siebten Jahres beträgt 129,60 GE.

c) Die jährlich nachschüssige Ersatzrente r_J wird aus dem Rentenbarwert 4.7 berechnet:

$$14\,719{,}49 = r_J \cdot \frac{1{,}04^8 - 1}{0{,}04} \cdot \frac{1}{1{,}04^8} \Leftrightarrow r_J = 2\,186{,}25$$

Mit 4.30 ergibt sich die vorschüssige Quartalsrente r_Q:

$$2\,186{,}25 = r_Q \left(4 + \frac{5}{2} \cdot 0{,}04\right) \Leftrightarrow r_Q = 533{,}23$$

d.h. die Quartalsrente beträgt 533,23 GE.

Wird eine Schuld früher als vereinbart zurückgezahlt, so erhebt üblicherweise für die vorzeitige Rückzahlung die Bank wegen entgangener Zinsen eine sogenannte **Vorfälligkeitsentschädigung**.

Beispiel 4.26

Eine Familie kauft für 220 000 € ein Haus. Dazu nimmt sie bei 6 % Zinsen p.a. von einer Bank einen Kredit in Höhe von 60 % des Kaufpreises auf. Zur Rückzahlung des Kredits wird vereinbart, zu Beginn eines jeden Quartals 4 000 € an die Bank zu überweisen. Die erste Rückzahlung ist fällig bei Darlehnsaufnahme.

a) Wie viele Jahre lang sind volle Rückzahlungen zu leisten?

b) Wie hoch ist die Restschuld am Ende des achten Jahres?

c) Am Ende des achten Jahres nach Kreditaufnahme soll die noch bestehende Schuld durch eine einmalige Restzahlung zurückgezahlt werden. Für die vorzeitige Rückzahlung erhebt die Bank eine Vorfälligkeitsentschädigung in Höhe von 2,5 % des vorzeitig zurückgezahlten Kapitals. Welcher Betrag ist dann am Ende des achten Jahres an die Bank zu zahlen?

Lösung:
Die Kredithöhe beträgt $0,6 \cdot 220\,000 = 132\,000$

a) Mit 4.30 ergibt sich die jährlich nachschüssige Ersatzrente r_J:

$$r_J = 4\,000\left(4 + \frac{5}{2} \cdot 0,06\right) = 16\,600$$

Gemäß 4.18 lautet die Laufzeit bei bekanntem Barwert:

$$r_J = -\frac{\ln\left[1 - \frac{132\,000}{16\,600} \cdot 0,06\right]}{\ln 1,06} = 11,1274$$

d.h. elf Jahre lang sind volle Rückzahlungen zu leisten.

b) Hätten die Schulden acht Jahre ohne jegliche Rückzahlung auf einem Konto gestanden, so wären sie angelaufen auf:

$$132\,000 \cdot 1,06^8 = 210\,387,95$$

Der Wert der achtjährigen Rückzahlungen beträgt hingegen:

$$16\,600 \cdot \frac{1,06^8 - 1}{0,06} = 164\,297,97$$

Die Restschuld nach acht Jahren ist die Differenz der aufgezinsten Kredithöhe minus dem Endwert der Rückzahlungen:

$$K_8 = 132\,000 \cdot 1,06^8 - 16\,600 \cdot \frac{1,06^8 - 1}{0,06}$$

$$= 210\,387,95 - 164\,297,97 = 46\,089,98$$

d.h. am Ende des achten Jahres beträgt die Restschuld 46 089,98 €.

c) Das Ergebnis aus b) muss ein Jahr aufgezinst werden:

$$46\,089{,}98 \cdot 1{,}025 = 1\,152{,}25 + 46\,089{,}98 = 47\,242{,}23$$

d.h. es sind $47\,242{,}23$ € zu zahlen.

Zusammengefasst haben wir folgende Formeln zur Berechnung einer unterjährlich vorschüssigen Rente r'_u bei relativ gemischter Verzinsung:

	r'_u vorschüssig
nachschüssige Jahresrente	$r_J = r'_u \left(m + \dfrac{m+1}{2} \cdot i \right)$
Endwert	$K_n = r'_u \left(m + \dfrac{m+1}{2} \cdot i \right) \cdot \dfrac{q^n - 1}{q - 1}$

4.2.3 Nachschüssige Rente zu unterjährlicher Verzinsung zum relativen Zins

Anhand der unterjährlichen Verzinsung zum relativen Zinssatz lassen sich ebenfalls nachschüssige und vorschüssige Renten berechnen. Für eine regelmäßige **nachschüssige** Rente r_u gilt bei monatlichen Einzahlungen nach einem Jahr der folgende Verzinsungsplan:

Definition 4.27

K_1 einer nachschüssigen Monatsrente r_u (Verzinsung zum relativen Zins)

1. Einzahlung am Ende des 1. Monats wird 11 Monate verzinst: $r_u \cdot \left(1 + \frac{i}{12}\right)^{11}$
2. Einzahlung am Ende des 2. Monats wird 10 Monate verzinst : $r_u \cdot \left(1 + \frac{i}{12}\right)^{10}$
3. Einzahlung am Ende des 3. Monats wird 9 Monate verzinst: $r_u \cdot \left(1 + \frac{i}{12}\right)^{9}$

$\vdots$

12. Einzahlung am Ende des Jahres unverzinst: $\qquad\qquad\qquad r_u$

Somit ergibt sich das folgende Guthaben nach einem Jahr:

$$K_1 = r_u + r_u \cdot \left(1 + \frac{i}{12}\right) + r_u \cdot \left(1 + \frac{i}{12}\right)^2 + \ldots + r_u \cdot \left(1 + \frac{i}{12}\right)^{11} \quad (4.31)$$

$$= r_u \cdot \frac{\left(1 + \frac{i}{12}\right)^{12} - 1}{\frac{i}{12}} \quad (4.32)$$

Allgemein ergibt sich aus 4.32 bei m unterjährlich nachschüssigen Einzahlungen r_u nach einem Jahr folgendes Guthaben:

$$K_1 = r_u \cdot \frac{\left(1 + \frac{i}{m}\right)^m - 1}{\frac{i}{m}} \quad (4.33)$$

Nach einem weiteren Jahr ergibt sich bei m unterjährlich nachschüssigen Einzahlungen das folgende Guthaben am Ende des zweiten Jahres:

$$K_2 = r_u \cdot \frac{\left(1 + \frac{i}{m}\right)^{2m} - 1}{\frac{i}{m}} \quad (4.34)$$

Allgemein ergibt sich aus 4.32 bei m unterjährlich nachschüssigen Einzahlungen von r_u GE pro Jahr nach n Jahren das folgende Guthaben:

$$K_n = r_u \cdot \frac{\left(1 + \frac{i}{m}\right)^{n \cdot m} - 1}{\frac{i}{m}} \quad (4.35)$$

Wobei die Anzahl $n \cdot m$ aller vereinbarten Zahlungen aus der Formel 4.35 eine natürliche Zahl sein muss; kurz: $n \cdot m \in \mathbb{N}$.

Beispiel 4.28

Jemand zahlt bei einem nominellen Jahreszins von 6 % jeweils am Ende eines Monats 200 Euro auf ein Konto ein. Wie hoch ist das Guthaben nach 32 Monaten bei unterjährlicher Verzinsung zum relativen Zinssatz?

$$K_{2,\overline{6}} = 200 \cdot \frac{\left(1 + \frac{0,06}{12}\right)^{32} - 1}{\frac{0,06}{12}} = 6\,921{,}73$$

d.h. das Guthaben nach 32 Monaten beträgt 6 921,73 Euro.
Der Barwert dieser Rente über 32 Monate beträgt:

$$K_0 = \frac{K_{2,\overline{6}}}{(1 + \frac{0,06}{12})^{n \cdot m}} = \frac{6\,921{,}73}{1{,}005^{32}} = 5\,900{,}66$$

d.h. leiht sich jemand 5 900,66 Euro, so kann er mit diesem Betrag genau die 32 Zahlungen leisten. Der Barwert von 5 900,66 lässt sich auch mit der Barwert-Formel

BW(0,06/12;32;−200;;) im Tabellenkalkulator Excel wie folgt berechnen:

$$\text{Zins} = \frac{0,06}{12} \text{ Zinssatz pro Monat}$$

$$\text{Zzr} = 32 \text{ Anzahl der Zahlungszeiträume}$$

$$\text{Rmz} = -200 \text{ regelmäßige Zahlung}$$

d.h. insb. Excel unterstellt bei unterjährlichen Renten als Verzinsungsart die unterjährliche Verzinsung zum relativen Zins.

Zusammengefasst haben wir bei unterjährlicher Verzinsung zum relativen Zins die folgende Endwert-Formel einer unterjährlich nachschüssigen Rente r_u:

	r_u nachschüssig
Endwert	$K_n = r_u \cdot \dfrac{\left(1 + \frac{i}{m}\right)^{n \cdot m} - 1}{\frac{i}{m}}$

4.2.4 Vorschüssige Rente zu unterjährlicher Verzinsung zum relativen Zins

Für eine regelmäßige **vorschüssige** Rente r_u' gilt bei monatlichen Einzahlungen nach einem Jahr:

Definition 4.29

K_1 einer vorschüssigen Monatsrente r_u' (Verzinsung zum relativen Zins)

1. Einzahlung zu Beginn des 1. Monats wird 12 Monate verzinst: $\quad r_u' \cdot \left(1 + \frac{i}{12}\right)^{12}$

2. Einzahlung zu Beginn des 2. Monats wird 11 Monate verzinst: $\quad r_u' \cdot \left(1 + \frac{i}{12}\right)^{11}$

3. Einzahlung zu Beginn des 3. Monats wird 10 Monate verzinst: $\quad r_u' \cdot \left(1 + \frac{i}{12}\right)^{10}$

$\vdots$

12. Einzahlung zu Beginn des 12. Monats wird einen Monat verzinst: $\quad r_u' \cdot \left(1 + \frac{i}{12}\right)$

Somit ergibt sich folgendes Guthaben nach einem Jahr:

$$K_1 = r'_u \cdot \left(1 + \frac{i}{12}\right) + r'_u \cdot \left(1 + \frac{i}{12}\right)^2 + r'_u \cdot \left(1 + \frac{i}{12}\right)^3 + \dots \tag{4.36}$$

$$+ r'_u \cdot \left(1 + \frac{i}{12}\right)^{12} \tag{4.37}$$

$$= r'_u \cdot \left(1 + \frac{i}{12}\right) \cdot \frac{\left(1 + \frac{i}{12}\right)^{12} - 1}{\frac{i}{12}} \tag{4.38}$$

Allgemein ergibt sich aus 4.38 bei m unterjährlich vorschüssigen Einzahlungen r'_u nach einem Jahr folgendes Guthaben:

$$K_1 = r'_u \cdot \left(1 + \frac{i}{m}\right) \cdot \frac{\left(1 + \frac{i}{m}\right)^m - 1}{\frac{i}{m}} \tag{4.39}$$

Nach einem weiteren Jahr ergibt sich bei m unterjährlich vorschüssigen Einzahlungen das folgende Guthaben am Ende des zweiten Jahres:

$$K_2 = r'_u \cdot \left(1 + \frac{i}{m}\right) \cdot \frac{\left(1 + \frac{i}{m}\right)^{2m} - 1}{\frac{i}{m}} \tag{4.40}$$

Allgemein ergibt sich aus 4.38 bei m unterjährlich vorschüssigen Einzahlungen von r'_u GE pro Jahr nach n Jahren das folgende Guthaben:

$$K_n = r'_u \cdot \left(1 + \frac{i}{m}\right) \cdot \frac{\left(1 + \frac{i}{m}\right)^{n \cdot m} - 1}{\frac{i}{m}} \tag{4.41}$$

Wobei die Anzahl $n \cdot m$ aller vereinbarten Zahlungen aus der Formel 4.41 eine natürliche Zahl sein muss; kurz: $n \cdot m \in \mathbb{N}$.

Beispiel 4.30

Jemand zahlt bei einem nominellen Jahreszins von 8 % jeweils zu Beginn eines Quartals 1 500 Euro auf ein Konto ein. Wie hoch ist das Guthaben nach $5\frac{1}{2}$ Jahren bei unterjährlicher Verzinsung zum relativen Zinssatz?

$$K_{5,5} = 1\,500 \cdot \left(1 + \frac{0{,}08}{4}\right) \cdot \frac{\left(1 + \frac{0{,}08}{4}\right)^{22} - 1}{\frac{0{,}08}{4}} = 41\,767{,}45$$

d.h. das Guthaben nach $5\frac{1}{2}$ Jahren beträgt 41 767,45 Euro.
Der Barwert dieser Rente über 22 Monate beträgt:

$$K_0 = \frac{K_{5,5}}{(1 + \frac{0{,}08}{4})^{n \cdot m}} = \frac{41\,767{,}45}{1{,}02^{22}} = 27\,016{,}81$$

Mit der Barwert-Formel BW(0,08/4;22;−1 500;;1) im Tabellenkalkulator Excel lässt sich auch dieser Barwert von 27 016,81 wie folgt berechnen:

$$\text{Zins} = \frac{0{,}08}{4} \text{ Zinssatz pro Quartal}$$

$$\text{Zzr} = 22 \text{ Anzahl der Zahlungszeiträume}$$

$$\text{Rmz} = -1\,500 \text{ regelmäßige Zahlung}$$

$$\text{F} = 1 \text{ Fälligkeit}$$

d.h. insb. Excel unterstellt bei unterjährlichen Renten als Verzinsungsart die unterjährliche Verzinsung zum relativen Zins.

Für einen Ratenkauf werden häufig vorschüssige Monatsraten bei monatlicher Verzinsung zum relativen Zins vereinbart.

Beispiel 4.31

Für ein Finanzierungsmodell eines Pkw des Kaufpreises von 20 000 Euro werden eine Laufzeit von vier Jahren sowie ein Restwert von 4 000 Euro nach vier Jahren vereinbart. Die Raten sollen jeweils zu Beginn eines Monats gezahlt werden. Die Verzinsung ist die monatliche Verzinsung zum relativen Zins. Der nominale Jahreszins beträgt 8,5 %. Wie hoch ist die vorschüssige Monatsrate?

Mit den Monatsraten muss nach vier Jahren die folgende Schuld abgezahlt werden:

$$20\,000 \cdot \left(1 + \frac{0{,}085}{12}\right)^{48} - 4\,000 = 24\,065{,}30$$

Die monatlich vorschüssigen Einzahlungen r'_M haben am Ende des vierten Jahres folgenden Wert:

$$r'_M \cdot \left(1 + \frac{0{,}085}{12}\right) \cdot \frac{\left(1 + \frac{0{,}085}{12}\right)^{48} - 1}{0{,}085/12} = r'_M \cdot 57{,}33476$$

Somit haben wir die Gleichung:

$$24\,065{,}30 = r'_M \cdot 57{,}33476 \Leftrightarrow r'_M = 419{,}73$$

d.h. über vier Jahre sind jeweils zu Beginn eines Monats 419,73 Euro zu bezahlen. Wie hoch ist der Effektivzins?

$$20\,000 \cdot q^4 - 4\,000 = 24\,065{,}30$$

Daraus folgt:

$$q = \sqrt[4]{\frac{24\,065{,}30 + 4\,000}{20\,000}} = 1{,}088391$$

d.h. der jährliche Effektivzins beträgt 8,84 %.

Zusammengefasst haben wir bei unterjährlicher Verzinsung zum relativen Zins die folgende Endwert-Formel einer unterjährlich vorschüssigen Rente r'_u:

	r'_u vorschüssig
Endwert	$K_n = r'_u \cdot \left(1 + \dfrac{i}{m}\right) \cdot \dfrac{\left(1 + \frac{i}{m}\right)^{n\cdot m} - 1}{\frac{i}{m}}$

4.3 Ewige Rente

Angenommen ein Kontostand betrage K_0 GE und werde jeweils nach Ablauf eines Jahres nachschüssig mit Zinseszinsen zu p % verzinst. Wird nun jährlich genau so viel Geld abgehoben, wie Zinsen entstanden sind, so ändert sich der Kontostand nicht.

Bei nachschüssiger Entnahme (d.h. Entnahme jeweils am Ende eines Jahres) von r GE zu nachschüssiger Verzinsung gilt dann:

$$r = \text{Zinsen} = K_0 \cdot i \tag{4.42}$$

Eine solche Rente wird als nachschüssige **ewige Rente** bezeichnet. Bei vorschüssiger Entnahme (d.h. Entnahme jeweils zu Beginn eines Jahres) von r' GE zu nachschüssiger Verzinsung ergibt sich:

$$r' = \frac{\text{Zinsen}}{q} = \frac{K_0 \cdot i}{q} \tag{4.43}$$

Beispiel 4.32

Wie groß ist der Barwert einer vorschüssigen ewigen Rente von jährlich GE 300 bei 4 % Zinseszins pro anno?

Lösung:

$$K_0 = \frac{r' \cdot q}{i} = \frac{300 \cdot 1{,}04}{0{,}04} = 7\,800$$

d.h. der Barwert beträgt 7 800 GE.

In dem nachfolgenden Beispiel beantworten wir die Frage, wie hoch die Rücklage einer ewigen Rente sein muss.

Beispiel 4.33

A räumt B ein Wegerecht auf alle Zeiten ein. B muss dafür an A auf unbegrenzte Zeit jeweils am Ende eines jeden Jahres GE 1 000 zahlen. Wie groß ist der Barwert dieser ewigen Rente, wenn 8 % Jahreszinsen gezahlt werden? (Mit der einmaligen Zahlung in Höhe des Barwertes dieser ewigen Rente hätte B seine Zahlungsverpflichtungen sofort in voller Höhe abgedeckt.)

Lösung:

$$r = K_0 \cdot i \Leftrightarrow K_0 = \frac{r}{i} = \frac{1\,000}{0{,}08} = 12\,500$$

d.h. als Rücklage für die ewige Rente ist ein Betrag von 12 500 GE anzulegen. Oder anders ausgedrückt: Mit einer einmaligen Zahlung von 12 500 GE ist B seine Zahlungsverpflichtung sofort los.

Ist eine jährliche Rente geringer als der ausgeschüttete jährliche Zinsbetrag des Kapitals, so kann diese Rente selbstverständlich ewig bezogen werden. Jedoch treten bei dem Rechnen mit der Laufzeitformel Schwierigkeiten auf. Wir wollen dazu ein Beispiel betrachten.

Beispiel 4.34

Auf ein Konto werden bei 4 % nachschüssigem Zinseszins p.a. folgende Beträge eingezahlt:

- 1 000 € am 01.01.2012
- 2 000 € am 01.01.2014
- 3 000 € am 01.01.2015

Wie oft kann anschließend eine jährliche Rente über 250 € bezogen werden? Der erste Rentenbetrag über 250 € ist fällig am 31.12.2017.

Lösung:

Zuerst berechnen wir den Barwert der nachschüssigen Rente. Das ist genau der Wert der Einzahlungen bezogen auf den 01.01.2017:

$$R_0 = 1\,000 \cdot 1{,}04^5 + 2\,000 \cdot 1{,}04^3 + 3\,000 \cdot 1{,}04^2 = 6\,711{,}18$$

Jetzt verwenden wir die Laufzeitformel 4.18 für nachschüssige jährliche Renten bei bekanntem Barwert:

$$n = -\frac{\ln\left[1 - \frac{R_0}{r}(q-1)\right]}{\ln q} = -\frac{\ln\left[1 - \frac{6\,711{,}18}{250} \cdot 0{,}04\right]}{\ln 1{,}04} = -\frac{\overbrace{\ln[-0{,}0738]}^{\text{nicht erklärt}}}{\ln 1{,}04}$$

Die Logarithmus-Funktion ist nur für positive Argumente erklärt. Das bedeutet, die Laufzeitformel hilft uns in diesem Fall nicht weiter.

Da wir aber wissen, dass die Laufzeitformel korrekt ist und wir uns auch sonst nicht verrechnet haben, muss hier ein besonderer Fall vorliegen.

Für das Kapital von 6 711,18 € fallen jährlich nachschüssig Zinsen in Höhe von 6 711,18 € · 0,04 = 268,45 € an. Die Jahreszinsen sind damit größer als die gewünschten Auszahlungsbeträge.

Das bedeutet, die Rente in Höhe von 250 € kann am Ende eines jeden Jahres vom Konto abgehoben werden. Die Rente über 250 € ist also eine ewige Rente.

Fazit: Die Laufzeitformeln 4.12 und 4.18 können nicht herangezogen werden, wenn der jährliche Rentenbetrag geringer ist als der jährliche Zinsbetrag.

Ebenso kann die Laufzeitformel 4.18 nicht für ewige Jahresrenten verwendet werden, da sonst im Zähler der Formel 4.18 der Logarithmus von Null, der bekanntlich nicht definiert ist, berechnet werden müsste.

Zusammengefasst ergeben sich folgende Berechnungsformeln für ewige Jahresrenten:

	nachschüssig	vorschüssig
ewige Rente	$r = K_0 \cdot i$	$r' = \dfrac{K_0 \cdot i}{q}$
Barwert	$K_0 = \dfrac{r}{i}$	$K_0 = \dfrac{r' \cdot q}{i}$

4.4   Zusammenfassung

Nachschüssige und vorschüssige Jahresrenten werden verzinst mit der nachschüssigen Verzinsung. Unterjährliche Renten können verzinst werden mit der relativ gemischten Verzinsung. Werden unterjährliche Renten mit der unterjährlichen Verzinsung zum relativen Zins verzinst, so sind die Zeitpunkte der unterjährlichen Verzinsung identisch mit den Zeitpunkten der Rentenzahlungen.

Als Übersicht für die verschiedenen Rentenberechnungen sollen Beispiele dienen.

Für eine achtjährige Jahresrente in Höhe von 5 GE zu 2 % Jahreszins ergeben sich je nachdem, ob die Jahresrente nachschüssig oder vorschüssig eingezahlt wird, folgende Werte:

	nachschüssige Jahresrente $r = 5$	vorschüssige Jahresrente $r' = 5$
Endwert	$R_8 = 5 \cdot \dfrac{1{,}02^8 - 1}{0{,}02} = 42{,}91$	$R'_8 = 5 \cdot 1{,}02 \cdot \dfrac{1{,}02^8 - 1}{0{,}02} = 43{,}77$
Barwert	$R_0 = 5 \cdot \dfrac{1{,}02^8 - 1}{0{,}02} \cdot \dfrac{1}{1{,}02^8} = 36{,}63$	$R'_0 = 5 \cdot 1{,}02 \cdot \dfrac{1{,}02^8 - 1}{0{,}02} \cdot \dfrac{1}{1{,}02^8} = 37{,}36$
Laufzeit	$n = \dfrac{\ln[1 + \frac{42{,}91}{5} \cdot 0{,}02]}{\ln 1{,}02} = 8$	$n = \dfrac{\ln[1 + \frac{43{,}77}{5 \cdot 1{,}02} \cdot 0{,}02]}{\ln 1{,}02} = 8$
Laufzeit	$n = -\dfrac{\ln[1 - \frac{36{,}63}{5} \cdot 0{,}02]}{\ln 1{,}02} = 8$	$n = -\dfrac{\ln[1 - \frac{37{,}36}{5 \cdot 1{,}02} \cdot 0{,}02]}{\ln 1{,}02} = 8$

Für eine Quartalsrente in Höhe von 5 GE zu 8 % Jahreszins ergeben sich je nachdem, ob die Quartalsrente nachschüssig oder vorschüssig eingezahlt wird und je nachdem, ob relativ gemischte Verzinsung oder vierteljährliche Verzinsung zum relativen Zins unterstellt wird, folgende Guthaben K_1 nach einem Jahr:

K_1	$r_Q = 5$ nachschüssig	$r'_Q = 5$ vorschüssig
rel. gem. Verz.	$5 \cdot (4 + \dfrac{4 - 1}{2} \cdot 0{,}08) = 20{,}60$	$5 \cdot (4 + \dfrac{4 + 1}{2} \cdot 0{,}08) = 21{,}00$
Verz. zum rel. Zins	$5 \cdot \dfrac{\left(1 + \frac{0{,}08}{4}\right)^4 - 1}{\frac{0{,}08}{4}} = 20{,}61$	$5 \cdot \left(1 + \dfrac{0{,}08}{4}\right) \cdot \dfrac{\left(1 + \frac{0{,}08}{4}\right)^4 - 1}{\frac{0{,}08}{4}} = 21{,}02$

Zu einem Barwert von 100 GE ergeben sich bei 2 % Jahreszins die folgenden ewigen Jahresrenten je nachdem, ob die ewigen Jahresrenten nach- oder vorschüssig ausgezahlt werden sollen:

	nachschüssig	vorschüssig
ewige Rente	$r = 100 \cdot 0{,}02 = 2{,}00$	$r' = \dfrac{100 \cdot 0{,}02}{1{,}02} = 1{,}96$
Barwert	$K_0 = \dfrac{2}{0{,}02} = 100$	$K_0 = \dfrac{1{,}96 \cdot 1{,}02}{0{,}02} = 100$

5 Tilgungsrechnung

Hauptaufgabe: Zu Beginn des Jahres wird eine Schuld in Höhe von GE K_0 aufgenommen, die in n Teilbeträgen jeweils am Ende des Jahres zurückgezahlt werden soll. Die Verzinsung ist nachschüssig.

Am Ende des ersten Jahres ist die Schuld aufgrund von Zinsen auf $K_0 \cdot q$ angewachsen. Werden lediglich die Zinsen bezahlt, so verringert sich die Schuld nicht. Wird mehr als die Zinsen zurückgezahlt, so sprechen wir vom **Tilgen** der Schuld, die Schuld verringert sich.

Soll die Schuld zurückgezahlt werden, so setzt sich der jährlich am Ende eines Jahres zu zahlende Betrag zusammen aus:

$$\text{Zinsen } + \text{ Tilgung } = \textbf{Annuität} \tag{5.1}$$

In der Rentenrechnung wird in den Berechnungen nicht unterschieden, wie viel des jährlichen Rückzahlbetrags Zinsen sind und wie viel davon Tilgung ist. In der Tilgungsrechnung wird hingegen jedes Tilgungsjahr berechnet, wie hoch der Zinsanteil und wie hoch der Tilgungsanteil an der Annuität sind. Dazu unterscheiden wir zwei verschiedene Tilgungsarten:

1. Fall: Alle jährlichen Tilgungsbeträge sind gleich groß. Diese Form der Tilgung wird als **Raten-Tilgung** bezeichnet.

2. Fall: Alle jährlich zu zahlenden Annuitäten sind gleich groß. Diese Form der Tilgung wird als **Annuitäten-Tilgung** bezeichnet.

Wir beginnen mit der Raten-Tilgung.

5.1 Raten-Tilgung

Soll ein Darlehen von GE K_0 bei gleich bleibenden Tilgungsraten T in n Jahren zurückgezahlt werden, so gilt für die Tilgungsraten:

$$K_0 = n \cdot T \iff T = \frac{K_0}{n} \tag{5.2}$$

Im Einzelnen ergibt sich folgender Tilgungsplan (bei p % Zinsen p.a.):

Definition 5.1

Raten-Tilgung

Jahr	Zinsen am Ende des Jahres	Tilgung am Ende des Jahres	Annuität am Ende des Jahres	Schuld am Ende des Jahres
1	$K_0 \cdot i$	T	$A_1 = K_0 \cdot i + T$	$K_0 - T$
2	$(K_0 - T) \cdot i$	T	$A_2 = (K_0 - T) \cdot i + T$	$K_0 - 2T$
3	$(K_0 - 2T) \cdot i$	T	$A_3 = (K_0 - 2T) \cdot i + T$	$K_0 - 3T$
4	$(K_0 - 3T) \cdot i$	T	$A_4 = (K_0 - 3T) \cdot i + T$	$K_0 - 4T$
$\vdots$				
n	$(K_0 - (n-1)T) \cdot i$	T	$A_n = (K_0 - (n-1)T) \cdot i + T$	$\underbrace{K_0 - nT}_{=0}$

Das Zeit-Fenster einer Raten-Tilgung sieht wie folgt aus:

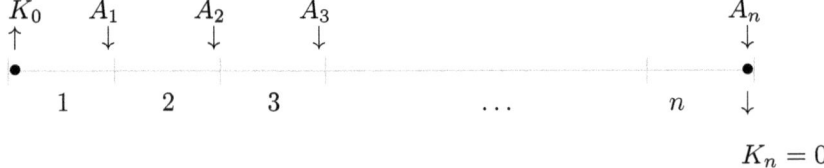

$$K_n = 0$$

K_0 ist die Schuld zu Beginn des ersten Tilgungsjahres und A_1 wird fällig am Ende des ersten Tilgungsjahres; d.h. insb. zwischen dem Fälligkeits-Zeitpunkt von K_0 und dem Fälligkeits-Zeitpunkt der ersten Annuität liegt ein Jahr.

Beispiel 5.2

Eine Schuld von GE 100 000, die mit 4 % p.a. verzinst werden soll, ist binnen acht Jahren mit gleich bleibenden Tilgungsraten abzutragen:

$$T = \frac{K_0}{n} = \frac{100\,000}{8} = 12\,500$$

Der Tilgungsplan über acht Jahre sieht wie folgt aus:

Jahr	Zinsen am Ende des Jahres	Tilgung am Ende des Jahres	Annuität am Ende des Jahres	Schuld am Ende des Jahres
1	4 000	12 500	16 500	87 500
2	3 500	12 500	16 000	75 000
3	3 000	12 500	15 500	62 500
4	2 500	12 500	15 000	50 000
5	2 000	12 500	14 500	37 500
6	1 500	12 500	14 000	25 000
7	1 000	12 500	13 500	12 500
8	500	12 500	13 000	0

d.h. insb. sind die jährlichen Annuitäten unterschiedlich groß.

Die Restschuld K_k am Ende des k-ten Jahres berechnet sich mit 5.2 wie folgt:

$$K_k = K_0 - k \cdot T = n \cdot T - k \cdot T = (n - k) \cdot T \tag{5.3}$$

Die Zinsen Z_k am Ende des k-ten Jahres berechnen sich mit 5.2 wie folgt:

$$Z_k = [K_0 - (k - 1)T] \cdot i = [n \cdot T - (k - 1)T] \cdot i = (n - k + 1) \cdot T \cdot i \tag{5.4}$$

Stehen verschiedene Rückzahlungsmodalitäten zur Auswahl, so empfiehlt es sich, als Vergleichskriterium den Barwert Z_0 aller Zinszahlungen zu berechnen:

$$Z_0 = \frac{Z_1}{q} + \frac{Z_2}{q^2} + \ldots + \frac{Z_n}{q^n} \tag{5.5}$$

$$= \frac{A_1 - T}{q} + \frac{A_2 - T}{q^2} + \ldots + \frac{A_n - T}{q^n} \tag{5.6}$$

$$= \underbrace{\frac{A_1}{q} + \frac{A_2}{q^2} + \ldots + \frac{A_n}{q^n}}_{= K_0} - T \cdot \left[\frac{1}{q} + \frac{1}{q^2} + \ldots + \frac{1}{q^n} \right] \tag{5.7}$$

$$= K_0 - T \cdot \underbrace{\left[q^{n-1} + \ldots + q^2 + q + 1 \right]}_{= \frac{q^n - 1}{q - 1}} \cdot \frac{1}{q^n} \tag{5.8}$$

$$= K_0 - T \cdot \frac{q^n - 1}{q - 1} \cdot \frac{1}{q^n} \tag{5.9}$$

$$= K_0 - \frac{K_0}{n} \cdot \frac{q^n - 1}{q - 1} \cdot \frac{1}{q^n} \tag{5.10}$$

$$= K_0 - T \cdot \frac{q^n - 1}{q - 1} \cdot \frac{1}{q^n} \tag{5.11}$$

Wir setzen das Beispiel 5.2 fort.

Beispiel 5.3

Im Beispiel 5.2 beträgt der Barwert aus 5.11 aller Zinszahlungen:

$$Z_0 = 100\,000 - 12\,500 \cdot \frac{1{,}04^8 - 1}{0{,}04} \cdot \frac{1}{1{,}04^8} = 15\,840{,}69$$

Werden bei der Raten-Tilgung eines Kredits tilgungsfreie Jahre vereinbart, so sind während der tilgungsfreien Phase keine Tilgungsbeträge, sondern lediglich Zinszahlungen zu leisten.

Beispiel 5.4

Eine Schuld von GE 100 000, die mit 4 % p.a. verzinst werden soll, ist binnen acht Jahren mittels Raten-Tilgung abzutragen, wobei die ersten drei Jahre tilgungsfrei sind.

Lösung:

Aus den $8 - 3 = 5$ Tilgungsjahren ergibt sich der Tilgungsbetrag gemäß 5.2:

$$T = \frac{K_0}{n} = \frac{100\,000}{5} = 20\,000$$

Der Tilgungsplan über die acht Jahre sieht wie folgt aus:

Jahr	Zinsen am Ende des Jahres	Tilgung am Ende des Jahres	Annuität am Ende des Jahres	Schuld am Ende des Jahres
1	4 000	—	4 000	100 000
2	4 000	—	4 000	100 000
3	4 000	—	4 000	100 000
4	4 000	20 000	24 000	80 000
5	3 200	20 000	23 200	60 000
6	2 400	20 000	22 400	40 000
7	1 600	20 000	21 600	20 000
8	800	20 000	20 800	0

Der Barwert aller Zinszahlungen beträgt:

$$Z_0 = \frac{4\,000}{1{,}04} + \frac{4\,000}{1{,}04^2} + \frac{4\,000}{1{,}04^3} + \frac{4\,000}{1{,}04^4} + \frac{3\,200}{1{,}04^5} + \frac{2\,400}{1{,}04^6} + \frac{1\,600}{1{,}04^7} + \frac{800}{1{,}04^8}$$

$$= 20\,846{,}92$$

bzw. gemäß 5.11:

$$Z_0 = 100\,000 - 20\,000 \cdot \frac{1{,}04^5 - 1}{0{,}04} \cdot \frac{1}{1{,}04^8} = 20\,846{,}92$$

d.h. verglichen mit dem Barwert aller Zinszahlungen ist diese Rückzahlalternative ungünstiger als die aus Beispiel 5.2.

Zusammengefasst ergeben sich für eine Raten-Tilgung die folgenden Berechnungsformeln:

	Raten-Tilgung
Tilgung am Ende des k-ten Jahres	$T = \dfrac{K_0}{n}$
Annuität am Ende des k-ten Jahres	$A_k = Z_k + T$
Schuld am Ende des k-ten Jahres	$K_k = (n - k) \cdot T$
Zinsen am Ende des k-ten Jahres	$Z_k = K_{k-1} \cdot i$
Barwert aller Zinszahlungen	$K_0 - T \cdot \dfrac{q^n - 1}{q - 1} \cdot \dfrac{1}{q^n}$
Laufzeit	$n \in \mathbb{N}, \quad n = \dfrac{K_0}{T}$

5.2 Annuitäten-Tilgung

Ein Zurückzahlen einer Schuld mit gleich hohen Annuitäten wird als Annuitäten-Tilgung bezeichnet. Das führt zu einer gleich bleibenden Jahresbelastung des Schuldners. Da die Zinsen infolge des Tilgungsvorganges zwangsläufig fallen, müssen die Tilgungsbeträge um die Zinsen des vorhergehenden Tilgungsbetrages steigen:

Definition 5.5

Annuitäten-Tilgung

Jahr	Zinsen am Ende des Jahres	Tilgung am Ende des Jahres	Annuität am Ende des Jahres	Schuld am Ende des Jahres
1	$K_0 \cdot i$	$T_1 = A - K_0 \cdot i$	A	$K_0 - T_1$
2	$(K_0 - T_1) \cdot i$	T_2	A	$K_0 - T_1 - T_2$
3	$(K_0 - T_1 - T_2) \cdot i$	T_3	A	$K_0 - T_1 - T_2 - T_3$
4	$(K_0 - T_1 - T_2 - T_3) \cdot i$	T_4	A	$K_0 - T_1 - T_2 - T_3 - T_4$
$\vdots$				
n	$(K_0 - T_1 - \ldots - T_{n-1}) \cdot i$	T_n	A	$K_0 - T_1 - \ldots - T_n$

Das Zeit-Fenster einer Annuitätentilgung sieht wie folgt aus:

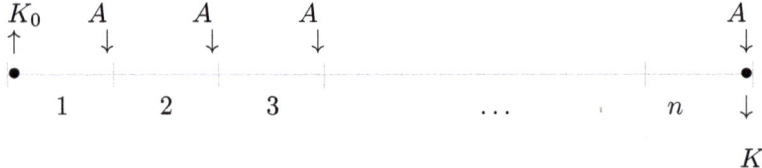

K_0 ist die Schuld zu Beginn des ersten Tilgungsjahres und die erste Annuität wird fällig am Ende des ersten Tilgungsjahres, deshalb liegt zwischen dem Fälligkeits-Zeitpunkt von K_0 und dem Fälligkeits-Zeitpunkt der ersten Annuität ein Jahr.

Eine Annuität A ist insbesondere auch eine jährliche nachschüssige Rente, so dass wir die schon bekannten Formeln aus der Rentenrechnung auf die Annuitäten-Tilgung übertragen können. Die Barwertformel 4.7 mit $R_0 = r \cdot \dfrac{q^n - 1}{q - 1} \cdot \dfrac{1}{q^n}$ wird zu $K_0 = A \cdot \dfrac{q^n - 1}{q - 1} \cdot \dfrac{1}{q^n}$. Daraus ergibt sich die sogenannte Eulersche Tilgungsgleichung:

$$K_0 \cdot q^n = A \cdot \frac{q^n - 1}{q - 1} \tag{5.12}$$

Anhand der Eulerschen Tilgungsgleichung 5.12 lässt sich bei bekannter Laufzeit n und bekannter Darlehnshöhe K_0 die Annuität (also das, was jeweils am Jahresende zu zahlen ist) wie folgt berechnen:

$$A = K_0 \cdot q^n \cdot \frac{q - 1}{q^n - 1} \tag{5.13}$$

Ferner ergibt sich aus der Eulerschen Tilgungsgleichung 5.12 der Zusammenhang 5.19 zwischen der Annuität A und dem ersten Tilgungsbetrag T_1 wie folgt:

$$K_0 \cdot q^n = A \cdot \frac{q^n - 1}{q - 1} \qquad | \cdot (q - 1) \qquad (5.14)$$

$$K_0(q - 1) \cdot q^n = A(q^n - 1) \qquad\qquad\qquad (5.15)$$

$$Z_1 \cdot q^n = A \cdot q^n - A \qquad | + A - Z_1 \cdot q^n \qquad (5.16)$$

$$A = A \cdot q^n - Z_1 \cdot q^n \qquad\qquad\qquad (5.17)$$

$$A = (A - Z_1) \cdot q^n \qquad\qquad\qquad (5.18)$$

$$A = T_1 \cdot q^n \qquad\qquad\qquad (5.19)$$

Wir rechnen ein Beispiel zur Annuitäten-Tilgung bei vorgegebener Laufzeit.

Beispiel 5.6

Eine Schuld von GE 100 000 soll bei einer Verzinsung von 4 % pro anno durch acht gleich hohe Annuitäten jeweils am Ende des Jahres zurückgezahlt werden.

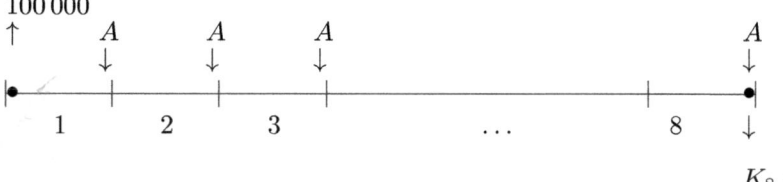

Gemäß 5.13 beträgt die Annuität:

$$A = 100\,000 \cdot 1{,}04^8 \cdot \frac{0{,}04}{1{,}04^8 - 1} = 14\,852{,}78$$

Der Tilgungsplan über die acht Jahre sieht wie folgt aus:

Jahr	Zinsen am Ende des Jahres	Tilgung am Ende des Jahres	Annuität am Ende des Jahres	Schuld am Ende des Jahres
1	4 000	10 852,78	14 852,78	89 147,22
2	3 565,89	11 286,90	14 852,78	77 860,32
3	3 114,41	11 738,37	14 852,78	66 121,95
4	2 644,88	12 207,91	14 852,78	53 914,05
5	2 156,56	12 696,22	14 852,78	41 217,83
6	1 648,71	13 204,07	14 852,78	28 013,76
7	1 120,55	13 732,23	14 852,78	14 281,52
8	571,26	14 281,52	14 852,78	0

d.h. insb. betragen die Annuitäten jeweils 14 852,78 GE.

Der erste Tilgungsbetrag lässt sich aus der Annuität und den Zinsen auf K_0 berechnen:

$$T_1 = A - Z_1 = A - K_0 \cdot i \qquad (5.20)$$

Dividiert man zwei aufeinander folgende Tilgungsbeträge, so ergibt sich als Quotient immer der Wert

$$\frac{T_4}{T_3} = \frac{12\,207{,}91}{11\,738{,}37} = 1{,}04 = q$$

Um den nächsten Tilgungsbetrag zu erhalten, müssen wir also den Vorgänger nur mit q multiplizieren. Daraus ergibt sich für die nachfolgenden Tilgungsbeträge:

$$T_k = T_1 \cdot q^{k-1} \qquad (5.21)$$

So beträgt zum Beispiel der sechste Tilgungsbetrag T_6:

$$T_6 = T_1 \cdot q^5 = 10\,852{,}78 \cdot 1{,}04^5 = 13\,204{,}07$$

Mit der Formel RMZ(0,04; 8; 100 000; 0; 0) im Tabellenkalkulator Excel lässt sich auch die Annuität von 14 852,78 wie folgt berechnen:

Zins $= 0{,}04$ Zinssatz pro anno

Zzr $= 8$ Anzahl der Annuitäten

BW $= 100\,000$ Barwert der Annuitäten

Zw $= 0$ Restschuld nach der letzten Annuität

F $= 0$ Fälligkeit

Um die Laufzeit einer Annuitäten-Tilgung zu berechnen, können wir die schon bekannte Formel 4.18 mit $n = -\frac{\ln[1 - \frac{R_0}{r}(q-1)]}{\ln q}$ aus der Rentenrechnung heranziehen:

$$n = -\frac{\ln[1 - \frac{K_0}{A}(q-1)]}{\ln q} \qquad (5.22)$$

In dem nachfolgenden Beispiel werden wir mehrere Lösungswege aufzeigen, um die Laufzeit einer Annuitäten-Tilgung zu berechnen.

Beispiel 5.7

Ein Darlehen in Höhe von GE 100 000 soll bei einem Zinsfuß von 9 % p.a. durch gleich bleibende Jahresbeträge am Ende des Jahres in Höhe von je GE 15 000 zurückgezahlt werden. Die erste Zahlung ist ein Jahr nach Kapitalaufnahme fällig. Wie viele Annuitäten können in voller Höhe gezahlt werden?

1. Lösungsweg:
Wir gehen aus von der Eulerschen Tilgungsgleichung 5.12:

$$100\,000 \cdot 1{,}09^n = 15\,000 \cdot \frac{1{,}09^n - 1}{0{,}09}$$

Multiplikation mit 0,09 ergibt:

$$9\,000 \cdot 1{,}09^n = 15\,000 \cdot 1{,}09^n - 15\,000$$

Plus 15 000 ergibt:

$$9\,000 \cdot 1{,}09^n + 15\,000 = 15\,000 \cdot 1{,}09^n$$

Subtraktion von $9\,000 \cdot 1{,}09^n$ ergibt:

$$15\,000 = 6\,000 \cdot 1{,}09^n$$

Division durch 6 000 ergibt:

$$2{,}5 = 1{,}09^n$$

Mit der Definition des Logarithmus erhalten wir:

$$n = \log_{1{,}09} 2{,}5$$

Mit der Umrechnungsformel für Logarithmen ergibt sich:

$$n = \frac{\ln 2{,}5}{\ln 1{,}09} = 10{,}6326$$

d.h. es sind genau zehn Annuitäten in voller Höhe zu zahlen.

2. Lösungsweg:

Mit der Laufzeitformel 5.22 ergibt sich:

$$n = -\frac{\ln[1 - \frac{K_0}{A}(q-1)]}{\ln q} = \frac{\ln[1 - \frac{100\,000}{15\,000} \cdot 0{,}09]}{\ln 1{,}09} = -\frac{\ln 0{,}4}{\ln 1{,}09} = 10{,}6326$$

3. Lösungsweg:

Der erste Tilgungsbetrag beträgt:

$$T_1 = A - K_0 \cdot i = 15\,000 - 100\,000 \cdot 0{,}09 = 6\,000$$

Gemäß 5.19 gilt:

$$A = T_1 \cdot q^n \;\Leftrightarrow\; q^n = \frac{A}{T_1} = 2{,}5 \;\Leftrightarrow\; n = \frac{\ln\left(\frac{A}{T_1}\right)}{\ln q} = \frac{\ln 2{,}5}{\ln 1{,}09} = 10{,}6326$$

Mit den zehn vollen Annuitäten kann die Schuld nicht vollständig zurückgezahlt werden. Die Restschuld unmittelbar nach Zahlung der letzten vollen Annuität ist die Differenz der aufgezinsten Kredithöhe minus dem Endwert der zehn Rückzahlungen:

$$K_{10} = 100\,000 \cdot 1{,}09^{10} - 15\,000 \cdot \frac{1{,}09^{10} - 1}{0{,}09} = 8\,842{,}42$$

Des Weiteren beträgt die Restschuld ein Jahr nach Zahlung der letzten vollen Annuität:

$$K_{10} \cdot q = 8\,842{,}42 \cdot 1{,}09 = 9\,638{,}24 \text{ GE}$$

Werden für eine Annuitätentilgung tilgungsfreie Jahre vereinbart, so sind in dieser Phase zwar keine Tilgungsbeträge zu zahlen, jedoch sind Zinszahlungen zu leisten.

Beispiel 5.8

Eine Schuld in Höhe von 100 000 GE wird zu 6,1 % Zinseszins p.a. aufgenommen und soll durch gleich große Annuitäten in Höhe von 7 600 GE zurückgezahlt werden. Die ersten beiden Jahre nach Kapitalaufnahme sind tilgungsfrei, so dass die erste volle Annuität in Höhe von 7 600 GE erstmals fällig wird drei Jahre nach Kapitalaufnahme.

a) Geben Sie die Tilgungsplanzeile (bestehend aus Anfangsschuld, Zinsen, Tilgung, Annuität, Restschuld) für die ersten vier Jahre an.

b) Wie viele volle Annuitäten sind zu zahlen?

c) Wie hoch ist die Restschuld ein Jahr nach Zahlung der letzten vollen Annuität?

Lösung:

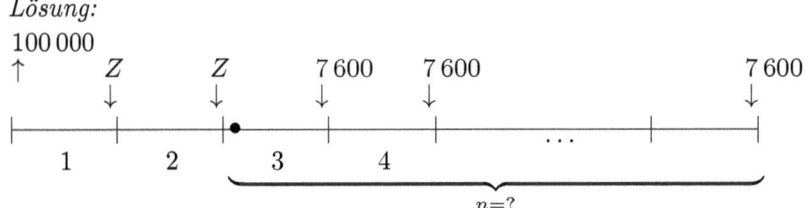

a) Der Tilgungsplan für die ersten vier Jahre sieht wie folgt aus:

Jahr	Schuld zu Beginn des Jahres	Zinsen am Ende des Jahres	Tilgung am Ende des Jahres	Annuität am Ende des Jahres	Schuld am Ende des Jahres
1	100 000	6 100	–	6 100	100 000
2	100 000	6 100	–	6 100	100 000
3	100 000	6 100	1 500	7 600	98 500
4	98 500	6 008,5	1 591,5	7 600	96 908,5

b) Mit der Laufzeitformel 5.22 gilt:

$$n = -\frac{\ln[1 - \frac{100\,000}{7\,600} \cdot 0,061]}{\ln 1,061} = 27,4$$

d.h. es sind 27 volle Annuitäten zu zahlen.

c) Die Restschuld unmittelbar nach Zahlung der letzten vollen Annuität beträgt:

$$K_{27} = 100\,000 \cdot 1,061^{27} - 7\,600 \cdot \frac{1,061^{27} - 1}{0,061} = 2\,950,06$$

Die Restschuld ein Jahr nach Zahlung der letzten vollen Annuität beträgt:

$$2\,950,06 \cdot 1,061 = 3\,130,01$$

d.h. die Restschuld ein Jahr nach Zahlung der letzten vollen Annuität beträgt
3 130,01 GE.

Zusammengefasst ergeben sich für eine Annuitäten-Tilgung die folgenden Berechnungsformeln:

	Annuitäten-Tilgung
Tilgung am Ende des k-ten Jahres	$T_1 = A - K_0 \cdot i$ $T_k = T_1 \cdot q^{k-1}$ für $k \geq 2$
Annuität am Ende des k-ten Jahres	$A = K_0 \cdot q^n \cdot \dfrac{q-1}{q^n-1} = T_1 \cdot q^n$
Schuld am Ende des k-ten Jahres	$K_k = K_0 \cdot q^k - A \cdot \dfrac{q^k-1}{q-1}$
Zinsen am Ende des k-ten Jahres	$Z_k = A - T_k$
Barwert aller Zinszahlungen	$K_0 - n \cdot \dfrac{T_1}{q}, \ n \in \mathbb{N}$ $K_0 - \dfrac{K_{[\![n]\!]}}{q^{[\![n]\!]}} - [\![n]\!] \cdot \dfrac{T_1}{q}$
Laufzeit	$n = -\dfrac{\ln\left[1 - \frac{K_0}{A} \cdot (q-1)\right]}{\ln(q)}$

5.2.1 Prozentannuitäten-Tilgung

Bei der Annuitäten-Tilgung haben wir folgendes Problem: Ist als Tilgungsdauer eine natürliche Zahl vereinbart, also $n \in \mathbb{N}$, so ergibt sich auf Grund der Annuitätenformel 5.13
regelmäßig eine krumme Zahl als Annuität. Ist umgekehrt für die Jahreszahlung A ein
glatter Betrag vereinbart, so ergibt sich mit 5.22 eine krumme Zahl als Tilgungsdauer.

Um glatte Annuitätenbeträge zu erhalten, ist es üblich, die Annuität durch einen Anteil
der ursprünglichen Schuld K_0 auszudrücken, und die so erhaltene Annuität wird auch
als **Prozentannuität** bezeichnet.

⚠ Jede Annuitäten-Tilgung ist gleichzeitig auch eine Prozentannuitäten-Tilgung.

In Beispiel 5.6 beträgt die Annuität 14,85278 % von K_0 und in Beispiel 5.7 beträgt die Annuität 15 % von K_0.

Insb. lassen sich sämtliche Formeln der Annuitäten-Tilgung für die Prozentannuitäten-Tilgung verwenden. Darüber hinaus gibt es spezielle Formeln für die Prozentannuitäten-Tilgung, die auf dem Prozentsatz t des ersten Tilgungsbetrages T_1 bezogen auf K_0 beruhen:

Definition 5.9

$$t = \frac{T_1}{K_0} \quad \text{Tilgungssatz des ersten Tilgungsbetrages}$$

Beispiel 5.10

Beträgt z.B. die Annuität 12 % der ursprünglichen Darlehenssumme, so gilt:

$$A = K_0 \cdot 0{,}12$$

Betragen ferner die Zinsen 5 %, so haben wir weiter:

$$Z_1 = K_0 \cdot 0{,}05$$

Folglich beträgt, da $A = Z_1 + T_1$ gilt, der erste Tilgungsbetrag T_1:

$$T_1 = K_0 \cdot 0{,}07$$

Der Tilgungssatz aus der Definition 5.9 beträgt somit: $t = 0{,}07$

Der Tilgungssatz t aus Definition 5.9 gilt nur für das erste Jahr, später (d.h. $k > 1$) nehmen die Tilgungsraten um die ersparten Zinsen $Z_{k-1} - Z_k$ zu. Insb. beträgt die Prozentannuität A:

$$A = K_0(i + t) \tag{5.23}$$

Die Laufzeit einer Prozentannuitäten-Tilgung kann wieder über die Laufzeitformel 4.18 für jährliche nachschüssige Renten berechnet werden, falls der Barwert K_0 aller Annuitäten bekannt ist. Da sich jedoch die Prozentannuität als Prozentzahl von K_0 ausdrücken lässt, erhalten wir mit 5.23 eine spezielle Laufzeitformel:

$$\frac{K_0}{A} = \frac{K_0}{(i+t)K_0} = \frac{1}{i+t} \tag{5.24}$$

Daraus ergibt sich mit der Laufzeitformel 4.18 für jährlich nachschüssige Renten:

$$n = -\frac{\ln\left[1 - \frac{K_0}{A} \cdot i\right]}{\ln q} = -\frac{\ln\left[1 - \frac{i}{i+t}\right]}{\ln q} = -\frac{\ln\left[\frac{t}{i+t}\right]}{\ln q} \tag{5.25}$$

$$= -\frac{\ln(t) - \ln(i+t)}{\ln q} = \frac{\ln(i+t) - \ln(t)}{\ln q} \tag{5.26}$$

Es gibt unterschiedliche Möglichkeiten, die Laufzeit einer Prozentannuitäten-Tilgung zu berechnen. Im nachfolgenden Beispiel werden wir vier Lösungswege angeben.

Beispiel 5.11

Eine Bauherrin erhält Anfang 2012 ein Bauspardarlehen von GE 80 000, das mit 5 % jährlichen Darlehenszins belastet wird. Zur Tilgung wird eine nachschüssige Prozentannuität von 12 % der Ursprungsschuld vereinbart; d.h. Tilgungssatz $t = 0{,}07$. Wie lange müssen die Annuitäten in voller Höhe geleistet werden?

Zunächst berechnen wir die Höhe der Annuität:

$$A = K_0 \cdot 0{,}12 = 80\,000 \cdot 0{,}12 = 9\,600$$

Der erste Tilgungsbetrag beträgt:

$$T_1 = 80\,000 \cdot 0{,}07 = 5\,600$$

Die Laufzeit ergibt sich wie folgt:

1. Lösungsweg: Gemäß 5.12 gilt:

$$K_0 \cdot q^n = A \cdot \frac{q^n - 1}{q - 1}$$

$$80\,000 \cdot 1{,}05^n = 9\,600 \cdot \frac{1{,}05^n - 1}{0{,}05}$$

$$4\,000 \cdot 1{,}05^n = 9\,600 \cdot 1{,}05^n - 9\,600$$

$$9\,600 = 5\,600 \cdot 1{,}05^n$$

$$1{,}7143 = \frac{9\,600}{5\,600} = 1{,}05^n$$

$$n = \frac{\ln 1{,}7143}{\ln 1{,}05} = 11{,}05$$

2. Lösungsweg: Gemäß 5.22 gilt:

$$n = -\frac{\ln\left[1 - \frac{K_0}{A} \cdot (q - 1)\right]}{\ln q} = -\frac{\ln\left[1 - \frac{80\,000}{9\,600} \cdot 0{,}05\right]}{\ln 1{,}05} = 11{,}05$$

3. Lösungsweg: Gemäß 5.26 gilt:

$$n = \frac{\ln(i + t) - \ln(t)}{\ln q} = \frac{\ln(0{,}12) - \ln(0{,}07)}{\ln 1{,}05} = 11{,}05$$

4. Lösungsweg: Gemäß 5.19 gilt:

$$A = T_1 \cdot q^n \quad \Leftrightarrow \quad n = \frac{\ln\left(\frac{A}{T_1}\right)}{\ln(q)} = \frac{\ln(1{,}7143)}{\ln(1{,}05)} = 11{,}05$$

d.h. elf volle Annuitäten sind Ende 2012, 2013, 2014, ..., 2022 zu entrichten. Die Restschuld Ende 2022 beträgt:

$$K_{11} = 80\,000 \cdot 1{,}05^{11} - 9\,600 \cdot \frac{1{,}05^{11} - 1}{0{,}05} = 441{,}99$$

Erfolgt die Ausgleichszahlung ein Jahr nach Zahlung der letzten vollen Annuität, also Ende 2023, so beträgt sie:

$$441{,}99 \cdot 1{,}05 = 464{,}09$$

Der Tilgungsplan mit Ausgleichszahlung sieht wie folgt aus:

Jahr	Zinsen am Ende des Jahres	Tilgung am Ende des Jahres	Annuität am Ende des Jahres	Schuld am Ende des Jahres
1	4 000	5 600	9 600	74 400
2	3 720	5 880	9 600	68 520
3	3 426	6 174	9 600	62 346
4	3 117,3	6 482,7	9 600	55 863,3
5	2 793,17	6 806,84	9 600	49 056,47
6	2 452,82	7 147,18	9 600	41 909,29
7	2 095,46	7 504,54	9 600	34 404,75
8	1 720,24	7 879,76	9 600	26 524,99
9	1 326,25	8 273,75	9 600	18 251,24
10	912,56	8 687,44	9 600	9 563,80
11	478,19	9 121,81	9 600	441,99
12	22,10	441,99	464,09	0

Soll die Restschuld in eine Vorleistung V zahlbar ein Jahr nach Kapitalaufnahme und ein Jahr vor Zahlung der ersten der insgesamt elf vollen Annuitäten umgewandelt werden, so gilt für diese Vorleistung V:

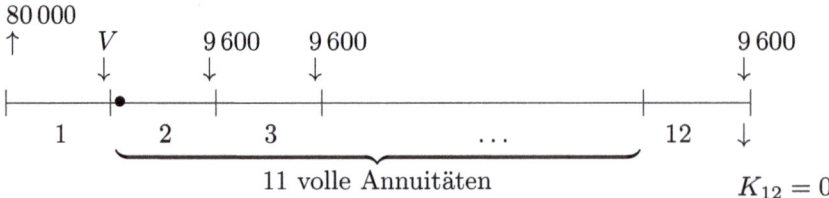

1. Lösungsweg: Gemäß 5.12:

$$(K_0 \cdot q - V) \cdot q^{11} = 9\,600 \cdot \frac{q^{11} - 1}{q - 1}$$

Multiplikation mit $q - 1$ ergibt:

$$(80\,000 \cdot 1{,}05 - V) \cdot 1{,}05^{11} = 9\,600 \cdot \frac{1{,}05^{11} - 1}{0{,}05}$$

$$(84\,000 - V) \cdot 1{,}05^{11} = 192\,000(1{,}05^{11} - 1)$$

$$(84\,000 - 192\,000) \cdot 1{,}05^{11} + 192\,000 = V \cdot 1{,}05^{11}$$

$$-108\,000 + \frac{192\,000}{1{,}05^{11}} = V$$

$$4\,258{,}42 = V$$

2. Lösungsweg:

$$V = \text{Zinsen auf } K_0 + \text{abgezinste Restschuld} = 4\,000 + \frac{441{,}99}{1{,}05^{11}} = 4\,258{,}42$$

Der Tilgungsplan mit Vorleistung sieht wie folgt aus:

Jahr	Zinsen am Ende des Jahres	Tilgung am Ende des Jahres	Annuität am Ende des Jahres	Schuld am Ende des Jahres
1	4 000	258,42	4 258,42	79 741,58
2	3 987,08	5 612,92	9 600	74 128,66
3	3 706,43	5 893,57	9 600	68 235,09
4	3 411,75	6 188,25	9 600	62 046,84
5	3 102,34	6 497,66	9 600	55 549,19
6	2 777,46	6 822,54	9 600	48 726,64
7	2 436,33	7 163,67	9 600	41 562,98
8	2 078,15	7 521,85	9 600	34 041,13
9	1 702,06	7 897,94	9 600	26 143,18
10	1 307,16	8 292,84	9 600	17 850,34
11	892,52	8 707,48	9 600	9 142,86
12	457,14	9 142,86	9 600	0

Beim Tilgungsplan mit Vorleistung beträgt der Barwert aller Zinszahlungen 23 751,95 GE, während er bei dem Tilgungsplan mit Ausgleichszahlung nur 21 087,22 GE beträgt.

Zusammengefasst ergeben sich für eine Prozentannuitäten-Tilgung die folgenden Berechnungsformeln:

	Prozentannuitäten-Tilgung
Tilgung am Ende des k-ten Jahres	$T_1 = K_0 \cdot t$ $T_k = T_1 \cdot q^{k-1}$ für $k \geq 2$
Annuität am Ende des k-ten Jahres	$A = K_0 \cdot (i + t)$
Schuld am Ende des k-ten Jahres	$K_k = K_0 \cdot q^k - A \cdot \dfrac{q^k - 1}{q - 1}$
Zinsen am Ende des k-ten Jahres	$Z_k = A - T_k$
Barwert aller Zinszahlungen	$K_0 - n \cdot \dfrac{T_1}{q}$
Laufzeit	$n = \dfrac{\ln(i + t) - \ln(t)}{\ln(q)}$

5.2.2   Zweimalige Prozentannuitäten-Tilgung

Soll während der n Jahre einer Prozentannuitäten-Tilgung nach Ablauf von f Jahren ($f \leq n$) eine neue Prozentannuität vereinbart werden, so spricht man von zweimaliger Prozentannuitäten-Tilgung.

Definition 5.12

f Laufzeit in Jahren der ersten Prozentannuität ($f \in \mathbb{N}$ und $f < n$)

t_1 Tilgungssatz für den Tilgungsbetrag T_1

t_2 Tilgungssatz für den Tilgungsbetrag T_{f+1}

A_1 Annuität (erste Prozentannuität) während der ersten f Jahre

A_2 Annuität (zweite Prozentannuität) nach Ablauf von f Jahren

---

Der Tilgungsplan einer zweimaligen Prozentannuitäten-Tilgung sieht wie folgt aus:

Definition 5.13

Zweimalige Prozentannuitäten-Tilgung

Jahr	Zinsen am Ende des Jahres	Tilgung am Ende des Jahres	Annuität am Ende des Jahres	Schuld am Ende des Jahres
1	$K_0 \cdot i$	$T_1 = K_0 \cdot t_1$	$A_1 = K_0(i + t_1)$	
2		$T_2 = T_1 \cdot q$	A_1	
$\vdots$				
f		$T_f = T_1 \cdot q^{f-1}$	A_1	$K_f = K_0 \cdot q^f - A_1 \cdot \frac{q^f - 1}{q-1}$
$f+1$	$K_f \cdot i$	$T_{f+1} = K_0 \cdot t_2$	$A_2 = K_0(i + t_2)$	
$f+2$			A_2	
$\vdots$				
n			A_2	

Für die Restschuld am Ende des k-ten Jahres gilt, falls $k \leq f$:

$$K_k = K_0 \cdot q^k - A_1 \cdot \frac{q^k - 1}{q - 1} \tag{5.27}$$

Für die Restschuld am Ende des k-ten Jahres gilt, falls $k > f$:

$$K_k = K_f \cdot q^{k-f} - A_2 \cdot \frac{q^{k-f} - 1}{q - 1} \tag{5.28}$$

$$= \left(K_0 \cdot q^f - A_1 \cdot \frac{q^f - 1}{q - 1} \right) \cdot q^{k-f} - A_2 \cdot \frac{q^{k-f} - 1}{q - 1} \tag{5.29}$$

$$= K_0 \cdot q^k - A_1 \cdot \frac{q^f - 1}{q - 1} \cdot q^{k-f} - A_2 \cdot \frac{q^{k-f} - 1}{q - 1} \tag{5.30}$$

$$= K_0 \cdot q^k - A_1 \cdot \frac{q^k - 1}{q - 1} + A_1 \cdot \frac{q^{k-f} - 1}{q - 1} - A_2 \cdot \frac{q^{k-f} - 1}{q - 1} \tag{5.31}$$

$$= K_0 \cdot q^k - A_1 \cdot \frac{q^k - 1}{q - 1} - (A_2 - A_1) \cdot \frac{q^{k-f} - 1}{q - 1} \tag{5.32}$$

Aus der Gleichung 5.32 ergibt sich die Laufzeit 5.41 einer zweimaligen Prozentannuitäten-Tilgung:

$$0 = K_0 \cdot q^n - A_1 \cdot \frac{q^n - 1}{q - 1} - (A_2 - A_1) \cdot \frac{q^{n-f} - 1}{q - 1} \tag{5.33}$$

Daraus folgt weiter:

$$K_0(q - 1) \cdot q^n = A_1 q^n - A_1 + A_2 q^{n-f} - A_2 - A_1 q^{n-f} + A_1 \tag{5.34}$$

$$K_0(q - 1) \cdot q^n = A_1 q^n + (A_2 - A_1) q^{n-f} - A_2 \tag{5.35}$$

$$q^n \left[K_0(q-1) - A_1 - \frac{A_2 - A_1}{q^f} \right] = -A_2 \tag{5.36}$$

$$q^n \left[A_1 + \frac{A_2 - A_1}{q^f} - K_0(q-1) \right] = A_2 \tag{5.37}$$

$$q^n = \frac{A_2}{A_1 + \frac{A_2 - A_1}{q^f} - K_0(q-1)} \tag{5.38}$$

$$q^n = \frac{K_0(i + t_2)}{K_0(i + t_1) + K_0(i + t_2 - i - t_1) \cdot \frac{1}{q^f} - K_0 \cdot i} \tag{5.39}$$

$$q^n = \frac{(i + t_2) \cdot q^f}{t_1 q^f + (t_2 - t_1)} \tag{5.40}$$

$$n = \frac{\ln \left[\frac{(i+t_2) q^f}{t_1 q^f + (t_2 - t_1)} \right]}{\ln q} \tag{5.41}$$

Bei einer zweimaligen Prozentannuitäten-Tilgung lässt sich die Laufzeit sowohl aus der Laufzeitformel 5.41 als auch aus der Restschuld 5.32 berechnen. Wir betrachten dazu das folgende Beispiel.

Beispiel 5.14

Ein Bauspardarlehen von GE 80 000 (d.h. $K_0 = 80\,000$), das mit 5 % jährlichen Darlehenszins (d.h. $i = 0{,}05$) belastet wird, soll in den ersten sechs Jahren mit einer Annuität von GE 9 600 und ab dem siebten Jahr mit einer Annuität von GE 10 400 zurückgezahlt werden. Wie hoch ist die Laufzeit?

Gemäß der Definition 5.12 haben wir:

$$t_1 = 0{,}07 \ ; \ \text{da } A_1 = 9\,600 = 80\,000 \cdot (0{,}05 + 0{,}07)$$

$$t_2 = 0{,}08 \ ; \ \text{da } A_2 = 10\,400 = 80\,000 \cdot (0{,}05 + 0{,}08)$$

$$f = \text{sechs Jahre}$$

Die Restschuld nach sechs Jahren beträgt:

$$K_6 = 80\,000 \cdot 1{,}05^6 - 9\,600 \cdot \frac{1{,}05^6 - 1}{0{,}05} = 41\,909{,}29$$

Daraus können wir die Laufzeit n der beiden Prozentannuitäten wie folgt berechnen:

1. Lösungsweg:

$$41\,909,29 \cdot 1,05^{n-6} = 10\,400 \cdot \frac{1,05^{n-6} - 1}{0,05}$$

$$2\,095,47 \cdot 1,05^{n-6} = 10\,400 \cdot 1,05^{n-6} - 10\,400$$

$$10\,400 = 8\,304,53 \cdot 1,05^{n-6}$$

$$10\,400 \cdot 1,05^6 = 8\,304,53 \cdot 1,05^n$$

$$13\,937 = 8\,304,53 \cdot 1,05^n$$

$$1,6782 = 1,05^n \Leftrightarrow n = \frac{\ln 1,6782}{\ln 1,05} = 10,61$$

2. Lösungsweg: Gemäß 5.41

$$n = \frac{\ln\left(\frac{(i+t_2)q^6}{t_1 \cdot q^6 + (t_2 - t_1)}\right)}{\ln(q)} = \frac{\ln 1,6782}{\ln 1,05} = 10,61$$

Die Restschuld nach zehn Jahren beträgt:

$$K_{10} = K_0 \cdot q^{10} - 9\,600 \cdot \frac{q^6 - 1}{q - 1} \cdot q^4 - 10\,400 \cdot \frac{q^4 - 1}{q - 1}$$

$$= K_0 \cdot q^{10} - 9\,600 \cdot \frac{q^{10} - 1}{q - 1} + 9\,600 \cdot \frac{q^4 - 1}{q - 1} - 10\,400 \cdot \frac{q^4 - 1}{q - 1}$$

$$= K_0 \cdot q^{10} - 9\,600 \cdot \frac{q^{10} - 1}{q - 1} - 800 \cdot \frac{q^4 - 1}{q - 1} = 6\,115,70$$

d.h. nach zehn Rückzahlungen beträgt die Restschuld 6 115,70 GE. Der Tilgungsplan sieht wie folgt aus:

Jahr	Zinsen am Ende des Jahres	Tilgung am Ende des Jahres	Annuität am Ende des Jahres	Schuld am Ende des Jahres
1	4 000	5 600	9 600	74 400
2	3 720	5 880	9 600	68 520
3	3 426	6 174	9 600	62 346
4	3 117, 3	6 482, 7	9 600	55 863, 3
5	2 793, 17	6 806, 84	9 600	49 056, 47
6	2 452, 82	7 147, 18	9 600	41 909, 29
7	2 095, 46	8 304, 54	10 400	33 604, 75
8	1 680, 24	8 719, 76	10 400	24 884, 99
9	1 244, 25	9 155, 75	10 400	15 729, 24
10	786, 46	9 613, 54	10 400	6 115, 70

Zusammengefasst ergeben sich für eine zweimalige Prozentannuitäten-Tilgung die folgenden Berechnungsformeln:

		zweimalige Prozentannuitäten-Tilgung
Zinsen	$k \le f$	$Z_k = A_1 - T_k$
am Ende des k-ten Jahres	$k > f$	$Z_k = A_2 - T_k$
Tilgung am Ende des	$k \le f$	$T_1 = K_0 \cdot t_1$
		$T_k = T_1 \cdot q^{k-1}$ für $k \ge 2$
k-ten Jahres	$k > f$	$T_{f+1} = A_2 - K_f \cdot i$
		$T_k = T_{f+1} \cdot q^{k-f-1}$
Annuität	$k \le f$	$A_1 = K_0 \cdot (i + t_1)$
am Ende des k-ten Jahres	$k > f$	$A_2 = K_0 \cdot (i + t_2)$
Schuld	$k \le f$	$K_k = K_0 \cdot q^k - A_1 \cdot \dfrac{q^k - 1}{q - 1}$
am Ende des k-ten Jahres	$k > f$	$K_k = K_0 \cdot q^k - A_1 \cdot \dfrac{q^k - 1}{q - 1} - (A_2 - A_1) \cdot \dfrac{q^{k-f} - 1}{q - 1}$
Laufzeit		$n = \dfrac{\ln\left(\frac{(i+t_2)q^f}{t_1 q^f + (t_2 - t_1)}\right)}{\ln(q)}$

5.3   Zusammenfassung

Als Übersicht für die verschiedenen Tilgungsmethoden sollen Beispiele dienen.

Eine Schuld in Höhe von 100 GE soll binnen vier Jahren mittels Raten-Tilgung zu 2 % Jahreszinsen zurückgezahlt werden. Der vierjährige Tilgungsplan der Raten-Tilgung sieht wie folgt aus:

Jahr	Zinsen am Ende des Jahres	Tilgung am Ende des Jahres	Annuität am Ende des Jahres	Schuld am Ende des Jahres
1	2,0	25	27,0	75
2	1,5	25	26,5	50
3	1,0	25	26,0	25
4	0,5	25	25,5	0

Eine Schuld in Höhe von 100 GE soll binnen vier Jahren mittels Annuitäten-Tilgung zu 2 % Jahreszinsen zurückgezahlt werden. Die Annuität ergibt sich zu $A = 100 \cdot 1{,}02^4 \cdot \frac{0{,}02}{1{,}02^4 - 1} = 26{,}26$ GE und der vierjährige Tilgungsplan der Annuitäten-Tilgung sieht wie folgt aus:

Jahr	Zinsen am Ende des Jahres	Tilgung am Ende des Jahres	Annuität am Ende des Jahres	Schuld am Ende des Jahres
1	2,00	24,26	26,26	75,74
2	1,51	24,75	26,26	50,99
3	1,02	25,24	26,26	25,75
4	0,51	25,75	26,26	0

Eine Schuld in Höhe von 100 GE soll mittels Prozentannuitäten-Tilgung zu 2 % Jahreszinsen zurückgezahlt werden. Die Annuität soll 25 % der Schuld betragen; d.h. $A = 100 \cdot 0{,}25 = 25$ GE. Dann ergibt sich die Laufzeit mit $n = -\frac{\ln\left[1 - \frac{100}{25} \cdot 0{,}02\right]}{\ln 1{,}02} = 4{,}21$ Jahre und der Tilgungsplan sieht wie folgt aus:

Jahr	Zinsen am Ende des Jahres	Tilgung am Ende des Jahres	Annuität am Ende des Jahres	Schuld am Ende des Jahres
1	2,00	23,00	25	77,00
2	1,54	23,46	25	53,54
3	1,07	23,93	25	29,61
4	0,59	24,41	25	5,20
5	0,11	5,20	5,31	0

Eine Schuld in Höhe von 100 GE soll mittels zweimaliger Prozentannuitäten-Tilgung zu 2 % Jahreszinsen zurückgezahlt werden. Die erste Annuität soll 20 % der Schuld betragen und über zwei Jahre laufen; d.h. $A_1 = 100 \cdot 0{,}20 = 20$ GE. Die zweite Annuität soll 25 % der Schuld betragen; d.h. $A_2 = 100 \cdot 0{,}25 = 25$ GE. Der Tilgungsplan sieht wie folgt aus:

Jahr	Zinsen am Ende des Jahres	Tilgung am Ende des Jahres	Annuität am Ende des Jahres	Schuld am Ende des Jahres
1	2,00	18,00	20,00	82,00
2	1,64	18,36	20,00	63,64
3	1,27	23,73	25,00	39,91
4	0,80	24,20	25,00	15,71
5	0,31	15,71	16,02	0

6   Effektivzins

Hauptaufgabe des Effektivzins ist es, eine Kennziffer zum Vergleich unterschiedlicher Finanzierungsmodelle oder Wertpapiere zu haben.

Der **Effektivzins** im Zusammenhang mit einer Kreditaufnahme ist der tatsächlich entstehende Jahreszins unter Berücksichtigung aller Kosten; also inklusive Gebühren, Provisionen, Aufgeld usw. Er wird als Kennzahl eines Finanzierungsmodells berechnet, um Kreditverträge mit unterschiedlichen Konditionen vergleichen zu können.

Für die Effektivzins-Berechnung wird die Höhe aller Auszahlungen des Kreditgebers verglichen mit der Höhe aller Einzahlungen des Kreditnehmers. Der Effektivzins ist derjenige Zins, für den bei konformer Verzinsung die Differenz zwischen den abgezinsten Ein- und Auszahlungsbeträgen null ist. Zur Unterscheidung vom Kreditzinssatz $i = q-1$ wird der jährliche Effektivzinssatz bezeichnet mit:

$$i^* = q^* - 1 \qquad\qquad\qquad (6.1)$$

6.1   Einmalige Zahlung

Ist ein Kredit in Höhe von K_0 GE nach n Jahren durch eine einmalige Zahlung in Höhe von K_n GE zurückzuzahlen, so beträgt gemäß Formel 3.33 der effektive Jahreszins:

$$i^* = \sqrt[n]{\frac{K_n}{K_0}} - 1 \qquad\qquad\qquad (6.2)$$

Beispiel 6.1

Es wurde ein Darlehn in Höhe von GE $K_0 = 100\,000$ aufgenommen, das mit $95\,000$ GE ausgezahlt wird. Die fehlenden $5\,000$ GE werden als Vergütung für die Darlehnsgewährung (Damnum) einbehalten. Nach vier Jahren und drei Monaten ist das Darlehn zu 100 %, also mit $100\,000$ GE zurückzuzahlen. Wie hoch ist der effektive Jahreszins?

1. Lösungsweg:

$$i^* = \sqrt[4,25]{\frac{100\,000}{95\,000}} - 1 = 0{,}01214235$$

2. Lösungsweg:

$$i^* = \sqrt[4,25]{\frac{K_0}{0{,}95 \cdot K_0}} - 1 = \sqrt[4,25]{\frac{1}{0{,}95}} - 1 = 0{,}01214235$$

d.h. der effektive Jahreszins beträgt 1,2142 %.

6.2   Jährliche Zahlungen

Ist ein Kredit über eine Laufzeit n mit jährlichen Zahlungen zurückzuzahlen, so lässt sich der Effektivzins nur für Laufzeiten von höchstens drei vollen Jahren explizit angeben. Die Berechnung erfolgt für $n = 1, 2, 3$ mit Lösungsformeln für lineare bzw. quadratische bzw. kubische Gleichungen.

Beispiel 6.2

Für einen Kredit in Höhe von 4 000 GE wird vereinbart, nach einem Jahr 2 000 GE zurückzuzahlen und nach einem weiteren Jahr 2 500 GE zurückzuzahlen. Wie hoch ist der Effektivzins p.a.?

Lösung:

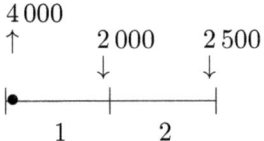

Der Effektivzins wird aus folgender Gleichung berechnet:

$$4\,000 = \frac{2\,000}{q^*} + \frac{2\,500}{q^{*2}}$$

Multiplikation mit q^* ergibt:

$$4\,000 \cdot q^{*2} = 2\,000 \cdot q^* + 2\,500$$

Subtraktion von $4\,000 \cdot q^{*2}$ ergibt:

$$0 = -4\,000 \cdot q^{*2} + 2\,000 \cdot q^* + 2\,500$$

Division durch $-4\,000$ ergibt:

$$0 = q^{*2} - \frac{1}{2} \cdot q^* - \frac{5}{8}$$

Diese Gleichung lösen wir mit Hilfe der pq−Formel nach q^* auf:

$$q^* = \frac{1}{4} \pm \sqrt{\frac{1}{16} + \frac{5}{8}} \Leftrightarrow q^* = 1{,}0792 \text{ oder } q^* = -0{,}5792$$

d.h. der Effektivzins beträgt 7,92 %.

Beträgt die Laufzeit einer Kreditrückzahlung mehr als drei Jahre, so lässt sich zur Berechnung des Effektivzins lediglich eine Gleichung, nicht aber die nach dem Effektivzins aufgelöste Gleichung angeben, und die Berechnung des Effektivzinses geschieht näherungsweise zum Beispiel mit dem Newtonverfahren.

Wird ein Darlehn durch eine Einmalzahlung nach n Jahren getilgt und sind während der Laufzeit die jährlichen Zinszahlungen zu leisten, so lässt sich mit Hilfe des nachschüssigen Rentenbarwertes der Effektivzins näherungsweise berechnen. Zur abkürzenden Schreibweise werden wir in diesem Kapitel mit q^* aus 6.1 den Abzinsungsfaktor von n-jährigen Jahresrenten verwenden:

$$a_n^* = \frac{q^{*n} - 1}{q^* - 1} \cdot \frac{1}{q^{*n}} \tag{6.3}$$

Beispiel 6.3

Zu 10 % Zinseszinsen p.a. wird ein Darlehn in Höhe von 100 000 GE aufgenommen, das mit 95 000 GE ausgezahlt wird. Die fehlenden 5 000 GE werden als Vergütung für die Darlehnsgewährung (Damnum) einbehalten. Erst nach fünf Jahren wird das Darlehn mit einer Einmalzahlung von 100 000 GE getilgt und während der Laufzeit sind jährliche Zinszahlungen zu leisten. Wie hoch ist der jährliche Effektivzins?
Lösung:
Als Zinsen für die aufgenommenen 100 000 GE werden fünf Jahre lang jeweils am Jahresende 10 000 GE eingezahlt, nämlich 10 % von 100 000. Auf der Zeitachse sieht der Zahlungsstrom wie folgt aus:

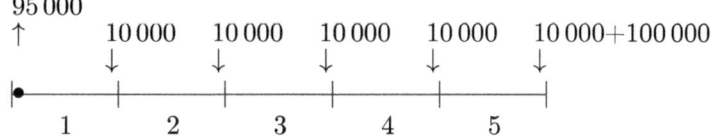

Bezüglich des Effektivzinses hat die Einmalzahlung nach fünf Jahren den folgenden Barwert:

$$\frac{100\,000}{q^{*5}}$$

Bezüglich des Effektivzinses ergibt sich mit dem Abzinsungsfaktor 6.3 für die fünf jährlichen Zinszahlungen folgender Barwert:

$$10\,000 \cdot a_5^*$$

Somit muss der Effektivzinsfuß q^* aus folgender Gleichung berechnet werden:

$$95\,000 = 10\,000 \cdot \frac{q^{*5} - 1}{q^* - 1} \cdot \frac{1}{q^{*5}} + \frac{100\,000}{q^{*5}}$$

Oder mit $K_0 = 100\,000$ und dem Kreditzinssatz $i = 0{,}1$ als allgemeine Formel aufgeschrieben lautet die nach q^* aufzulösende Gleichung:

$$0{,}95 \cdot K_0 = (K_0 \cdot i) \cdot a_5^* + \frac{K_0}{q^{*5}}$$

Dividieren wir beide Seiten der Gleichung durch K_0, so erhalten wir mit dem Kreditzinssatz i:

$$0{,}95 = i \cdot a_n^* + \frac{1}{q^{*n}} \tag{6.4}$$

Diese Gleichung 6.4 lässt sich nur näherungsweise lösen. Wir wollen die Gleichung mit Hilfe des Newtonverfahrens lösen. Dazu formen wie die Gleichung so um, dass eine Nullstelle zu bestimmen ist:

$$0{,}95 = 0{,}10 \cdot \frac{q^{*5} - 1}{q^* - 1} \cdot \frac{1}{q^{*5}} + \frac{1}{q^{*5}}$$

Multiplikation mit $q^{*5}(q^* - 1)$ ergibt:

$$0{,}95 \cdot q^{*5}(q^* - 1) = 0{,}10(q^{*5} - 1) + (q^* - 1)$$

Auflösen der Klammern ergibt:

$$0{,}95q^{*6} - 0{,}95q^{*5} = 0{,}10q^{*5} + q^* - 1{,}10$$

Addition von $0{,}10q^{*5} + q^* - 1{,}10$ ergibt:

$$0{,}95q^{*6} - 1{,}05q^{*5} - q^* + 1{,}10 = 0$$

Für das Newtonverfahren benötigen wir eine differenzierbare Funktion f, deren Nullstelle bestimmt werden soll. Hierzu setzen wir:

$$f(q^*) = 0{,}95q^{*6} - 1{,}05q^{*5} - q^* + 1{,}10$$

Und bestimmen die Nullstelle von $f(q^*)$ mit Hilfe des Newtonverfahrens. Dazu benötigen wir die erste Ableitung von f:

$$f'(q^*) = 6 \cdot 0{,}95q^{*5} - 5 \cdot 1{,}05q^{*4} - 1 = 5{,}7q^{*5} - 5{,}25q^{*4} - 1$$

Als Startwert nehmen wir $q_0^* = 1{,}12$. Dann ergeben sich die verbesserten Werte wie folgt:

$$q_1^* = q_0^* - \frac{f(q_0^*)}{f'(q_0^*)} = 1{,}114042636$$

$$q_2^* = q_1^* - \frac{f(q_1^*)}{f'(q_1^*)} = 1{,}113654468$$

$$q_3^* = q_2^* - \frac{f(q_2^*)}{f'(q_2^*)} = 1{,}113653057$$

$$q_4^* = q_3^* - \frac{f(q_3^*)}{f'(q_3^*)} = 1{,}113653057$$

$$\ldots$$

d.h. der Effektivzins beträgt etwa 11,365 %.

Im Beispiel 6.3 haben wir den Effektivzins eines Darlehns mit einem einzigen Tilgungsbetrag am Ende der Laufzeit berechnet. Im nachfolgenden Beispiel werden wir den Effektivzins einer Ratentilgung bestimmen.

Beispiel 6.4

Zu 10 % Zinseszinsen p.a. wird ein Darlehn in Höhe von GE $K_0 = 100\,000$ aufgenommen, das mit 95 000 GE ausgezahlt wird. Die fehlenden 5 000 GE werden als Vergütung für die Darlehnsgewährung (Damnum) einbehalten. Binnen fünf Jahren wird das Darlehn mit Ratentilgung zurückgezahlt. Wie hoch ist der Effektivzins?
Lösung:
Gemäß 5.2 beträgt der jährliche Tilgungsbetrag $T = \dfrac{K_0}{n} = \dfrac{100\,000}{5} = 20\,000$. Somit sieht der Tilgungsplan bei 10 % Zinseszins p.a. wie folgt aus:

Jahr	Z_k	T	A_k	Restschuld
1	10 000	20 000	30 000	80 000
2	8 000	20 000	28 000	60 000
3	6 000	20 000	26 000	40 000
4	4 000	20 000	24 000	40 000
5	2 000	20 000	22 000	0

Auf der Zeitachse sieht der Zahlungsstrom wie folgt aus:

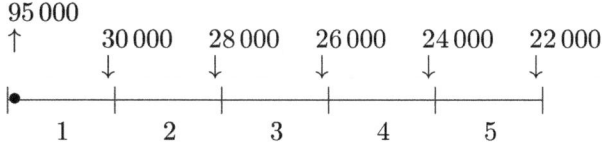

Mit $95\,000 = 0,95 \cdot K_0$ lässt sich dann der gesuchte Effektivzins aus folgender allgemeinen Gleichung berechnen:

$$0,95 \cdot K_0 = \frac{A_1}{q^*} + \frac{A_2}{q^{*2}} + \ldots + \frac{A_n}{q^{*n}} \tag{6.5}$$

Diese Gleichung 6.5 lässt sich nur näherungsweise lösen. Wir lösen sie mit Hilfe des Newtonverfahrens. Dazu formen wir die Gleichung so um, dass auf einer Seite null steht; wir also eine Nullstelle einer Funktion f bestimmen müssen:

$$95\,000 = \frac{30\,000}{q^*} + \frac{28\,000}{q^{*2}} + \frac{26\,000}{q^{*3}} + \frac{24\,000}{q^{*4}} + \frac{22\,000}{q^{*5}}$$

Subtraktion von 95 000 ergibt:

$$0 = \frac{30\,000}{q^*} + \frac{28\,000}{q^{*2}} + \frac{26\,000}{q^{*3}} + \frac{24\,000}{q^{*4}} + \frac{22\,000}{q^{*5}} - 95\,000$$

Division durch 1 000 ergibt:

$$0 = \frac{30}{q^*} + \frac{28}{q^{*2}} + \frac{26}{q^{*3}} + \frac{24}{q^{*4}} + \frac{22}{q^{*5}} - 95$$

Wir setzen:

$$f(q^*) = \frac{30}{q^*} + \frac{28}{q^{*2}} + \frac{26}{q^{*3}} + \frac{24}{q^{*4}} + \frac{22}{q^{*5}} - 95$$

Für das Newtonverfahren benötigen wir die erste Ableitung von f:

$$f'(q^*) = -\frac{30}{q^{*2}} - \frac{56}{q^{*3}} - \frac{78}{q^{*4}} - \frac{96}{q^{*5}} - \frac{110}{q^{*6}}$$

Als Startwert nehmen wir $q_0^* = 1{,}12$. Dann ergeben sich die verbesserten Werte wie folgt:

$$q_1^* = q_0^* - \frac{f(q_0^*)}{f'(q_0^*)} = 1{,}12156232$$

$$q_2^* = 1{,}121567076$$

$$q_3^* = 1{,}121567076$$

$$\ldots$$

d.h. der Effektivzins beträgt 12,1567 %.

Im nachfolgenden Beispiel werden wir den Effektivzins einer Annuitäten-Tilgung bestimmen.

Beispiel 6.5

Zu 10 % Zinseszinsen p.a. wird ein Darlehn in Höhe von GE $K_0 = 100\,000$ aufgenommen, das mit 95 000 GE ausgezahlt wird. Die fehlenden 5 000 GE werden als Vergütung für die Darlehnsgewährung (Damnum) einbehalten. Binnen fünf Jahren wird das Darlehn mit Annuitäten-Tilgung zurückgezahlt. Wie hoch ist der Effektivzins?

Lösung:

Mit 5.13 berechnen wir die Annuität A:

$$A = 100\,000 \cdot 1{,}1^5 \cdot \frac{0{,}1}{1{,}1^5 - 1} = 26\,379{,}75$$

Auf der Zeitachse tragen wir die Zahlungsströme ein:

95 000

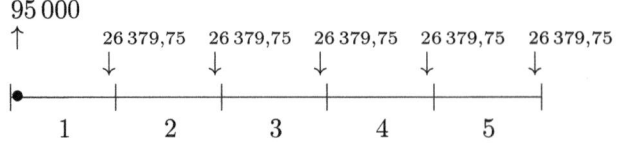

Somit ergibt sich folgende allgemeine Gleichung zur Berechnung des Effektivzinses:

$$95\,000 = A \cdot \frac{q^{*^n} - 1}{q^* - 1} \cdot \frac{1}{q^{*^n}} \tag{6.6}$$

Wir können die Gleichung 6.6 noch vereinfachen, indem wir gemäß 5.13 für A den Term $K_0 \cdot 1{,}1^5 \cdot \frac{0{,}1}{1{,}1^5 - 1}$ einsetzen:

$$95\,000 = A \cdot \frac{q^{*^5} - 1}{q^* - 1} \cdot \frac{1}{q^{*^5}}$$

$$0{,}95 \cdot K_0 = K_0 \cdot 1{,}1^5 \cdot \frac{0{,}1}{1{,}1^5 - 1} \cdot \frac{q^{*^5} - 1}{q^* - 1} \cdot \frac{1}{q^{*^5}} \quad | \div K_0$$

$$0{,}95 = 1{,}1^5 \cdot \frac{0{,}1}{1{,}1^5 - 1} \cdot \frac{q^{*^5} - 1}{q^* - 1} \cdot \frac{1}{q^{*^5}}$$

$$0{,}95 = \frac{\frac{q^{*^5} - 1}{q^* - 1} \cdot \frac{1}{q^{*^5}}}{\frac{1{,}1^5 - 1}{0{,}1} \cdot \frac{1}{1{,}1^5}} = \frac{\frac{q^{*^5} - 1}{q^* - 1} \cdot \frac{1}{q^{*^5}}}{3{,}7908}$$

Mit dem Abzinsungsfaktor:

$$a_n = \frac{q^n - 1}{q - 1} \cdot \frac{1}{q^n} \tag{6.7}$$

erhalten wir als Bestimmungsgleichung für den Effektivzins:

$$0{,}95 = \frac{a_n^*}{a_n} \tag{6.8}$$

Diese Gleichung lässt sich nur näherungsweise lösen. Wir lösen sie mit Hilfe des Newtonverfahrens. Dazu formen wir die Gleichung 6.8 so um, dass auf einer Seite null steht; wir also eine Nullstelle einer Funktion bestimmen müssen. Multiplikation in 6.8 mit $\frac{1{,}1^5 - 1}{0{,}1} \cdot \frac{1}{1{,}1^5} = 3{,}7908$ ergibt:

$$3{,}6012 = \frac{q^{*^5} - 1}{q^* - 1} \cdot \frac{1}{q^{*^5}}$$

Multiplikation mit $q^{*^5}(q^* - 1)$ ergibt:

$$3{,}6012 \cdot q^{*^5} \cdot (q^* - 1) = q^{*^5} - 1$$

Klammern auflösen ergibt:

$$3{,}6012 \cdot q^{*^6} - 3{,}6012 \cdot q^{*^5} = q^{*^5} - 1$$

Addition von $-3{,}6012 \cdot q^{*^6} + 3{,}6012 \cdot q^{*^5}$ ergibt:

$$0 = -3{,}6012 \cdot q^{*^6} + 4{,}6012 \cdot q^{*^5} - 1$$

Um mit dem Newtonverfahren die Nullstelle zu bestimmen, setzen wir:

$$f(q^*) = -3{,}6012q^{*6} + 4{,}6012q^{*5} - 1$$

Also beträgt die erste Ableitung:

$$f'(q^*) = -6 \cdot 3{,}6012q^{*5} + 5 \cdot 4{,}6012q^{*4} = -21{,}6075q^{*5} + 23{,}0060q^{*4}$$

Als Startwert nehmen wir $q_0^* = 1{,}12$. Dann ergeben sich die verbesserten Werte $q_1^*, q_2^*, \ldots$ wie folgt:

$$q_1^* = q_0^* - \frac{f(q_0^*)}{f'(q_0^*)} = 1{,}12 - \frac{f(1{,}12)}{f'(1{,}12)} = 1{,}1203971897$$

$$q_2^* = q_1^* - \frac{f(q_1^*)}{f'(q_1^*)} = 1{,}1203954938$$

$$q_3^* = q_2^* - \frac{f(q_2^*)}{f'(q_2^*)} = 1{,}1203954938$$

$\ldots$

d.h. der Effektivzins beträgt etwa 12,04 %.
Mit der Formel IKV({−95 000; 26 379,75; 26 379,75; 26 379,75; 26 379,75; 26 379,75})
im Tabellenkalkulator Excel kann der effektive Jahreszins von etwa 12,04 % wie folgt bestimmt werden:

Werte = {−95 000; 26 379,75; 26 379,75; 26 379,75; 26 379,75; 26 379,75}
Schätzwert

6.3 Unterjährliche Zahlungen

Wird ein Kredit durch unterjährlich gleich hohe Zahlungen zurückgezahlt, so wird der Effektivzins mit Hilfe einer unterjährlichen Rente bei konformer Verzinsung berechnet.

Wir werden dazu zwei Beispiele rechnen, einmal für eine unterjährlich nachschüssige Rente (siehe Beispiel 6.6) und einmal für eine unterjährlich vorschüssige Rente (siehe Beispiel 6.7).

Beispiel 6.6

Ein Kredit in Höhe von GE $K_0 = 10\,000$ soll binnen fünf Jahren durch Raten in Höhe von 210 GE jeweils am Ende eines Monats zurückzahlt werden. Wie hoch ist der Effektivzins?
Lösung:

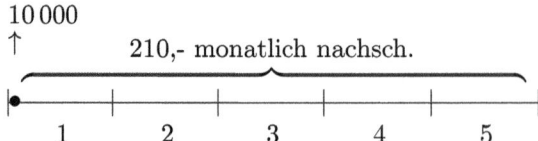

Die Verzinsungstermine sind die Zeitpunkte der Ratenzahlungen:

$$10\,000 = \frac{210}{(q^*)^{\frac{1}{12}}} + \frac{210}{(q^*)^{\frac{2}{12}}} + \frac{210}{(q^*)^{\frac{3}{12}}} + \ldots + \frac{210}{(q^*)^{\frac{60}{12}}}$$

Multiplikation mit $(q^*)^{\frac{60}{12}}$ ergibt:

$$10\,000 \cdot (q^*)^{\frac{60}{12}} = 210 \cdot (q^*)^{\frac{59}{12}} + 210 \cdot (q^*)^{\frac{58}{12}} + \ldots + 210$$

$$= 210 \cdot \frac{(q^*)^{\frac{60}{12}} - 1}{(q^*)^{\frac{1}{12}} - 1}$$

Zur abkürzenden Schreibweise setzen wir:

$$x = (q^*)^{\frac{1}{12}}$$

Dann gilt weiter:

$$10\,000 \cdot x^{60} = 210 \cdot \frac{x^{60} - 1}{x - 1}$$

Multiplikation mit $x - 1$ ergibt:

$$10\,000x^{61} - 10\,000x^{60} = 210x^{60} - 210$$

Addition von $-10\,000x^{61} + 10\,000x^{60}$ ergibt:

$$0 = -10\,000x^{61} + 10\,210x^{60} - 210$$

d.h. wir suchen die Nullstelle der Funktion:

$$f(x) = -10\,000x^{61} + 10\,210x^{60} - 210$$

Wir bestimmen die gesuchte Nullstelle mit Hilfe des Newtonverfahrens. Dazu benötigen wir die erste Ableitung:

$$f'(x) = -610\,000x^{60} + 612\,600x^{59}$$

Als Startwert für das Newtonverfahren wählen wir einen Zins von 10 %, also $x_0 = 1{,}1^{\frac{1}{12}} = 1{,}007974$. Dann ergibt sich weiter:

$$x_1 = 1{,}007974 - \frac{f(1{,}007974)}{f'(1{,}007974)} = 1{,}007\,914$$

Diesen Wert x_1 können wir wie folgt verbessern:

$$x_2 = 1{,}007\,914 - \frac{f(1{,}007\,914)}{f'(1{,}007\,914)} = 1{,}007\,913$$

Diesen Wert x_2 können wir wie folgt verbessern:

$$x_3 = 1{,}007\,913 - \frac{f(1{,}007\,913)}{f'(1{,}007\,913)} = 1{,}007\,913$$

Nach weiteren Iterationen verändern sich diese sechs Nachkommastellen nicht mehr. Das bedeutet, die Nullstelle der Funktion $f(x)$ liegt in etwa $x = 1{,}007\,913\,608$. Daraus ergibt sich der Effektivzins:

$$1{,}007\,913\,608 = x = (q^*)^{\frac{1}{12}} \Leftrightarrow q^* = 1{,}007\,913\,608^{12} \approx 1{,}0992$$

d.h. der Effektivzins beträgt etwa 9,92 % p.a.

Probe:

$$\frac{210}{1{,}0992^{\frac{1}{12}}} + \frac{210}{1{,}0992^{\frac{2}{12}}} + \frac{210}{1{,}0992^{\frac{3}{12}}} + \ldots + \frac{210}{1{,}0992^{\frac{60}{12}}} = 9\,999{,}97 \approx 10\,000$$

Im nachfolgenden Beispiel berechnen wir den Effektivzins einer Rückzahlung durch vorschüssige Monatsraten.

Beispiel 6.7

In einem Werbeprospekt wird ein Herrenfahrrad Trekking Bike 28 Zoll Shimano Deore 21-Gang Schaltwerk für 599 Euro angeboten. (Das entsprechende Damenmodell hat übrigens nur sieben Gänge, wieso eigentlich?) Die Hausbank des Händlers bietet das Herrenrad auch als Ratenkauf mit $12 \times 52{,}26$ Euro an. Wie groß ist der Effektivzins?

Lösung:

Nehmen wir an, dass die monatlichen Raten vorschüssig zu leisten sind. Auf der Zeitachse sieht der Zahlungsstrom wie folgt aus:

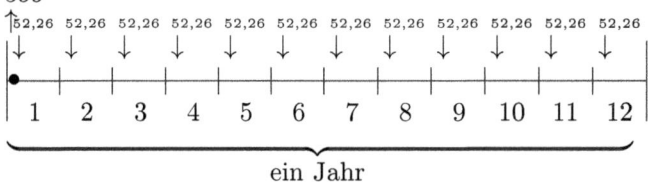

Mit der vorgeschriebenen Verzinsung zum unterjährlichen konformen Zinssatz erhalten wir folgende Gleichung:

$$599 = 52{,}26 + \frac{52{,}26}{(q^*)^{\frac{1}{12}}} + \frac{52{,}26}{(q^*)^{\frac{2}{12}}} + \frac{52{,}26}{(q^*)^{\frac{3}{12}}} + \ldots + \frac{52{,}26}{(q^*)^{\frac{11}{12}}}$$

Multiplikation mit $(q^*)^{\frac{11}{12}}$ ergibt:

$$599 \cdot (q^*)^{\frac{11}{12}} = 52{,}26 \cdot (q^*)^{\frac{11}{12}} + 52{,}26 \cdot (q^*)^{\frac{10}{12}} + \ldots + 52{,}26$$

$$= 52{,}26 \cdot \frac{(q^*)^{\frac{12}{12}} - 1}{(q^*)^{\frac{1}{12}} - 1}$$

Zur abkürzenden Schreibweise setzen wir:

$$x = (q^*)^{\frac{1}{12}}$$

Dann gilt weiter:

$$599 \cdot x^{11} = 52{,}26 \cdot \frac{x^{12} - 1}{x - 1}$$

Multiplikation mit $x - 1$ ergibt:

$$599x^{12} - 599x^{11} = 52{,}26x^{12} - 52{,}26$$

Addition von $-599x^{12} + 599x^{11}$ ergibt:

$$0 = -546{,}74x^{12} + 599x^{11} - 52{,}26$$

d.h. wir suchen die Nullstelle der Funktion:

$$f(x) = -546{,}74x^{12} + 599x^{11} - 52{,}26$$

Wir bestimmen die gesuchte Nullstelle mit Hilfe des Newtonverfahrens. Dazu benötigen wir die erste Ableitung:

$$f'(x) = -6\,560{,}88x^{11} + 6\,589x^{10}$$

Als Startwert für das Newtonverfahren wählen wir einen Zins von 10 %, also $x_0 = 1{,}1^{\frac{1}{12}} = 1{,}007\,974$. Dann ergibt sich weiter:

$$x_1 = 1{,}007\,974 - \frac{f(1{,}007\,974)}{f'(1{,}007\,794)} = 1{,}008\,486$$

Diesen Wert x_1 können wir wie folgt verbessern:

$$x_2 = 1{,}008\,454$$

$$x_3 = 1{,}008\,453$$

$$x_4 = 1{,}008\,453$$

Nach weiteren Iterationen verändern sich diese sechs Nachkommastellen nicht mehr. Das bedeutet, die Nullstelle der Funktion $f(x)$ liegt in etwa $x = 1{,}008\,453$. Daraus ergibt sich der Effektivzins:

$$q^* = (1{,}008\,453)^{12} = 1{,}106\,293 \Leftrightarrow i^* = 0{,}106\,293$$

d.h. der Effektivzins beträgt etwa 10,63 %.
Probe:

$$52{,}26 + \frac{52{,}26}{1{,}1063^{\frac{1}{12}}} + \frac{52{,}26}{1{,}1063^{\frac{2}{12}}} + \frac{52{,}26}{1{,}1063^{\frac{3}{12}}} + \ldots + \frac{52{,}26}{1{,}1063^{\frac{11}{12}}} \approx 599$$

Der Effektivzins eines **Lieferantenkredits** wird ebenfalls mit der konformen Verzinsung berechnet.

Beispiel 6.8

Ein Lieferant hat seinem Kunden eine Rechnung über 10 000 Euro geschickt. Die
Rechnung ist binnen dreißig Tagen zu begleichen. Der Lieferant gewährt seinem
Kunden 2 % Skonto, falls der Kunde die Rechnung binnen zehn Tagen bezahlt. Wie
hoch ist der Lieferantenkredit?

Lösung:

2 % von 10 000 sind $10\,000 \cdot 0,02 = 200$ Euro, d.h. insb. der Kunde erhält für 20
Tage 200 Euro Preisnachlass. Der Effektivzins $i^* = q^* - 1$ lässt sich somit aus der
folgenden Gleichung bestimmen:

$$9\,800 \cdot q^{*\frac{20}{360}} = 10\,000$$

Division durch 9 800 ergibt:

$$q^{*\frac{20}{360}} = 1,020408$$

Potenzieren ergibt:

$$q^* = 1,020408^{\frac{360}{20}} = 1,4386$$

d.h. der Effektivzins des Lieferantenkredits beträgt 43,86 % p.a.

Eine ungenaue, aber einfachere Überschlagsrechnung für den Effektivzinssatz i^* lässt
sich mit der linearen Verzinsung aufstellen:

$$9\,800 \cdot \left(1 + \frac{20}{360} \cdot i^*\right) = 10\,000$$

Division durch 9 800 ergibt:

$$1 + \frac{20}{360} \cdot i^* = 1,020408$$

Subtraktion von eins ergibt:

$$\frac{20}{360} \cdot i^* = 0,020408$$

Multiplikation mit $\frac{360}{20}$ ergibt:

$$i^* = 0,020408 \cdot \frac{360}{20} = 0,3673$$

d.h. näherungsweise beträgt der Effektivzins des Lieferantenkredits 36,73 % p.a.

Den Effektivzins haben wir bisher nur für Kredit-Rückzahlungen bestimmt. Im nächsten
Abschnitt werden wir den Effektivzins von Wertpapieren bestimmen.

6.4 Wertpapiere

Ein **Wertpapier** ist eine Urkunde. Aufgabe von Wertpapieren ist es, einerseits einem Investor (Gläubiger) die Möglichkeit einer Geldanlage anzubieten und andererseits gleichzeitig dem Emittenten (Schuldner) des Wertpapiers eine Fremdfinanzierung seines Projekts zu ermöglichen. Der Käufer (Gläubiger, Investor) des Wertpapiers überlässt dem Verkäufer (Schuldner, Emittent) des Wertpapiers einen Geldbetrag über eine vereinbarte Laufzeit. Als Gegenleistung verpflichtet sich der Verkäufer des Wertpapiers, während der Laufzeit z.b. jeweils am Ende eines Jahres bestimmte Zahlungen (Zinszahlungen plus Tilgungszahlungen) zu leisten.

Wirft das Wertpapier Zinsen ab, so wird das Wertpapier auch als **verzinsliches** Wertpapier bezeichnet. Sind die Zinsen schon beim Kauf des Wertpapiers festgelegt, so wird ein verzinsliches Wertpapier als **festverzinsliches** Wertpapier bezeichnet. Im Nachfolgenden werden wir ausschließlich festverzinsliche Wertpapiere behandeln.

Wertpapiere werden unterschieden nach der Festlegung der jährlichen Zahlungen durch die Emittenten.

Beispiel 6.9

Der Käufer eines **Sparbriefs mit jährlich steigendem Zins** überlässt dem Verkäufer einen Geldbetrag, z.B. in Höhe von 10 000 Euro. Als Gegenleistung erhält er über einen Zeitraum von sechs Jahren folgende Zahlungen:

Jahr	Zins	Zahlung am Ende des Jahres
1	0,75 %	75
2	1,25 %	125
3	2,25 %	225
4	3,25 %	325
5	3,50 %	350
6	4,00 %	$400 + 10\,000 = 10\,400$

Beispiel 6.10

Der Käufer eines **abgezinsten Sparbriefs** überlässt dem Verkäufer einen Geldbetrag, z.B. in Höhe von 10 000 Euro. Als Gegenleistung erhält er nach einem Zeitraum von sieben Jahren folgende Einmalzahlung:

$$K_7 = 1{,}0075 \cdot 1{,}0125 \cdot 1{,}0225 \cdot 1{,}0325 \cdot 1{,}0350 \cdot 1{,}0400 \cdot 1{,}0400 = 12\,055{,}92$$

Der Zahlungsstrom sieht dann wie folgt aus:

Jahr	Zins	Zahlung am Ende des Jahres
1	0,75 %	0
2	1,15 %	0
3	2,25 %	0
4	3,25 %	0
5	3,50 %	0
6	4,00 %	0
7	4,00 %	12 055,92

Der auf einem Wertpapier aufgedruckte Betrag wird als als **Nennwert** C oder **Nominalbetrag** der Anleihe bezeichnet.

Die übliche Anleiheform in Deutschland ist die sogenannte **Kuponanleihe**, auch **Standardbond** genannt. Bei dieser Anleihe ist am Ende der Laufzeit ein Rückzahlbetrag in Höhe des Nennwerts fällig, zusätzlich sind jährlich gleich hohe Zinszahlungen in Höhe eines vereinbarten Anleihezins zu leisten. Dieser Anleihezins wird auch als **Kuponzins** i_K bezeichnet.

Definition 6.11

Die Zahlungen eines Schuldners einer **Kuponanleihe** des Nennwerts C Euro sowie eines Kuponzins i_K sind wie folgt festgelegt:

Jahr	Zahlungen
1	$i_K \cdot C$
2	$i_K \cdot C$
3	$i_K \cdot C$
$\vdots$	
n	$i_K \cdot C + C$

Die jährliche Zahlung über $i_K \cdot C$ Euro heißt auch **Kupon**.

Beispiel 6.12

Der Verkäufer einer Kuponanleihe des Nennwerts 10 000 Euro sowie eines Anleihezins von 3 % p.a. muss während der vereinbarten Laufzeit von fünf Jahren folgende Zahlungen leisten:

Jahr	Zins	Zahlung am Ende des Jahres
1	3 %	300
2	3 %	300
3	3 %	300
4	3 %	300
5	3 %	10 300

Werden bei einer Kuponanleihe während der Laufzeit keine Zinszahlungen geleistet (d.h. $i_K = 0$), so wird die Kuponanleihe als **Nullkuponanleihe** bzw. **Zerobond** bezeichnet.

Beispiel 6.13

Der Verkäufer einer Nullkuponanleihe eines Nennwerts von 10 000 Euro verpflichtet sich, am Ende der vereinbarten Laufzeit von fünf Jahren eine Einmalzahlung in Höhe des Nennwerts zu leisten. Die Zahlungen des Schuldners sehen wie folgt aus:

Jahr	Zins	Zahlung am Ende des Jahres
1	0 %	0
2	0 %	0
3	0 %	0
4	0 %	0
5	0 %	10 000

Aufgrund der fehlenden Zinszahlungen einer Nullkuponanleihe wird beim Verkaufspreis (Emissionspreis) ein Abschlag (Disagio) vom Nennwert erhoben; d.h. der Verkaufspreis ist niedriger als der Nennwert. Die Differenz „Nennwert minus Verkaufspreis" wird als **Disagio** bezeichnet und üblicherweise nicht in Euro, sondern in Prozent des Nennwerts angegeben.

Bevor wir ein Disagio-Beispiel betrachten, überlegen wir uns, wie der Verkaufspreis einer Anleihe bestimmt wird. Eine sinnvolle Möglichkeit ist, den Barwert aller Zahlungen des Schuldners zu berechnen, wobei als Jahreszins zum Abzinsen der aktuelle Zins am Markt, der so genannte **Marktzins** unterstellt wird. (Der Marktzins ist der Zins, den Investoren unterstellen am Markt zu bekommen.) Dieser Barwert aller Zahlungen des Schuldners wird als **Kurswert** eines Wertpapiers bezeichnet.

Beispiel 6.14

Gehen wir von einem Marktzins von derzeit 1,2 % pro anno aus, so ergeben sich für die Beispiele 6.9, 6.10, 6.12 und 6.13 folgende Kurswerte:

Beispiel	Kurswert
6.9	$\dfrac{75}{1{,}012} + \dfrac{125}{1{,}012^2} + \dfrac{225}{1{,}012^3} + \dfrac{325}{1{,}012^4} + \dfrac{350}{1{,}012^5} + \dfrac{10\,400}{1{,}012^6}$
	$= 10\,734{,}52$
6.10	$\dfrac{12\,055{,}92}{1{,}012^7} = 11\,090{,}13$
6.12	$\dfrac{10\,000}{1{,}012^5} + 300 \cdot \dfrac{1{,}012^5 - 1}{0{,}012} \cdot \dfrac{1}{1{,}012^5} = 10\,868{,}49$
6.13	$\dfrac{10\,000}{1{,}012^5} = 9\,421{,}01$

wobei der Kurswert der Kuponanleihe aus Beispiel 6.12 mit der Rentenbarwertformel 4.7 berechnet wurde.

Der Kurswert zu einem Marktzins $i = q - 1$ einer Nullkuponanleihe des Nennwerts C sowie einer Laufzeit n lautet:

$$\frac{C}{q^5} \tag{6.9}$$

Allgemein lautet gemäß Beispiel 6.12 der Kurswert zu einem Marktzins $i = q - 1$ einer Kuponanleihe aus Definition 6.11:

$$C \cdot \left(\frac{1}{q^5} + i_K \cdot \frac{q^5 - 1}{q - 1} \cdot \frac{1}{q^5} \right) = C \cdot \left(\frac{1}{q^5} + i_K \cdot \frac{1 - \frac{1}{q^5}}{q - 1} \right) \tag{6.10}$$

Der Kurswert für eine Anleihe des Nennwerts 100 Euro wird als **Kurs** C_0 der Anleihe bezeichnet. Der Kurs wird in Prozent des Nennwerts angegeben. Für eine Nullkuponanleihe des Nennwerts C sowie einer Laufzeit n ergibt sich mit dem Marktzins $i = q - 1$ folgende Berechnungsformel des Kurses:

$$C_0 = \frac{\text{Kurswert}}{\text{Nennwert}} \cdot 100\ \% = \frac{C/q^n}{C} \cdot 100\ \% = \frac{1}{q^n} \cdot 100\ \% \tag{6.11}$$

Beispiel 6.15

Bei einem Marktzins von 1,2 % p.a. ergibt sich für die Nullkuponanleihe aus Beispiel 6.13 der folgende Kurs:

$$C_0 = \frac{1}{1{,}012^5} \cdot 100\ \% = 94{,}21\ \%$$

Für eine Kuponanleihe aus Definition 6.11 ergibt sich mit dem Marktzins $i = q - 1$ folgende Berechnungsformel des Kurses:

$$C_0 = \frac{\text{Kurswert}}{\text{Nennwert}} \cdot 100\ \% = \frac{C \cdot \left(\frac{1}{q^n} + i_K \cdot \frac{1 - \frac{1}{q^n}}{q - 1} \right)}{C} \cdot 100\ \% \tag{6.12}$$

$$= \left(\frac{1}{q^n} + i_K \cdot \frac{1 - \frac{1}{q^n}}{q - 1} \right) \cdot 100\ \% \tag{6.13}$$

Zur Kurs-Formel 6.13 rechnen wir ein Beispiel.

Beispiel 6.16

Bei einem Marktzins von 1,2 % p.a. ergibt sich für die Kuponanleihe aus Beispiel 6.12 der folgende Kurs:

$$C_0 = \left(\frac{1}{1{,}012^5} + 0{,}03 \cdot \frac{1 - \frac{1}{1{,}012^5}}{0{,}012} \right) \cdot 100 \ \% = 108{,}68 \ \%$$

Der Kurs kann kleiner (bzw. größer) als der Nennwert sein. Er kann aber auch mit dem Nennwert übereinstimmen, also ebenfalls 100 Euro betragen, d.h. die Anleihe wird zu **pari** ausgegeben. Wird hingegen eine Anleihe unter pari (bzw. über pari) ausgegeben, so hat der Gläubiger einen niedrigeren (bzw. höheren) Kaufpreis als den Nennwert zu entrichten.

Beispiel 6.17

Der Nennwert einer Anleihe betrage 100 Euro. Welchen Preis muss der Gläubiger entrichten, wenn der Kurs

a) 90 % beträgt?

b) 105 % beträgt?

Lösung:

a) Bei einem Kurs von 90 % entrichtet der Gläubiger $100 \cdot \frac{90}{100} = 90$ Euro für die Anleihe. Die Differenz „Nennwert minus Kaufpreis" beträgt 10 Euro, das sind 10 % Prozent vom Nennwert; d.h. das Disagio beträgt 10 %.

b) Bei einem Kurs von 105 % entrichtet der Gläubiger $100 \cdot \frac{105}{100} = 105$ Euro für die Anleihe. Die 5 Euro Unterschied zwischen Kaufpreis und Nennwert werden als Ausgabeaufschlag oder **Agio** bezeichnet. Üblicherweise wird das Agio in Prozent des Nennwertes angegeben, hier also 5 % von 100 Euro.

Für eine Kuponanleihe besteht folgender Zusammenhang zwischen Kurs und den Zinssätzen Marktzins i sowie Kuponzins i_K:

$$i_K = i \qquad \text{Kurs} = 100 \ \%$$
$$i_K > i \qquad \text{Kurs} > 100 \ \%$$
$$i_K < i \qquad \text{Kurs} < 100 \ \%$$

D.h. sind Kuponzins und Marktzins gleich, so beträgt der Kurs 100 %. Ist der Kuponzins größer als der Marktzins, so erhält der Investor höhere Zinsen als am Markt üblich und der Verkaufspreis (Kurswert) der Kuponanleihe liegt über dem Nennwert. Ist der Kuponzins kleiner als der Marktzins, so erhält der Investor geringere Zinsen als am Markt üblich und der Verkaufspreis (Kurswert) der Kuponanleihe liegt unter dem Nennwert.

In der Praxis wird der Kurs einer Anleihe von der Börse vorgegeben. Der Investor berechnet aus dem Kurs den Marktzins; d.h. insb. der jährliche Marktzins i ist identisch mit dem konformen Jahreszins i^*, mit dem die abgezinsten Zahlungen des Schuldners genau so groß sind wie der Kurswert/Verkaufspreis des Wertpapiers. (Variationen des Marktzinses in Abhängigkeit von Laufzeit und Anlagerisiko werden hier nicht behandelt.) Der konforme Jahreszins i^* wird als Effektivzins oder **Rendite** des Wertpapiers bezeichnet.

Beispiel 6.18

Der Verkaufspreis des Sparbriefs mit jährlich steigendem Zins aus Beispiel 6.9 sowie des abgezinsten Sparbriefs aus Beispiel 6.10 beträgt jeweils 10 000 Euro; d.h. insb. Kurswert = Nennwert. Die Rendite i^* des Sparbriefs mit jährlich steigendem Zins kann nur näherungsweise, beispielsweise mit dem Newtonverfahren, bestimmt werden:

$$10\,000 = \frac{75}{1+i^*} + \frac{125}{(1+i^*)^2} + \frac{225}{(1+i^*)^3} + \frac{325}{(1+i^*)^4} + \frac{350}{(1+i^*)^5} + \frac{10\,400}{(1+i^*)^6}$$

$$\Leftrightarrow i^* = 0{,}0245$$

Die Rendite i^* des abgezinsten Sparbriefs wird wie folgt berechnet:

$$10\,000 = \frac{12\,055{,}92}{(1+i^*)^7} \Leftrightarrow 1 + i^* = \sqrt[7]{1{,}205592} = 1{,}0271 \Leftrightarrow i^* = 0{,}0271$$

d.h. insb. die Rendite des abgezinsten Sparbriefs ist größer als die Rendite des Sparbriefs mit jährlich steigendem Zins.

Entspricht der Verkaufspreis einer Kuponanleihe dem Nennwert (d.h. das Wertpapier notiert pari), so ist die Rendite identisch mit dem Kuponzins; d.h. $i^* = i_K$.

Beispiel 6.19

Die Rendite i^* der Kuponanleihe mit dem Kuponzins $i_K = 0{,}03$ aus Beispiel 6.12 ist bei einem Verkaufspreis in Höhe von 10 000 Euro identisch mit dem Kuponzins:

$$10\,000 = \frac{10\,000}{(1+i^*)^5} + 300 \cdot \frac{(1+i^*)^5 - 1}{i^*} \cdot \frac{1}{(1+i^*)^5} \Leftrightarrow i^* = 0{,}03$$

Entspricht der Verkaufspreis einer Kuponanleihe nicht dem Nennwert (d.h. das Wertpapier notiert nicht pari), so ergibt sich aus der Gleichung 6.13 die folgende Bestimmungsgleichung, um aus einem Kurs C_0 die Rendite $i^* = q^* - 1$ der Kuponanleihe zu bestimmen:

$$C_0 = \left(\frac{1}{q^{*n}} + i_K \cdot \frac{1 - \frac{1}{q^{*n}}}{q^* - 1} \right) \cdot 100 \tag{6.14}$$

Die Gleichung 6.14 lässt sich nicht nach $i^* = q^* - 1$ auflösen; wir formen sie zu der folgenden Bestimmungsgleichung für die Rendite um:

$$\frac{C_0}{100} = \frac{i_K}{q^* - 1} + \left(1 - \frac{i_K}{q^* - 1}\right) \cdot \frac{1}{q^{*n}} \qquad (6.15)$$

$$= \frac{i_K}{i^*} + \left(1 - \frac{i_K}{i^*}\right) \cdot \frac{1}{(1 + i^*)^n} \qquad (6.16)$$

Beispiel 6.20

Für eine Kuponanleihe mit einem Kuponzins von 3 % sowie einer Laufzeit von fünf Jahren ergibt sich aus Gleichung 6.16 zu einem vorgegebenen Kurs von 95 % die folgende Bestimmungsgleichung für die Rendite i^*:

$$\frac{95}{100} = \frac{0{,}03}{i^*} + \left(1 - \frac{0{,}03}{i^*}\right) \cdot \frac{1}{(1 + i^*)^5}$$

Die Rendite i^* kann nur näherungsweise, beispielsweise mit dem Newtonverfahren, bestimmt werden:

$$i^* = 0{,}04127$$

Für eine Nullkuponanleihe zu einem vorgegebenen Kurs C_0 sowie einer Laufzeit von n Jahren ergibt sich mit $i_K = 0$ aus der Gleichung 6.16 die folgende Bestimmungsgleichung für die Rendite i^*:

$$i^* = \sqrt[n]{\frac{100}{C_0}} - 1 \qquad (6.17)$$

Beispiel 6.21

Für eine Nullkuponanleihe mit einer Laufzeit von fünf Jahren sowie einem Kurs von 95 % ergibt sich aus Gleichung 6.17 die folgende Rendite i^*:

$$i^* = \sqrt[n]{\frac{100}{95}} - 1 = 0{,}010311$$

d.h. die Rendite beträgt 1,0311

Das Kapital, das ein Investor (w,m) in einem Wertpapier anlegt hat, ist während der gesamten Laufzeit der Anleihe festgelegt/gebunden. Für eine Investorin bzw. einen Investor ist die Bindungsdauer der Investition/Geldanlage eine wichtige Kenngröße. Bei einer Kuponanleihe werden durch die jährlichen Zinszahlungen Teile des gebundenen Kapitals vorzeitig frei. Um eine Kennziffer zum Vergleich von unterschiedlichen Wertpapieren zu erhalten, nach wie vielen Jahren im Durchschnitt ein Kapital wieder ungebunden ist, wird der Durchschnitt (in Jahren) der Fälligkeitszeitpunkte ermittelt.

Beispiel 6.22

Die Fälligkeitszeitpunkte der jährlichen Zahlungen der Kuponanleihe aus dem Beispiel 6.12 sind ein bzw. zwei bzw. drei bzw. vier bzw. fünf Jahre. Somit beträgt der Durchschnitt der Fälligkeitszeitpunkte:

$$\frac{1+2+3+4+5}{5} = \frac{1+5}{2} = 3 \text{ Jahre}$$

Der Durchschnitt der Fälligkeitszeitpunkte der jährlichen Zahlungen einer Kuponanleihe mit der Laufzeit n lässt sich wegen $1+2+3+\ldots+n = \frac{n}{2}\cdot(n+1)$ auch wie folgt berechnen:

$$\frac{1+n}{2} \text{ Jahre} \tag{6.18}$$

Zahlungen zu späteren Zeitpunkten haben einen geringeren Barwert als Zahlungen zu einem früheren Termin:

Beispiel 6.23

Bei einer Rendite von zum Beispiel 3 % (d.h. $i^* = 0{,}03$) ergeben sich die folgenden Barwerte der fünf Zahlungen der Kuponanleihe aus dem Beispiel 6.12:

Jahr	Zahlung	Barwert
1	300	291,26
2	300	282,78
3	300	274,54
4	300	266,55
5	10 300	8 884,87

Die Summe der Barwerte beträgt 10 000 Euro.

Der in 6.18 dargestellte durchschnittliche Fälligkeitszeitpunkt $\frac{1+n}{2}$ berücksichtigt weder die unterschiedlichen Höhen der Barwerte der Zinszahlungen, noch macht er einen Unterschied zwischen einer eher geringen Zinszahlung und einer eher hohen Tilgungszahlung, und ist daher eine ungeeignete Kennziffer für die durchschnittliche Kapitalbindungsdauer. Entsprechend schlug im Jahr 1938 der kanadische Ökonom Frederick R. Macaulay als Kennziffer eine gewogenes arithmetisches Mittel D der Fälligkeitszeitpunkte vor, bei dem jeder Fälligkeitszeitpunkt gewichtet wird mit dem anteiligen Barwert der jährlichen Zahlung am gesamten Barwert der Anleihe:

$$D = \frac{\sum_{k=1}^{n} k \cdot \dfrac{\text{Zahlung am Ende des } k\text{-ten Jahres}}{q^k}}{\text{Barwert der Anleihe}} \tag{6.19}$$

Diese Kennziffer D heißt **Macaulay-Duration**, wobei $i = q-1$ den Markt- bzw. Effektivzins bezeichnet. Die Macaulay-Duration ist eine geeignete Kennziffer zur Messung der durchschnittlichen Kapitalbindungsdauer.

Beispiel 6.24

Eine Kuponanleihe mit dem Nennwert $C = 10\,000$ Euro, Kuponzins $i_K = 3\,\%$ sowie einem Marktzins i von ebenfalls $3\,\%$ p.a. hat einen Barwert von $10\,000$ Euro und es ergibt sich bei einer Laufzeit von fünf Jahren die folgende Duration:

$$D = 1 \cdot \frac{300}{10\,000 \cdot 1{,}03} + 2 \cdot \frac{300}{10\,000 \cdot 1{,}03^2} + 3 \cdot \frac{300}{10\,000 \cdot 1{,}03^3}$$

$$+ 4 \cdot \frac{300}{10\,000 \cdot 1{,}03^4} + 5 \cdot \frac{10\,300}{10\,000 \cdot 1{,}03^5} = 4{,}7171 \text{ Jahre}$$

Für die Macaulay-Duration einer Kuponanleihe (eines Standardbonds) mit dem Kuponzins i_K sowie dem Marktzins i ergibt sich mit den Berechnungen im Anhang A.1 folgende Formel:

$$D = \frac{1+i}{i} - \frac{1 + i + n \cdot (i_K - i)}{i_K \cdot (1+i)^n - (i_K - i)} \tag{6.20}$$

Beispiel 6.25

Für eine Kuponanleihe mit dem Kuponzins $i_K = 3\,\%$ sowie dem Marktzins $i = 1{,}2\,\%$ ergibt sich nach Formel 6.20 bei einer Laufzeit von fünf Jahren die folgende Duration:

$$D = \frac{1{,}012}{0{,}012} - \frac{1{,}012 + 5 \cdot (0{,}03 - 0{,}012)}{0{,}03 \cdot 1{,}012^5 - (0{,}03 - 0{,}012)} = 4{,}7305 \text{ Jahre}$$

Steigt der Marktzins, so verringern sich die Barwerte der Zahlungen des Emittenten, so sinkt die Duration.

Beispiel 6.26

Für eine Kuponanleihe mit dem Kuponzins $i_K = 3\,\%$ sowie dem Marktzins $i = 2\,\%$ ergibt sich nach Formel 6.20 bei einer Laufzeit von fünf Jahren die folgende Duration:

$$D = \frac{1{,}02}{0{,}02} - \frac{1{,}02 + 5 \cdot (0{,}03 - 0{,}02)}{0{,}03 \cdot 1{,}02^5 - (0{,}03 - 0{,}02)} = 4{,}7246 \text{ Jahre}$$

Falls der Kuponzins i_K und die Rendite i der Kuponanleihe identisch sind, so ergibt sich aus 6.20 folgende Formel für die Duration nach Macaulay:

$$D = \frac{1+i}{i} \cdot \left(1 - \frac{1}{(1+i)^n}\right) \text{ falls } i_K = i \tag{6.21}$$

Beispiel 6.27

Für eine Kuponanleihe mit dem Kuponzins $i_K = 3\%$ sowie dem Marktzins i von ebenfalls 3% p.a. ergibt sich nach Formel 6.21 bei einer Laufzeit von fünf Jahren die folgende Duration:

$$D = \frac{1{,}03}{0{,}03} \cdot \left(1 - \frac{1}{1{,}03^5}\right) = 4{,}7171$$

d.h. die Duration beträgt etwa 4,7171 Jahre

6.5   Zusammenfassung

Häufig lässt sich der Effektivzins nur näherungsweise bestimmen. Zusammengefasst haben wir mit a_n^* aus 6.3 und a_n aus 6.7 für eine zu 95 % ausgezahlte Darlehnssumme mit einem Darlehnszinssatz i und einer Rückzahllaufzeit von n Jahren die folgenden Bestimmungsgleichungen für den Effektivzinssatz $i^* = q^* - 1$:

Einmalige Zahlung zu 100 %	$i^* = \sqrt[n]{\dfrac{1}{0{,}95}} - 1$
Einmalige Tilgung zu 100 %	$0{,}95 = i \cdot a_n^* + \dfrac{1}{q^{*n}}$
Raten-tilgung	$0{,}95 \cdot K_0 = \dfrac{A_1}{q^*} + \dfrac{A_2}{q^{*2}} + \dfrac{A_3}{q^{*3}} + \ldots + \dfrac{A_n}{q^{*n}}$
Annui-täten-tilgung	$0{,}95 = \dfrac{a_n^*}{a_n}$

Für m unterjährliche Raten pro Jahr über n Jahre als Rückzahlung eines Darlehns in Höhe von K_0 GE lässt sich der konforme Effektivzins $i^* = q^* - 1$ näherungsweise aus den folgenden Bestimmungsgleichungen bestimmen:

m nachschüssige Zahlungen pro Jahr	$K_0 = \text{Rate} \cdot \dfrac{(q^*)^{\frac{n \cdot m}{m}} - 1}{(q^*)^{\frac{1}{m}} - 1} \cdot \dfrac{1}{(q^*)^{\frac{n \cdot m}{m}}}$
m vorschüssige Zahlungen pro Jahr	$K_0 = \text{Rate} \cdot (q^*)^{\frac{1}{m}} \cdot \dfrac{(q^*)^{\frac{n \cdot m}{m}} - 1}{(q^*)^{\frac{1}{m}} - 1} \cdot \dfrac{1}{(q^*)^{\frac{n \cdot m}{m}}}$

Für eine Kuponanleihe mit dem Kuponzins i_K zum Kurs C_0 sowie einer Laufzeit von n Jahren haben wir die folgenden Bestimmungsgleichungen für den Effektivzins i^*:

Ausgabe pari	$i^* = i_K$
Ausgabe nicht pari	$\dfrac{C_0}{100} = \dfrac{i_K}{i^*} + \left(1 - \dfrac{i_K}{i^*}\right) \cdot \dfrac{1}{(1 + i^*)^n}$

Für eine Nullkuponanleihe zum Kurs C_0 sowie einer Laufzeit von n Jahren haben wir die folgende Bestimmungsgleichung für den Effektivzins i^*:

$$i^* = \sqrt[n]{\frac{100}{C_0}} - 1$$

7   Investitionsrechnung

Hauptaufgabe der Investitionsrechnung ist die Beurteilung, ob sich eine zukünftige Investition lohnt, oder ob das Geld nicht besser auf ein Sparkonto gelegt werden sollte.

Die Anwendung der Zinsrechnung auf Investitions- und Finanzierungsprobleme wird als Investitionsrechnung bezeichnet. Um beurteilen zu können, ob sich eine Investition lohnt, werden zukünftige Einnahmen und zukünftige Ausgaben pro Periode geschätzt. Die Differenz aus Einnahmen und Ausgaben einer Periode wird als **Periodenüberschuss**

$$\text{Periodenüberschuss} = \text{Einnahmen minus Ausgaben} \qquad (7.1)$$

bezeichnet.

Bei der Kapitalwertmethode wird geprüft, ob diese Differenz positiv ist; bei der Methode des internen Zinses wird geprüft, für welchen Zins diese Differenz null beträgt. Bei der Annuitätenmethode wird die Mindesthöhe eines zukünftigen Periodenüberschusses einer lohnenden Investition berechnet.

7.1   Kapitalwertmethode

Wir haben schon gelernt, dass nur dann Beträge addiert und subtrahiert werden dürfen, wenn wir mit allen Beträgen auf demselben Zeitpunkt stehen. Die Kapitalwertmethode schreibt vor, dass dieser Tag der Wertstellung der Tag der geplanten Anschaffung ist.

Zum Abzinsen der Periodenüberschüsse auf der Tag der Anschaffung wird ein Zins unterstellt; er heißt **Kalkulationszins** und entspricht der Zins-Vorstellung der Investoren am Kapitalmarkt. Die Summe der abgezinsten Periodenüberschüsse minus den Anschaffungskosten wird als **Kapitalwert** K_0 bezeichnet. Die zum Abzinsen zu Grunde gelegte Verzinsung ist die nachschüssige Verzinsung.

Beispiel 7.1

Eine Taxi-Unternehmerin möchte einen zusätzlichen Pkw anschaffen. Die Anschaffungskosten des Pkw betragen 35 000 GE, die Nutzungsdauer beträgt drei Jahre. Ihre Ausgaben und Einnahmen während der drei Jahre schätzt sie wie folgt ein:

Jahr	geschätzte jährliche Ausgaben am Ende des Jahres	geschätzte jährliche Einnahmen am Ende des Jahres
1	40 500	54 500
2	41 500	54 500
3	50 700	61 700

Frage: Lohnt sich diese Investition? Oder sollte sie lieber das Geld zu 6 % p.a. auf ein Sparkonto legen?

Zunächst bilden wir Periodenüberschüsse pro Periode/Jahr. Sind in einer Periode die Einnahmen größer als die Ausgaben, so sind die Periodenüberschüsse positiv. Sind in einer Periode die Einnahmen kleiner als die Ausgaben, so sind die Periodenüberschüsse negativ:

Jahr	geschätzte jährliche Ausgaben am Ende des Jahres	Einnahmen am Ende des Jahres	Perioden-überschuss am Ende des Jahres
1	40 500	54 500	+ 14 000
2	41 500	54 500	+ 13 000
3	50 700	61 700	+ 11 000

Berücksichtigen wir noch die Anschaffungskosten in Höhe von 35 000 GE zu Beginn des ersten Jahres, so liegen folgende Zahlungsströme vor:

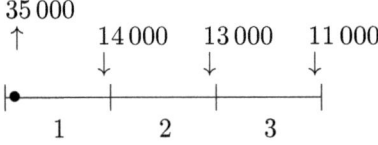

Wir berechnen den Kapitalwert K_0 als Summe der abgezinsten Periodenüberschüsse minus Anschaffungskosten:

$$K_0 = \frac{14\,000}{1{,}06} + \frac{13\,000}{1{,}06^2} + \frac{11\,000}{1{,}06^3} - 35\,000 = 34\,013{,}31 - 35\,000 = -986{,}69$$

d.h. die Investition würde sich nicht lohnen.

Bezeichnen C_k die Periodenüberschüsse am Ende des k-ten Jahres und C_0 die Anschaffungskosten sowie i den Kalkulationszins, so schreiben wir für den Kapitalwert auch:

Definition 7.2

Kapitalwert

$$K_0 = \frac{C_1}{1+i} + \frac{C_2}{(1+i)^2} + \frac{C_3}{(1+i)^3} + \ldots + \frac{C_n}{(1+i)^n} - C_0$$

Ist der Kapitalwert K_0 aus Definition 7.2 negativ, so lohnt sich die Investition nicht. Ist der Kapitalwert K_0 aus Definition 7.2 null, so sollten nicht-monetäre Kriterien wie Erhalt von Arbeitsplätzen, Modernisierung, Umsatzsteigerung etc. herangezogen werden, um zu entscheiden, ob investiert werden soll oder nicht. Ist der Kapitalwert K_0 aus Definition 7.2 positiv, so lohnt sich rein rechnerisch die Investition, ausschlaggebend für oder gegen eine Investition ist jedoch der Betrag von K_0.

Wir hatten schon erwähnt, dass die Periodenüberschüsse negativ sind, sobald in einer Periode die geschätzten Ausgaben größer sind als die geschätzten Einnahmen. Dazu betrachten wir das folgende Beispiel.

Beispiel 7.3

Angenommen bei unveränderten Anschaffungskosten von 35 000 GE ändern sich die Periodenüberschüsse aus Beispiel 7.1 wie folgt:

Jahr	geschätzte jährliche Ausgaben am Ende des Jahres	geschätzte jährliche Einnahmen am Ende des Jahres	Perioden- überschuss am Ende des Jahres
1	40 500	54 500	+14 000
2	41 500	40 500	−1 000
3	50 700	63 700	+13 000

Ferner könnte die Taxi-Unternehmerin am Ende des dritten Jahres den Pkw noch für 15 000 GE verkaufen.

35 000
↑   14 000   −1 000   13 000 + 15 000
       ↓   ↓   ↓

●————————|————————|————————|
      1   2   3

Dann wäre gemäß der Definition 7.2 der Kapitalwert:

$$K_0 = \frac{14\,000}{1{,}06} - \frac{1\,000}{1{,}06^2} + \frac{28\,000}{1{,}06^3} - 35\,000 = 35\,826{,}89 - 35\,000 = 826{,}89$$

d.h. die Investition würde sich lohnen.

Der Barwert 35 826,89 aller Periodenüberschüsse lässt sich auch mit der Barwert-Formel NBW(0,06; 14 000; −1 000; 28 000) im Tabellenkalkulator Excel wie folgt berechnen:

Zins = 0,06 Zinssatz pro anno

Wert1 = 14 000 Periodenüberschuss Ende des 1. Jahres

Wert2 = −1 000 Periodenüberschuss Ende des 2. Jahres

Wert3 = 28 000 Periodenüberschuss Ende des 3. Jahres

Im nachfolgenden Beispiel 7.4 soll zwischen zwei Projekten entschieden werden, welches der beiden Projekte vorteilhafter ist. Gemäß der Kapitalwertmethode gilt dasjenige Projekt, welches den höheren positiven Kapitalwert aufweist, als vorteilhafter.

Beispiel 7.4

Eine Unternehmerin hat die Möglichkeit, 400 000 GE in eines von zwei Projekten zu investieren. Der Saldo/Periodenüberschuss aus Einnahmen und Ausgaben ist aus folgender Tabelle ersichtlich:

Jahr	Saldo A	Saldo B
1	100 000	220 000
2	100 000	240 000
3	200 000	50 000

Am Ende des dritten Jahres könnten Projekt A für 300 000 GE und Projekt B für 100 000 GE verkauft werden.

Vergleichen wir die beiden Projekte anhand der Kapitalwertmethode mit einem Kalkulationszins von 10 % p.a., so ergeben sich der Kapitalwert von Projekt A:

$$\frac{100\,000}{1,1} + \frac{100\,000}{1,1^2} + \frac{200\,000 + 300\,000}{1,1^3} - 400\,000 = 149\,211,12$$

und der Kapitalwert von Projekt B:

$$\frac{220\,000}{1,1} + \frac{240\,000}{1,1^2} + \frac{50\,000 + 100\,000}{1,1^3} - 400\,000 = 111\,044,33$$

d.h. beurteilen wir die Projekte anhand der Kapitalwertmethode, so ist das Projekt A vorteilhafter als das Projekt B.

Wir werden das Beispiel 7.4 noch einmal bei der Berechnung des internen Zinses aufgreifen. Vorher lernen wir jedoch einen Spezialfall der Kapitalwertmethode kennen, wenn nämlich sämtliche Periodenüberschüsse gleich hoch sind.

7.2   Annuitätenmethode

Häufig lässt sich bei der Kapitalwertmethode die Höhe der zukünftigen Periodenüberschüsse nicht genau beziffern. Um dennoch eine Vergleichsgröße zu haben, wird unterstellt, dass die Periodenüberschüsse jedes Jahr gleich hoch sind. Für diesen Spezialfall, dass die Periodenüberschüsse jedes Jahr gleich hoch sind, wird die Kapitalwertmethode auch als **Annuitätenmethode** bezeichnet. In diesem Sonderfall lässt sich die Mindest-Annuität berechnen, für die der Kapitalwert nicht negativ ist.

Beispiel 7.5

In einem Büro soll ein Kopiergerät für 20 000 Euro angeschafft werden. Die Nutzungsdauer beträgt sieben Jahre. Da Kopierer jedoch gegen Ende der Nutzungsdauer reparaturanfälliger sind, möchte die Firma das Gerät nach fünf Jahren verkaufen zu einem Preis von 3 000 Euro. Welche gleich hohen Periodenüberschüsse muss das Unternehmen bei einem Kalkulationszins von 2 % p.a. mindestens pro Jahr erhalten, damit sich die Investition lohnt?

Gesucht ist die Annuität A mit:

$$0 = K_0 = \frac{A}{1{,}02} + \frac{A}{1{,}02^2} + \frac{A}{1{,}02^3} + \frac{A}{1{,}02^4} + \frac{A + 3\,000}{1{,}02^5} - 20\,000$$

Mit der Barwertformel 4.7 erhalten wir:

$$0 = K_0 = A \cdot \frac{1{,}02^5 - 1}{0{,}02} \cdot \frac{1}{1{,}02^5} - \left(20\,000 - \frac{3\,000}{1{,}02^5}\right)$$

Daraus ergibt sich die Annuität A wie folgt:

$$A = \left(20\,000 - \frac{3\,000}{1{,}02^5}\right) \cdot 1{,}02^5 \cdot \frac{0{,}02}{1{,}02^5 - 1} = 3\,666{,}69$$

d.h. fünf Jahre lang müssten die Periodenüberschüsse am Ende des Jahres jeweils mindestens 3 666,70 Euro betragen, damit sich die Investition lohnt.

7.3   Interner Zins

Eine weitere Methode, die finanziellen Vorteile einer Investition zu beurteilen, ist der Vergleich der Kapitalwerte bei unterschiedlichen Zinsfüßen.

Definition 7.6

Der Zinssatz, bei dem der Kapitalwert null ist, heißt **interner Zinssatz**.

Beispiel 7.7

Für ein Projekt mit den Anschaffungskosten in Höhe von 20 000 GE ist nach einem
Jahr mit einem Periodenüberschuss von 12 000 GE und nach einem weiteren Jahr
mit einem Periodenüberschuss von 11 000 GE zu rechnen.
Wie hoch ist der interne Zins?

$$0 = \frac{12\,000}{q} + \frac{11\,000}{q^2} - 20\,000$$

Multiplikation mit q^2 ergibt:

$$0 = 12\,000q + 11\,000 - 20\,000q^2$$

Division durch $-20\,000$ ergibt:

$$0 = q^2 - 0{,}6q - 0{,}55$$

Mit der pq-Formel ergibt sich:

$$q = 0{,}3 \pm \sqrt{0{,}09 + 0{,}55} = 0{,}03 \pm \sqrt{0{,}64} = 0{,}3 \pm 0{,}8$$

d.h. $q = 1{,}1$ oder $q = -0{,}5 \notin$ Definitionsbereich. Also beträgt der interne Zinssatz
10 %.

Angenommen der Kalkulationszins beträgt 8 % p.a. Dann ist der interne Zins größer
als der Kalkulationszins, somit lohnt sich das Projekt:

$$\text{Kapitalwert} = \frac{12\,000}{1{,}08} + \frac{11\,000}{1{,}08^2} - 20\,000 = 541{,}84 > 0$$

Angenommen der Kalkulationszins beträgt 11 % p.a. Dann ist der interne Zins nicht
größer als der Kalkulationszins, somit lohnt sich das Projekt nicht:

$$\text{Kapitalwert} = \frac{12\,000}{1{,}11} + \frac{11\,000}{1{,}11^2} - 20\,000 = -261{,}34 < 0$$

Als Fazit aus Beispiel 7.7 fassen wir zusammen: Ist der interne Zins größer als der
Kalkulationszins, so lohnt sich das Projekt.

Um die Vorteilhaftigkeit zweier Investitionsalternativen anhand des internen Zinses zu
beurteilen, greifen wir das Beispiel 7.4 noch einmal auf:

Beispiel 7.8

Eine Unternehmerin hat die Möglichkeit, 400 000 GE in eines von zwei Projekten
zu investieren. Der Saldo aus Einnahmen und Ausgaben ist aus folgender Tabelle
ersichtlich:

Jahr	Saldo A	Saldo B
1	100 000	220 000
2	100 000	240 000
3	200 000	50 000

Am Ende des dritten Jahres könnten Projekt A für 300 000 GE und Projekt B für 100 000 GE verkauft werden.

Wir wollen die beiden Projekte anhand der internen Zinssätze vergleichen.

Verzinsung	Kapitalwert	
p %	Projekt A	Projekt B
10	149 211,12	111 044,33
20	42 129,63	36 805,56
25	0	6 400
26	−7 693,75	760,66
26,1368		≈ 0
27		−4 742,86

Der interne Zins von Projekt A beträgt 25 % und von Projekt B etwa 26,1367 %. Unterstellen wir den Kalkulationszins von 10 % aus Beispiel 7.4, so lohnen sich beide Investitionen, da der interne Zins jeweils größer ist als der Kalkulationszins. Denn dann muss der Kapitalwert positiv sein (vgl. Fazit aus Beispiel 7.7).

Projekt B gilt als vorteilhafter, weil der interne Zins größer ist als der von Projekt A: Je höher der interne Zins, eine desto höhere Rendite verspricht man sich. D.h. anhand der Kennziffer interner Zins kommen wir zu einer gegenteiligen Beurteilung der beiden Alternativen als mit der Kapitalwertmethode aus Beispiel 7.4.

Mit der Formel IKV({−400 000; 100 000; 100 000; 500 000}) im Tabellenkalkulator Excel kann der interne Zins von 26,13678 % des Projekts A wie folgt berechnet werden:

$$\text{Werte} = \{-400\,000; 100\,000; 100\,000; 500\,000\}$$
$$\text{Schätzwert}$$

Vergleichen wir die Resultate aus den beiden Beispielen 7.4 und 7.7, so kann es passieren, dass die Kapitalwertmethode und der interne Zins zu unterschiedlichen Bevorzugungen zweier Projekt-Alternativen führen. Diese Tatsache ist in der Investitionsrechnung schon seit Jahren bekannt und hat zu der Erkenntnis geführt, dass der interne Zins ein ungeeignetes Beurteilungskriterium ist, falls zwei Investitionsalternativen vorliegen.

Soll hingegen nur für ein Projekt anhand des internen Zinses beurteilt werden, ob es sich lohnt, so lohnt sich die Investition, falls der interne Zins größer ist als der Kalkulationszins. (Dann ist nämlich der Kapitalwert positiv).

7.4   Amortisation

Um einen Anhaltspunkt zu haben, nach welcher Zeit sich eine Investition lohnt, wird die sogenannte **Amortisationsdauer** $k + \gamma$ berechnet. Dabei bezeichnet $k \in \mathbb{N}$ die Anzahl der Perioden, bevor der Kapitalwert erstmals positiv ist, wenn lediglich die ersten $k + 1$ Periodenüberschüsse berücksichtigt werden:

$$\frac{C_1}{q} + \frac{C_2}{q^2} + \ldots + \frac{C_k}{q^k} - C_0 \leq 0 \text{ und } \frac{C_1}{q} + \frac{C_2}{q^2} + \ldots + \frac{C_k}{q^k} + \frac{C_{k+1}}{q^{k+1}} - C_0 > 0 \quad (7.2)$$

Und $\gamma \in [0; 1)$ gibt den Anteil des $(k + 1)$-ten Periodenüberschusses an, der benötigt wird, damit der zugehörige Kapitalwert genau null beträgt:

$$\frac{C_1}{q} + \frac{C_2}{q^2} + \ldots + \frac{C_k}{q^k} + \gamma \cdot \frac{C_{k+1}}{q^{k+1}} - C_0 = 0 \quad (7.3)$$

Beispiel 7.9

Für die Anschaffungskosten GE $C_0 = 20\,000$ mit den vier Periodenüberschüssen GE $C_1 = 10\,000$, GE $C_2 = 5\,000$, GE $C_3 = 8\,000$, GE $C_4 = 1\,000$ soll bei einem Kalkulationszins von 6 % p.a. die Amortisationsdauer berechnet werden.

Gemäß Gleichung 7.2 ist $k = 2$, denn:

$$\frac{10\,000}{1{,}06} + \frac{5\,000}{1{,}06^2} - 20\,000 = -6\,116{,}06 < 0 \text{ und}$$

$$\frac{10\,000}{1{,}06} + \frac{5\,000}{1{,}06^2} + \frac{8\,000}{1{,}06^3} - 20\,000 = 600{,}90 > 0$$

Gemäß Gleichung 7.3 beträgt $\gamma = 0{,}91054$, denn:

$$\frac{10\,000}{1{,}06} + \frac{5\,000}{1{,}06^2} + \gamma \cdot \frac{8\,000}{1{,}06^3} - 20\,000 = 0 \Leftrightarrow \gamma = 0{,}91054$$

d.h. die Amortisationsdauer beträgt etwa 2,91 Jahre; d.h. nach knapp drei Jahren hat sich die anfängliche finanzielle Aufwendung durch die entstandenen Erträge gedeckt.

Wurde für die Vorteilhaftigkeit dieses Investitionsprojektes eine maximale zeitliche Grenze von z.B. zwei Jahren für die Amortisation angesetzt, so überschreitet die berechnete Amortisationsdauer diese vorgegebene zeitliche Grenze. Somit lohnt sich die Investition nicht.

Soll zwischen zwei Projekten entschieden werden, welches Projekt vorteilhafter ist, so gilt gemäß der Amortisation das Projekt mit der kürzeren Amortisationsdauer als vorteilhafter.

7.5 Zusammenfassung

Die Schwierigkeit der Investitionsrechnung besteht darin, Werte für die geschätzten Periodenüberschüsse anzugeben.

Die Methoden „Kapitalwertmethode", „interner Zins" sowie „Amortisation" der Investitionsrechnung beurteilen ein bzw. zwei Projekte wie folgt:

Methode	Projekt lohnt sich	Projekt A vorteilhafter als Projekt B
Kapitalwertmethode	Kapitalwert > 0	Kapitalwert von A $>$ Kapitalwert von B
interner Zins	interner Zins $>$ Kalkulationszins	interner Zins von A $>$ interner Zins von B
Amortisation	Amortisationsdauer $<$ vorgegebene Zeitgrenze	Amortisationsdauer von A $<$ Amortisationsdauer von B

8   Abschreibungsverfahren

Hauptaufgabe von Abschreibungen ist die Verteilung von Anschaffungskosten über die mehrere Jahre dauernde Nutzungsdauer des angeschafften Gutes.

Abschreibungen sind Ausdruck für die Wertminderung der Vermögensteile (z.B. Gebäude, Maschinen, Fahrzeuge) eines Unternehmens. Durch eine Abschreibung werden die Anschaffungskosten auf die Nutzungsdauer verteilt.

In der Praxis wird unterschieden zwischen kalkulatorischer Abschreibung, bilanzieller Abschreibung und steuerlicher Abschreibung:

- So sollen die Abschreibungsbeträge am Ende der Nutzungsdauer die Ersatzbeschaffung ermöglichen
  kalkulatorische Abschreibung

- So verringern die Abschreibungen den Erfolg eines Unternehmens (vgl. auch Handelsgesetzbuch HGB §253)
  bilanzielle Abschreibung

- So vermindern die Abschreibungen die Steuerbemessungsgrundlage, d.h. die Körperschaftsteuer auf den Gewinn (2015: 15 %) fällt geringer aus (vgl. auch Einkommensteuergesetz EStG §6 und §7)
  steuerliche Abschreibung

Die Nutzungsdauer n (in Jahren) ist in den sogenannten AfA-Tabellen (Absetzung für Abnutzung) festgelegt (siehe: *www.urbs.de/afa/home.htm*).

Für einen Pkw beträgt die technische Nutzungsdauer etwa zehn bis zwölf Jahre, die wirtschaftliche Nutzungsdauer liegt bei ungefähr acht Jahren, während die für die Abschreibung zulässige Nutzungsdauer laut AfA-Tabelle bei $n = 6$ Jahren liegt.

Für Abschreibungsverfahren benötigen wir die folgende Notation:

	Definition 8.1
n	Nutzungsdauer (in Jahren)
B_0	Anschaffungswert
B_k	Buchwert am Ende des k-ten Jahres
a	Abschreibungssatz

Eine Ausnahme von der Absetzung für Abnutzung bilden geringwertige Wirtschaftsgüter.

Grundaufgabe der Abschreibungsverfahren ist es, die jährlichen Abschreibungsbeträge und jeweils verbleibenden Restbeträge (Buchwert) B_k auszurechnen. Es gibt unterschiedliche Abschreibungsverfahren. Kalenderzeitabhängige Verfahren sind: **lineare Abschreibung**, arithmetisch-degressive Abschreibung, digitale Abschreibung, **geometrisch-degressive Abschreibung**, arithmetisch-progressive Abschreibung, geometrisch-progressive Abschreibung. Ferner gibt es nutzungsabhängige Verfahren. Abgeschrieben wird gemäß einem Abschreibungssatz a.

Für die steuerliche Abschreibung waren bisher in Deutschland nur die lineare Abschreibung, die geometrisch-degressive Abschreibung und der Übergang von der geometrisch-degressiven Abschreibung zur linearen Abschreibung zugelassen.

8.1   Lineare Abschreibung

Bei der linearen Abschreibung beträgt für jedes Jahr der Abschreibungssatz $a = \dfrac{1}{n}$ von den Anschaffungs-/Herstellungskosten B_0, so dass sich als jährlicher Abschreibungsbetrag $\dfrac{B_0}{n}$ ergibt. Der Abschreibungsbetrag der linearen Abschreibung ist somit jedes Jahr gleich hoch oder − anders ausgedrückt − konstant. Deshalb wird die lineare Abschreibung auch als konstante Abschreibung bezeichnet. Bei der linearen Abschreibung ergibt sich folgender Abschreibungsplan:

Definition 8.2

Linearer Abschreibungsplan

Jahr k	Abschreibungsbetrag am Ende des k-ten Jahres	Buchwert B_k am Ende des k-ten Jahres
1	$\dfrac{B_0}{n}$	$B_1 = B_0 - \dfrac{B_0}{n}$
2	$\dfrac{B_0}{n}$	$B_2 = B_1 - \dfrac{B_0}{n} = B_0 - 2 \cdot \dfrac{B_0}{n}$
3	$\dfrac{B_0}{n}$	$B_3 = B_2 - \dfrac{B_0}{n} = B_0 - 3 \cdot \dfrac{B_0}{n}$
$\vdots$		
n	$\dfrac{B_0}{n}$	$B_n = 0$

Gemäß der Definition 8.2 beträgt bei einer linearen Abschreibung der Restbuchwert am Ende des k-ten Jahres:

$$B_k = B_0 - k \cdot \frac{B_0}{n} \tag{8.1}$$

Beispiel 8.3

Der Anschaffungspreis eines Teppichbodens, dessen Nutzungsdauer laut AfA-Tabelle auf $n = 8$ Jahre eingestuft wird, beträgt $B_0 = 10\,000$ GE. Wie groß ist der jährliche Abschreibungsbetrag?

Bei linearer Abschreibung beträgt der jährliche Abschreibungsbetrag:

$$\frac{B_0}{n} = \frac{10\,000}{8} = 1\,250 \text{ (konstant)}$$

Gemäß der Definition 8.2 sieht der lineare Abschreibungsplan wie folgt aus:

Jahr k	Abschreibungsbetrag am Ende des des k-ten Jahres	Buchwert B_k am am Ende des des k-ten Jahres
1	1250	8750
2	1250	7500
3	1250	6250
4	1250	5000
5	1250	3750
6	1250	2500
7	1250	1250
8	1250	0

Als Buchwert ergibt sich gemäß 8.1:

$$B_k = B_0 - k \cdot \frac{B_0}{n} = 10\,000 - k \cdot 1\,250$$

Der jährliche lineare Abschreibungsbetrag von $1\,250$ lässt sich auch mit der Formel LIA(10000; 0; 8) im Tabellenkalkulator Excel wie folgt berechnen:

Ansch_wert $= 10\,000$ Anschaffungskosten

Restwert $= 0$ Restbuchwert am Ende der Nutzungsdauer

Nutzungsdauer $= 8$ Jahre

Bei der linearen Abschreibung sind die Abschreibungsbeträge jedes Jahr gleich groß. Sollen als Entlastung für die vorgenommene Investition die Abschreibungsbeträge in den ersten Jahren möglichst hoch sein und erst nach und nach kleiner werden, so ist geometrisch-degressiv abzuschreiben.

8.2   Geometrisch-degressive Abschreibung

Bei der linearen Abschreibung in Kapitel 8.1 bezog sich der Abschreibungssatz $a = \frac{1}{n}$ für die Abschreibungsbeträge jedes Jahr auf die ursprünglichen Anschaffungskosten B_0. Hingegen bezieht sich bei der geometrisch-degressiven Abschreibung der Abschreibungssatz a auf den Vorjahresbuchwert; d.h. jedes Jahr wird zu einem bestimmten Prozentanteil des Vorjahresbuchwertes abgeschrieben, insb. geschieht diese Abschreibung in fallenden Jahresbeträgen. Die Höhe des Abschreibungssatzes a ist nicht frei wählbar, sondern gesetzlich im EStG §7 Absatz 2 festgelegt:

- Für Güter, die vor dem 01.01.2001 angeschafft wurden, beträgt der Abschreibungssatz 30 %, falls die Nutzungsdauer höchstens zehn Jahre beträgt. Liegt die Nutzungsdauer n über zehn Jahren, so beträgt der Abschreibungssatz $\dfrac{300\ \%}{n}$.

- Für Güter, die zwischen 01.01.2001 bis 31.12.2005 angeschafft wurden, darf der Abschreibungssatz das 2-Fache des linearen Abschreibungssatzes, jedoch höchstens 20 % betragen, falls die Nutzungsdauer zehn Jahre nicht überschreitet.

- Für Güter, die zwischen 01.01.2006 bis 31.12.2007 angeschafft wurden, darf der Abschreibungssatz das 3-Fache des linearen Abschreibungssatzes, jedoch höchstens 30 % betragen.

- Im Zeitraum 01.01.2008 bis 31.12.2008 entfällt der Absatz 2 des EStG §7 ersatzlos; d.h. es darf nicht mehr geometrisch-degressiv abgeschrieben werden.

- Für neu angeschaffte bewegliche Wirtschaftsgüter, die zwischen 01.01.2009 bis 31.12.2010 angeschafft wurden, darf der Abschreibungssatz das 2,5-Fache des linearen Abschreibungssatzes, jedoch höchstens 25 % betragen. (Konjunktur-Paket, das aufgrund der Finanzkrise 2008 geschürt wurde)

- Für Güter, die ab dem 01.01.2011 angeschafft wurden, entfällt der Absatz 2 des EStG §7 ersatzlos; d.h. es darf nicht mehr geometrisch-degressiv abgeschrieben werden.

Die Bemessungsgrundlage für den jährlichen Abschreibungsbetrag im Jahr k der geometrisch-degressiven Abschreibung ist der Vorjahresbuchwert B_{k-1}, so dass der jährliche Abschreibungsbetrag

$$a \cdot B_{k-1} \tag{8.2}$$

beträgt.

Bei der geometrisch-degressiven Abschreibung ergibt sich folgender Abschreibungsplan:

Definition 8.4

Geometrisch-degressive Abschreibung

Jahr k	Buchwert zu Beginn des k-ten Jahres	Abschreibungs- betrag am Ende des k-ten Jahres	Buchwert B_k am Ende des k-ten Jahres
1	B_0	$B_0 \cdot a$	$B_1 = B_0 - B_0 \cdot a$ $= B_0(1-a)$
2	B_1	$B_1 \cdot a =$ $B_0(1-a) \cdot a$	$B_2 = B_1 - B_1 \cdot a$ $= B_0(1-a)^2$
3	B_2	$B_2 \cdot a =$ $B_0(1-a)^2 \cdot a$	$B_3 = B_2 - B_2 \cdot a$ $= B_0(1-a)^3$
$\vdots$			
n	B_{n-1}	$B_{n-1} \cdot a =$ $B_0(1-a)^{n-1} \cdot a$	$B_n = B_0(1-a)^n$

Gemäß der Definition 8.4 beträgt der Restbuchwert am Ende des k-ten Jahres:

$$B_k = B_0(1-a)^k \qquad (8.3)$$

Und gemäß der Definition 8.4 beträgt der Abschreibungsbetrag am Ende des k-ten Jahres:

$$\underbrace{B_0(1-a)^{k-1} \cdot a}_{\text{degressiv}} \qquad (8.4)$$

Die Abschreibungsbeträge bilden eine fallende geometrische Folge:

$$\frac{\text{Abschreibungsbetrag des } (k+1)\text{-ten Jahres}}{\text{Abschreibungsbetrag des } k\text{-ten Jahres}} = \frac{B_0(1-a)^k \cdot a}{B_0(1-a)^{k-1} \cdot a} \qquad (8.5)$$

$$= (1-a)^{k-(k-1)} = 1 - a \quad \text{(konstant)} \qquad (8.6)$$

Aufgrund der fallenden (degressiven) geometrischen Folge der jährlichen Abschreibungsbeträge wird dieses Abschreibungsverfahren als geometrisch-degressive Abschreibung bezeichnet.

Beispiel 8.5

Der Anschaffungspreis des Teppichbodens, dessen Nutzungsdauer laut AfA-Tabelle mit $n = 8$ Jahre eingestuft wird, beträgt $B_0 = 10\,000$ GE. Wie groß ist der jährliche Abschreibungsbetrag?

Wurde der Teppichboden zwischen 01.01.2009 und 31.12.2010 angeschafft, so beträgt $a = 0{,}25$, da der 2,5-Fache lineare Abschreibungssatz $2{,}5 \cdot \frac{1}{n} = 2{,}5 \cdot \frac{1}{8} = 31{,}25$ % beträgt, und es ergibt sich folgender geometrisch-degressiver Abschreibungsplan:

Jahr k	Buchwert zu Beginn des k-ten Jahres	Abschreibungs- betrag am Ende des k-ten Jahres	Buchwert B_k am Ende des k-ten Jahres
1	10 000	2 500	7 500
2	7 500	1 875	5 625
3	5 625	1 406,25	4 218,75
4	4 218,75	1 054,69	3 164,06
5	3 164,06	791,02	2 373,05
6	2 373,05	593,26	1 779,79
7	1 779,79	444,95	1 334,84
8	1 334,84	333,71	1 001,13

Die Abschreibungsbeträge bilden eine fallende (degressive) geometrische Folge, da der Quotient zweier aufeinanderfolgender Abschreibungsbeträge, z.B. $\frac{1\,054,69}{1\,406,25} = 0{,}75$ $= 1 - 0{,}25 = 1 - a$, gemäß 8.6 immer konstant ist.

Für den Abschreibungssatz $a = 0{,}25$ lässt sich z.B. der fünfte geometrisch-degressive Abschreibungsbetrag von 791,02 auch mit der Formel GDA(10000; ; 8; 5; 2) im Tabellenkalkulator Excel wie folgt berechnen:

$$\text{Ansch\_wert} = 10\,000 \text{ Anschaffungskosten}$$

$$\text{Restwert}$$

$$\text{Nutzungsdauer} = 8 \text{ Jahre}$$

$$\text{Periode} = 5 \text{ (aktuelles Jahr)}$$

$$\text{Faktor} = 2 = 8 \cdot 0{,}25 = n \cdot a$$

Die geometrisch-degressive Abschreibung ist der linearen Abschreibung vorzuziehen, um in den ersten Jahren nach der Anschaffung möglichst große Abschreibungsbeträge zu erhalten. Damit wird der Steuervorteil einer Abschreibung in die ersten Jahre unmittelbar nach der Anschaffung geschoben.

Jedoch hat die geometrisch-degressive Abschreibung den Nachteil, dass die Anschaffungskosten nicht vollständig abgeschrieben werden können, sondern im letzten Abschreibungsjahr ein Restbuchwert größer als Null stehen bleibt. In Beispiel 8.5 können z.B. 1 001,13 GE nicht abgeschrieben werden.

Wird jedoch während der laufenden Abschreibung von der geometrisch-degressiven Abschreibung zur linearen Abschreibung gewechselt, sobald die linearen Abschreibungsbeträge größer sind als die geometrisch-degressiven, so werden beide Ziele, hohe Abschreibungsbeträge in den ersten Jahren sowie ein Restbuchwert von Null, erreicht.

8.3 Übergang von der geometrisch-degressiven zur linearen Abschreibung

Sollen die jährlichen Abschreibungsbeträge möglichst groß gehalten werden (um den Abschreibungsvorteil jetzt zu haben und nicht erst später) und soll der Restbuchwert null betragen, so kann von der geometrisch-degressiven Abschreibung, die anfangs größere Abschreibungsbeträge hat, zur linearen Abschreibung gewechselt werden, sobald die linearen Abschreibungsbeträge größer sind als die jeweiligen geometrisch-degressiven Abschreibungsbeträge.

Als Übergangszeitpunkt x wird das Jahr gewählt, in dem erstmals die linearen Abschreibungsbeträge (gleich oder) größer sind als die geometrisch-degressiven Abschreibungsbeträge. Im x-ten Jahr beträgt der lineare Abschreibungsbetrag:

$$\frac{\text{Restbuchwert}}{n+1-x} \tag{8.7}$$

Im x-ten Jahr beträgt der geometrisch-degressive Abschreibungsbetrag:

$$B_0 \left(1-a\right)^{x-1} \cdot a \tag{8.8}$$

Im x-ten Jahr soll der lineare Abschreibungsbetrag (gleich oder) größer sein als der geometrisch-degressive Abschreibungsbetrag:

$$\frac{\text{Restbuchwert}}{n+1-x} \geq B_0 \left(1-a\right)^{x-1} \cdot a \tag{8.9}$$

$$\frac{B_0 \left(1-a\right)^{x-1}}{n+1-x} \geq B_0 \left(1-a\right)^{x-1} \cdot a \tag{8.10}$$

$$\frac{1}{n+1-x} \geq a \tag{8.11}$$

$$n+1-x \leq \frac{1}{a} \tag{8.12}$$

$$n+1-\frac{1}{a} \leq x \tag{8.13}$$

d.h. der Übergangszeitpunkt x beträgt:

$$x \geq n+1-\frac{1}{a} \tag{8.14}$$

Beispiel 8.6

Die Anschaffungskosten in Höhe von 10 000 GE sollen über die Nutzungsdauer von acht Jahren mit dem Abschreibungssatz von 30 % abgeschrieben werden.

Der Übergangzeitpunkt ist dann das sechste Jahr, also $x = 6$. Das ergibt sich auch aus 8.14 gemäß der folgenden Rechnung:

$$x \geq n + 1 - \frac{1}{a} = 8 + 1 - \frac{1}{0,3} = 5,\overline{6} \text{ d.h. } x = 6$$

Im sechsten Jahr würden die Abschreibungsbeträge wie folgt lauten:

$$\underbrace{\text{geom. degr. Ab.-betrag}}_{504.21} < \underbrace{\text{linearer Ab.-betrag}}_{560.23}$$

Als Abschreibungsplan bei Übergang im Jahr $x = 6$ erhalten wir:

Jahr	Abschreibungsbetrag		Buchwert
	geom. degr.	linear	
1	3000	–	7000
2	2100	–	4900
3	1470	–	3430
4	1029	–	2401
5	720,3	–	1680,7
6	–	1680,7/3 = 560,23	1120,47
7	–	560,23	560,24
8	–	560,23	≈ 0

Für den Abschreibungssatz $a = 0,30$ lässt sich z.B. der sechste Abschreibungsbetrag von 560,23 auch mit der Formel VDB(10000; 0; 8; 5; 6; 2,4; 0) im Tabellenkalkulator Excel wie folgt berechnen:

Ansch_wert = 10 000 Anschaffungskosten

Restwert = 0

Nutzungsdauer = 8 Jahre

Anfang = 5 (Vorjahr)

Ende = 6 (aktuelles Jahr)

Faktor = 2,4 = 8 · 0,3 = $n \cdot a$

Nicht_wechseln = 0

Mit der Formel 8.14 gilt ebenfalls: Beträgt der Abschreibungssatz 30 %, so liegt der Übergangzeitpunkt im Jahr $n - 2$; d.h. die letzten drei Jahre werden linear abgeschrieben. Und beträgt der Abschreibungssatz 25 %, so liegt der Übergangzeitpunkt im Jahr $n - 3$; d.h. die letzten vier Jahre werden linear abgeschrieben. Und beträgt der Abschreibungssatz 20 %, so liegt der Übergangzeitpunkt im Jahr $x = n + 1 - \frac{1}{0,2} = n + 1 - 5 = n - 4$; d.h. die letzten fünf Jahre werden linear abgeschrieben.

In der Formel 8.14 wird die Nummer des Übergangsjahres berechnet. Bezeichnen wir mit y die Anzahl der letzten Jahre, in denen linear abgeschrieben werden soll, so muss gelten:

$$\frac{\text{Restbuchwert}}{y} \geq B_0 \left(1 - a\right)^{n-y} \cdot a \tag{8.15}$$

$$\frac{B_0 \left(1 - a\right)^{n-y}}{y} \geq B_0 \left(1 - a\right)^{n-y} \cdot a \tag{8.16}$$

$$\frac{1}{y} \geq a \tag{8.17}$$

$$y \leq \frac{1}{a} \tag{8.18}$$

Oder in Prozent ausgedrückt:

$$y \leq \frac{100~\%}{\text{Abschreibungssatz in \%}} \tag{8.19}$$

Mit der Formel 8.19 gilt ebenfalls: Beträgt der Abschreibungssatz 20 %, so ist $y \leq \frac{100~\%}{20~\%} = 5$; d.h. in den letzten fünf Jahren wird linear abgeschrieben. Beträgt der Abschreibungssatz 25 %, so ist $y \leq \frac{100~\%}{25~\%} = 4$; d.h. in den letzten vier Jahren wird linear abgeschrieben. Beträgt der Abschreibungssatz 30 %, so ist $y \leq \frac{100~\%}{30~\%} = 3{,}3$; d.h. in den letzten drei Jahren wird linear abgeschrieben.

Beispiel 8.7

Die Anschaffungskosten in Höhe von 10 000 GE sollen über die Nutzungsdauer von acht Jahren zu einem Abschreibungssatz von 25 % abgeschrieben werden.

Aus 8.19 ergibt sich:

$$y \leq \frac{100~\%}{25~\%} = 4$$

d.h. in den letzten vier Jahren wird linear abgeschrieben. Die Abschreibungsbeträge im fünften Jahr würden lauten:

$$\underbrace{\text{geom. degr. Ab.-betrag}}_{791{,}02} \leq \underbrace{\text{linearer Ab.-betrag}}_{791{,}02}$$

Der Abschreibungsplan sieht wie folgt aus:

| Jahr | Abschreibungsbetrag | | Buchwert |
	geom. degr.	linear	
1	2 500	–	7 500
2	1 875	–	5 625
3	1 406,25	–	4 218,75
4	1 054,69	–	3 164,06
5	–	791,02	2 373,04
6	–	791,02	1 582,02
7	–	791,02	791,00
8	–	791,02	≈ 0

Um zu beurteilen, welche Körperschaftsteuer-Ersparnis sich bei den verschiedenen Abschreibungsplänen ergibt, berechnen wir die Barwerte der Abschreibungsbeträge. Derjenige Abschreibungsplan mit dem größeren Barwert aller Abschreibungsbeträge hat die größere Steuerersparnis.

Beispiel 8.8

Die Anschaffungskosten in Höhe von 10 000 GE sollen über eine Nutzungsdauer von acht Jahren abgeschrieben werden. Einmal gemäß der linearen Abschreibung mit einem Abschreibungsbetrag von 1 250 GE (vgl. Beispiel 8.3) und einmal zu einem Abschreibungssatz von 25 % gemäß der geometrisch-degressiven Abschreibung mit Übergang zur linearen Abschreibung (vgl. Beispiel 8.7).

Bei einem Zins von 6 % p.a. erhalten wir für die verschiedenen Abschreibungspläne mit der Formel 4.7 folgende Barwerte aller Abschreibungsbeträge:

$$1\,250 \cdot \frac{1{,}06^8 - 1}{0{,}06} \cdot \frac{1}{1{,}06^8} = 7\,762{,}24$$

$$\frac{2\,500}{1{,}06} + \frac{1\,875}{1{,}06^2} + \frac{1\,406{,}25}{1{,}06^3} + \frac{1\,054{,}69}{1{,}06^4} + 791{,}02 \cdot \frac{1{,}06^4 - 1}{0{,}06} \cdot \frac{1}{1{,}06^8} = 8\,214{,}47$$

Abschreibung	Barwert
linear	7 762,24
geom.-degr./linear Übergang im fünften Jahr	8 214,47

d.h. die geometrisch-degressive Abschreibung mit Übergang zur linearen Abschreibung im fünften Jahr hat eine größere Steuerersparnis als die lineare Abschreibung.

8.4   Zusammenfassung

Zusammengefasst gelten für die lineare und die geometrisch-degressive Abschreibung folgende Berechnungsformeln:

	Abschreibungsverfahren	
	linear	geom.-degr.
Abschreibungsbetrag am Ende des k-ten Jahres	$\dfrac{B_0}{n}$	$B_0 \cdot (1-a)^{k-1} \cdot a$
Buchwert B_k am Ende des k-ten Jahres	$B_0 - \dfrac{B_0}{n} \cdot k$	$B_0\,(1-a)^k$
Barwert aller Abschreibungsbeträge	$\dfrac{B_0}{n} \cdot \dfrac{q^n - 1}{q - 1} \cdot \dfrac{1}{q^n}$	$B_0 \cdot a \cdot \dfrac{q^n - (1-a)^n}{[q-(1-a)] \cdot q^n}$

Der Übergangszeitpunkt x (in Jahren) für den Wechsel von der geometrisch-degressiven zur linearen Abschreibung beträgt:

$$x \geq n + 1 - \frac{1}{a}$$

9　Übungen

Die nachfolgenden Aufgaben sind als Übung im Selbststudium gedacht. Im Kapitel 9.2 stehen die Lösungen zu den Aufgaben.

Hilfreich bei unübersichtlichen Fragestellungen ist das Zeichnen einer Zeitachse, auf der die Zahlungsströme mit einem Pfeil nach oben für Auszahlungen und einem Pfeil nach unten für Einzahlungen eingetragen werden. Die Nummer der Jahre ist mittig zwischen zwei Begrenzungsstriche zu notieren (und nicht direkt unter dem Begrenzungsstrich).

Bei der Rentenrechnung ist vielen Studierenden oft nicht sofort klar, ob bei einer konkreten Aufgabenstellung der Rentenbarwert oder der Rentenendwert bekannt sind. Durch das Anlegen einer Zeitachse ist eine Verwechslung von Barwert und Endwert nicht mehr möglich. Ferner ist es bei der Rentenrechnung sehr hilfreich, das sogenannte Rentenfenster einzutragen. Das Rentenfenster beginnt mit R_0 bzw. R_0' und endet mit R_n bzw. R_n'. Nur für dieses Rentenfenster gelten die Endwert-, die Barwert- und die Laufzeitformeln der Rentenrechnung.

9.1　Aufgaben

Aufgaben zu Kapitel 2 (Einfache Zinsen)

Aufgabe 2.1
Auf welches Kapital ist ein Guthaben von 6 000 GE bei 5 % einfachen Jahreszinsen nach einer Laufzeit von

a) sieben Jahren angewachsen?

b) einem Vierteljahr angewachsen?

c) 68 Tagen angewachsen?

d) zwei Jahren und 47 Tagen angewachsen?

Aufgabe 2.2
Ein Kapital von 12 000 GE ist nach Ablauf von acht Jahren bei linearer Verzinsung auf 17 280 GE angewachsen. Wie hoch war der Jahreszinsfuß?

Aufgabe 2.3
Nach Ablauf von

a) sechs Jahren

b) fünf Jahren, drei Monaten und sieben Tagen

c) 48 Tagen

steht Ihnen ein Vermögen von 50 000 GE zu. Welchen Barwert hat diese zukünftige
Zahlung heute bei 4 % einfachen Jahreszinsen?

Aufgabe 2.4
Eine Bank gewährt 1,5 % einfache Vierteljahreszinsen. Auf welchen Betrag ist ein Kapital von 10 000 GE nach zwei Jahren und drei Monaten angewachsen?

Aufgabe 2.5
Ein Kapital von 20 000 GE wurde für eine bestimmte Zeit zu 8 % einfachen Jahreszinsen angelegt. Nach Beendigung der Laufzeit ist das Kapital auf 20 360 GE angewachsen.
Wie groß war die Laufzeit?

Aufgabe 2.6
Ein Schuldner hat bei linearer Verzinsung mit 6 % Jahreszinsen folgende Zahlungsverpflichtungen:
• 40 000 € am 31.03.2008
• 60 000 € am 31.12.2010
• 20 000 € am 31.12.2011
Statt diesen Zahlungsverpflichtungen möchte der Schuldner

a) seine Schuld mit einer einmaligen Zahlung am 01.01.2008 zurückzahlen. Wie hoch
ist der einmalige Rückzahlungsbetrag? Bewertungsstichtag ist der 01.01.2008.

b) 20 000 € am 01.01.2008 zurückzahlen und nach vier Jahren die verbleibende Restschuld. Wie hoch ist der Rückzahlungsbetrag nach vier Jahren? Bewertungsstichtag ist der 01.01.2008.

c) die gesamte Schuld in drei gleich großen Beträgen am 01.01.2009, am 01.07.2010
und am 01.04.2011 zurückzahlen. Wie hoch werden diese Rückzahlungsbeträge
sein? Bewertungsstichtag ist der 01.01.2008.

Aufgabe 2.7
Eine Zahlungsverpflichtung besteht aus zwei Zahlungen:
• 500 000 GE am 31.01. des Jahres
• 600 000 GE am 31.05. des Jahres
Wie hoch ist bei 4 % linearer Verzinsung p.a. der Wert der Zahlungsverpflichtung am
01.01. des Jahres, wenn der Bewertungsstichtag der

a) 01.01. des Jahres ist?

b) 31.01. des Jahres ist?

c) 31.05. des Jahres ist?

Aufgaben zu Kapitel 3 (Zinseszinsen)

Aufgabe 3.1
Auf welches Guthaben ist ein Kapital von Euro 16 000 nach drei Jahren bei jährlichen nachschüssigen Zinseszinsen von 6 % angewachsen?

Aufgabe 3.2
Ein Kapital ist nach zehn Jahren bei jährlichen nachschüssigen Zinseszinsen von 8 % auf Euro 43 178,50 angewachsen. Wie groß war das Startkapital?

Aufgabe 3.3
Ein Kapital von Euro 8 000 wird fünf Jahre lang angelegt. Für das erste Jahr werden 5 %, für das zweite, dritte und vierte Jahr 4 % p.a. und für das fünfte Jahr 4,5 % Zinseszinsen berechnet.

a) Welcher Endwert ergibt sich am Ende des fünften Jahres, wenn die Zinszahlung nachschüssig erfolgt?

b) Zu welchem gleich bleibenden jährlichen Zinsfuß wäre durch nachschüssige Verzinsung der gleiche Endwert erreicht worden?

Aufgabe 3.4
Berechnen Sie die Laufzeit eines Kapitals von Euro 10 000, das bei jährlich nachschüssiger Verzinsung mit Zinseszinsen zu 5 % auf Euro 17 103,39 angewachsen ist.

Aufgabe 3.5
Eine Mutter zahlt bei nachschüssiger Verzinsung von 4 % p.a. auf das Konto ihrer Tochter Euro 2 000 ein. Nach zwei Jahren zahlt sie Euro 3 000 ein und nach weiteren drei Jahren zahlt sie Euro 5 000 ein.

a) Welcher Betrag steht der Tochter ein Jahr nach der letzten Einzahlung zur Verfügung?

b) Ein Jahr nach der ersten Einzahlung der Mutter hebt die Tochter Euro 1 000 von dem Konto ab. Wie hoch ist dann der Kontostand ein Jahr nach der letzten Einzahlung?

Aufgabe 3.6

Ein Schuldner hat bei 5 % nachschüssigen Zinseszinsen p.a. folgende Zahlungsverpflichtung:

- Euro 10 000 nach fünf Jahren
- Euro 7 000 nach sieben Jahren
- Euro 8 000 nach zehn Jahren

a) Durch welche sofortige Zahlung kann er seine gesamten Schulden zurückzahlen?

b) Er möchte seine Schulden durch zwei gleich große Beträge nach vier Jahren und nach neun Jahren zurückzahlen. Wie groß sind diese Beträge?

c) Er möchte seine Schulden wie folgt zurückzahlen:
   - Euro 2 000 nach einem Jahr
   - Euro 15 000 nach fünf Jahren
   - und die Restschuld nach acht Jahren

   Wie groß ist die Restschuld nach acht Jahren?

Aufgabe 3.7

Ein Schuldner hat bei 6 % nachschüssigen Zinseszinsen p.a. folgende Zahlungsverpflichtung:

- Euro 20 000 in zwei Jahren
- Euro 30 000 in fünf Jahren

Statt der oben genannten Zahlungsverpflichtung

a) möchte er seine Schulden mit einer einmaligen Zahlung nach drei Jahren zurückzahlen. Wie hoch ist der einmalige Rückzahlungsbetrag?

b) kann er sofort Euro 10 000 einzahlen und nach vier Jahren die Restschuld. Wie hoch ist der Rückzahlungsbetrag nach vier Jahren?

Aufgabe 3.8

Bei einer Bank werden 100 000 € bei nachschüssiger Verzinsung zu 8 % pro Jahr angelegt.

a) Wie hoch ist das Guthaben nach 30 Jahren?

b) Wie hoch ist das Guthaben nach 30 Jahren, wenn die Bank jährlich einen Ausgabeaufschlag von 1,5 % erhebt, also wenn der Jahreszins lediglich 6,5 % beträgt?

Aufgabe 3.9

Ein Kapital von 8 000 € wird fünf Jahre lang bei vorschüssiger Verzinsung angelegt. Für das erste Jahr werden 5 %, für das zweite, dritte und vierte Jahr 4 % p.a. und für das fünfte Jahr 4,5 % vorschüssige Zinsen berechnet.

a) Welcher Endwert ergibt sich am Ende des fünften Jahres?

b) Zu welchem gleich bleibenden vorschüssigen Jahreszins wäre der gleiche Endwert wie unter a) erreicht worden?

Aufgabe 3.10
Ein Kapital von 6 000 € wird vier Jahre lang zu 5,1 % pro Jahr vorschüssig mit Zinseszinsen verzinst.

a) Welcher Endwert ergibt sich am Ende des vierten Jahres?

b) Welcher Jahreszins wäre nötig, um bei vierjähriger nachschüssiger Verzinsung denselben Endwert wie unter a) zu erhalten?

Aufgabe 3.11
Auf 113 880,98 € ist ein Kapital von 60 000 € bei vorschüssiger Verzinsung zu 5,2 % pro anno angewachsen. Wie hoch ist die Laufzeit gewesen?

Aufgabe 3.12
Ein Unternehmen bekommt von seiner Hausbank das folgende Angebot für eine Geldanlage:
- Anlagevolumen: 200 000 €
- Verzinsung: jährlich vorschüssige Verzinsung mit Zinseszins
- Die Auszahlung des Anlagebetrages inklusive Zinsen erfolgt nach zwölf Jahren.
- Zinskonditionen: 1. und 2. Jahr: 4 % p.a.
                    3. bis 7. Jahr: 5 % p.a.
                    8. bis 12. Jahr: 6 % p.a.

a) Wie hoch ist der Betrag, den das Unternehmen am Ende des zwölften Jahres von seiner Hausbank ausgezahlt bekommt?

b) Am Ende welchen Jahres übersteigt bei diesem Angebot das Guthaben des Unternehmens erstmalig den Betrag von 300 000 Euro?

c) Wie hoch ist der Effektivzins, d.h. welcher gleichbleibende Zinssatz führt nach zwölf Jahren bei jährlicher nachschüssiger Verzinsung zum gleichen Betrag wie in a)?

Aufgabe 3.13
Der nominelle Jahreszins betrage 6 %. Auf welches Endkapital wachsen GE 20 000

a) nach fünfzehn Jahren und drei Monaten bei quartalsweiser Verzinsung zum relativen Zins an? Und wie groß ist der jährliche Effektivzins?

b) nach fünfzehn Jahren und vier Monaten bei quartalsweiser Verzinsung zum relativen Zins an?

Aufgabe 3.14
Am 31.03.2003 wurde bei einem Nominalzins von 5 % p.a. und bei vierteljährlicher Verzinsung zum relativen Zins ein Darlehn in Höhe von 50 000 € aufgenommen.

a) Wie hoch ist der effektive Jahreszins?

b) Wie hoch ist die Rückzahlungssumme am 30.06.2006?

c) Am Ende welchen Quartals ist der Schuldenstand erstmals größer als 55 000 €?

Aufgabe 3.15
Eine Bank gewährt ihren Kunden üblicherweise 8 % Zinsen p.a. Auf besonderen Wunsch werden die Zinsen sechsmal jährlich ausgeschüttet, wobei der effektive Jahreszinsfuß von 8 % aber nicht überschritten werden darf. Wie groß muss der konforme unterjährliche zweimonatliche Zinssatz sein? Und auf welches Guthaben ist ein Kapital von GE 2 000 nach drei Jahren und zwei Monaten angewachsen?

Aufgabe 3.16
Ein Anleger zahlt am 31.07.2013 bei seiner Bank GE 10 000 zu 7 % jährlichen Zinseszinsen ein. Am 10.01.2017 hebt er das Guthaben samt Zinsen ab. Welchen Betrag erhält er bei

a) relativ gemischter Verzinsung?

b) bankmäßiger gemischter Verzinsung?

Aufgabe 3.17
Ein Kapital $K_0 = 1\,000$ wird fünf Jahre lang zu nominell 4 % p.a. verzinst. Welches Endkapital erwartet man

a) bei nachschüssiger Verzinsung?

b) bei monatlicher Verzinsung zum relativen Zinsfuß?

c) bei täglicher Verzinsung zum relativen Zinsfuß?

d) bei stetiger (kontinuierlicher) Verzinsung?

Aufgabe 3.18
Statt der Rückzahlung einer Schuld von GE 200 000 am 31.03.2011 werden bei relativ gemischter Verzinsung mit 8 % Jahreszinsen folgende Rückzahlungen vereinbart:
• GE 80 000 am 31.07.2011
• zwei gleich große Rückzahlungen am 31.03.2012 und am 31.12.2012

Wie hoch sind die Zahlungen am 31.03.2012 und am 31.12.2012, wenn als Bewertungsstichtag der

    a) 31.12.2012

    b) 31.07.2011

    c) 31.03.2011

festgesetzt wird?

Aufgaben zu Kapitel 4 (Rentenrechnung)

Aufgabe 4.1
Für Ihre Ausbildungszeit von drei Jahren möchte Ihnen eine wohlmeinende Tante Ihre
Ausbildungsvergütung aufbessern. Dazu stellt sie Ihnen zwei Alternativen vor:

    a) Ein Betrag in Höhe von GE 30 000 wird zu 7 % Zinseszinsen angelegt und Ihnen in
       drei gleichhohen Rentenzahlungen ausgezahlt. Die erste Zahlung erfolgt am Ende
       des ersten Jahres, sodass die letzte Zahlung als Startkapital für das Berufsleben
       gelten kann. Wie hoch sind die drei Rentenzahlungen?

    b) Als zweite Alternative bietet sie Ihnen an, nachschüssig dreimal GE 10 000 auszu-
       zahlen. Da Sie jedoch zu Beginn Ihrer Ausbildung einen Wagen anschaffen wollen,
       können Sie sich diese Rente ebenfalls unter Berücksichtigung von 7 % Jahreszins-
       zinsen zu Beginn der Ausbildung kapitalisieren lassen. Welchen Betrag bekommen
       Sie dabei auf die Hand?

Aufgabe 4.2
Von einer Erbschaft werden GE 40 000 ab 01.01.2008 zu 7 % p.a. nachschüssig verzinst.
Berechnen Sie den Kontostand am 01.01.2015, wenn bis dahin in jedem Jahr jeweils am
Jahresende GE 6 000 abgehoben worden sind.

Aufgabe 4.3
Sie haben eine Erbschaft von GE 24 000 gemacht. Das Geld wollen Sie sich als jährliche Rente in Höhe von GE 1 600 zukommen lassen. Der erste Auszahlungsbetrag wird
genau ein Jahr nach der Einzahlung der Erbschaft fällig. Wie lange können Sie bei 4 %
jährlichen Zinseszinsen die volle Rente beziehen?

Aufgabe 4.4
Sie zahlen jeweils am Ende eines Jahres GE 1 000 ein. Wann übersteigt bei 5 % jährlichen Zinseszinsen das Guthaben erstmals den Betrag von GE 20 000?

Aufgabe 4.5
Der Kontostand einer Studentin beträgt am 31.12.2010 GE 2 000. In den Jahren 2011
bis 2015 zahlt sie jeweils am Ende des Jahres GE 500 ein. Am 31.12.2017 hebt sie GE
1 000 ab. Wie lange kann sie anschließend eine jährliche nachschüssige Rente über GE
800 beziehen? Die Zinseszinsen betragen immer 3,75 % jährlich.

Aufgabe 4.6
Ein Schenkungsbetrag, demzufolge ab dem 01.01.2012 jeweils zu Jahresbeginn fünf Jahre lang je GE 10 000 und in den folgenden zehn Jahren, also ab dem 01.01.2017, je GE
20 000 überwiesen werden sollen, soll zum 01.01.2012 steuerlich erfasst werden. Bemessungsgrundlage ist der Wert der Gesamtschenkung bezogen auf diesen Termin. Wie
hoch ist dieser Wert bei einem nachschüssigen Zinsfuß von 5 % p.a.?

Aufgabe 4.7
Einem Unfallgeschädigten stehen aus einer Unfallversicherung die folgenden Zahlungen
zu:
• GE 10 000 sofort
• während der folgenden zehn Jahre jeweils am Jahresende GE 5 000
• und zusätzlich GE 10 000 am Ende des zehnten Jahres.
Welche gleich bleibende vorschüssige Rente mit einer Laufzeit von 12 Jahren steht dem
Geschädigten zu, wenn die Versicherung eine nachschüssige Verzinsung von 6 % pro
Jahr zu Grunde legt? Der erste Auszahlungsbetrag der zwölfjährigen Rente soll sofort
fällig sein.

Aufgabe 4.8
Sie schließen an Ihrem Geburtstag einen Sparvertrag ab, wobei Sie ab dem Vorabend
Ihres 26. Geburtstages jeweils jährlich GE 1 500 einzahlen. Die nachschüssige Verzinsung
sei über den ganzen Zeitraum hinweg 5 % pro Jahr.

   a) An Ihrem 55. Geburtstag kündigen Sie diesen Sparvertrag. Welchen Betrag be-
      kommen Sie dann ausgezahlt?

   b) An Ihrem 40. Geburtstag kündigen Sie diesen Sparvertrag. Welchen Betrag be-
      kommen Sie dann ausgezahlt?

Aufgabe 4.9
Eine Rente in Höhe von GE 1 300 wird zwölf Jahre lang vorschüssig eingezahlt. Der
nachschüssige Jahreszins beträgt zunächst 5 %, nach drei Jahren fällt er auf 4 % und
nach weiteren vier Jahren steigt er auf 6 %.

   a) Welche Summe ist am Ende des zwölften Jahres verfügbar?

   b) Wie lange können Sie anschließend nachschüssige Rentenzahlungen in Höhe von
      jeweils GE 1 500 jährlich beziehen, wenn der nachschüssige Jahreszins konstant
      bei 5 % liegt?

Aufgabe 4.10

Ein zu 4 % Jahreszinsen bei relativ gemischter Verzinsung gewährtes Arbeitgeberdarlehen von 50 000 € ist mit gleich bleibenden Monatsraten, die vom Gehalt einbehalten werden, zu verzinsen und zu tilgen. Berechnen Sie die Höhe der Monatsraten, wenn die erste Monatsrate zwei Jahre und einen Monat nach der Darlehenshingabe fällig wird und die Monatsraten auf die Dauer von fünfzehn Jahren zu leisten sind.

Aufgabe 4.11

Eine Studentin hat vier Jahre vor Beginn ihres Studiums eine Erbschaft von 50 000 € auf ein Sparkonto angelegt. Während ihrer Studienzeit von fünf Jahren möchte sie jeweils zu Beginn eines Monats einen bestimmten Betrag abheben. Wie hoch ist dieser Betrag, wenn am Ende der Studienzeit vom angelegten Betrag noch 5 000 € vorhanden sein sollen? (7 % Zins p.a. bei relativ gemischter Verzinsung)

Aufgabe 4.12

Ein Industrieunternehmen hat am 01.01.2008 bei einer Bank einen Investitionskredit in Höhe von GE 500 000 aufgenommen. Der erste Teil der Rückzahlungen erfolgte in den Jahren 2010 bis 2013 (einschließlich) mit nachschüssigen Quartalsraten von jeweils GE 20 000. Vom 1. Januar 2014 bis 31. Dezember 2016 sollen keine Rückzahlungen erfolgen. In welchen Jahren müssen vorschüssige Monatsraten in Höhe von GE 15 000 ab 1. Januar 2017 gezahlt werden, damit bei 10 % Zinseszins p.a. bei relativ gemischter Verzinsung der gesamte Kredit zurückgezahlt ist?

Aufgabe 4.13

Jemand beabsichtigt, in fünf Jahren ein neues Auto anzuschaffen und möchte zu diesem Zweck GE 35 000 ansparen. Er rechnet mit einem Zins von 4,5 % pro Jahr bei relativ gemischter Verzinsung.

a) Welchen Betrag muss er jeweils am Monatsanfang einzahlen?

b) Welchen Betrag müsste er einzahlen, wenn die Einzahlung jeweils am Monatsende erfolgt?

Aufgabe 4.14

Sie beziehen eine jeweils zum Jahresende (beginnend am 31.12.2012) fällig werdende Rente in Höhe von jeweils 40 000 € und einer Laufzeit von zehn Jahren bei 5 % Zinsen p.a. bei relativ gemischter Verzinsung. Diese Rente soll

a) in eine jährliche Rente mit 15-jähriger Laufzeit und Fälligkeit jeweils am Jahresanfang (die erste Zahlung erfolgt also am 01.01.2012) bei einem Zins von 6 % p.a. umgewandelt werden. Wie hoch ist die neue Rente?

b) in eine monatliche Rente mit 15-jähriger Laufzeit und Fälligkeit jeweils am Monatsende umgewandelt werden (die erste Zahlung erfolgt also am 31.01.2012) bei 6 % Jahreszinsen. Wie hoch sind jeweils diese Monatsrenten?

Aufgaben zu Kapitel 5 (Tilgungsrechnung)

Aufgabe 5.1
Eine Anleihe von GE 1 000 000 soll zu 4 % p.a. verzinst und im Verlauf der nächsten fünf Jahre durch gleich hohe Tilgungsbeträge zurückgezahlt werden. Wie gestaltet sich der Tilgungsplan?

Aufgabe 5.2
Eine Schuld (Hypothek) von GE 100 000 wird zu 5 % p.a. verzinst und durch Tilgungs-raten von GE 4 000, d.h. mit 4 % getilgt. Damit ist die Tilgungsdauer auf 25 Jahre festgelegt.

 a) Wie hoch sind die Zinsen im 17-ten Jahr?

 b) Wie hoch ist der Barwert aller Zinszahlungen?

Aufgabe 5.3
Zur Ratentilgung Ihrer Schuld von GE 50 000 bietet Ihnen Ihre Bank zwei Alternativen an:

 a) Sie tilgen die Schuld binnen zehn Jahren bei 6 % nachschüssigen Jahreszinsen.

 b) Sie tilgen die Schuld binnen fünf Jahren bei 4 % nachschüssigen Jahreszinsen.

Für welche der Alternativen entscheiden Sie sich auf Grund des Vergleichs der Barwerte der Zinszahlungen?

Aufgabe 5.4
Sie nehmen am 01.01.2009 eine Schuld von GE 20 000 auf zu 8 % p.a. nachschüssiger Verzinsung. Sie verpflichten sich, die Schuld bis zum 31.12.2018 getilgt zu haben. Mit der ersten Zahlung der Ratentilgung beginnen Sie erst am 31.12.2011.
Geben Sie den Tilgungsplan für den Fall an, dass Sie während der tilgungsfreien Zeit

 a) keine Zinszahlungen leisten (wodurch die Schuld steigt).

 b) lediglich die anfallenden Zinsen bezahlen.

Aufgabe 5.5
Zur Finanzierung seines Studiums hat jemand sechs Jahre lang, jeweils zu Jahresbe-ginn, Darlehen aufgenommen. In den ersten beiden Jahren hat er sich je GE 10 000, in den verbleibenden vier Jahren je GE 12 000 auszahlen lassen, wobei die Verzinsung durchgehend 10 % beträgt. Am Ende des sechsten Jahres nimmt er nochmals einen Be-trag auf, der seine Gesamtschulden zu diesem Zeitpunkt auf GE 100 000 (einschließlich Zinseszinsen) anwachsen lässt.

a) Wie hoch ist dieser Betrag?

b) Die Gesamtschulden sollen innerhalb eines Zeitraums von fünfzehn Jahren in gleich bleibenden Tilgungsraten getilgt werden. Dabei sind die ersten fünf Jahre tilgungsfrei (d.h. lediglich die Zinsen werden bezahlt). Wie hoch sind der Zinsbetrag, die Tilgungsrate, die Annuität und die Restschuld nach vier sowie nach zehn Jahren?

Aufgabe 5.6
Anfang des Jahres 2005 wurde ein Darlehen in Höhe von GE 100 000 zu einem Zins von 9 % p.a. aufgenommen. Anfang des Jahres 2006 erfolgte eine Rückzahlung in Höhe von GE 10 000. Ab Anfang 2007 soll das Restdarlehen durch Annuitäten in jeweiliger Höhe von GE 15 000 jeweils zu Beginn des Jahres zurückgezahlt werden.

a) Wann ist die letzte Annuität in voller Höhe zu entrichten?

b) Berechnen Sie die Restschuld sofort nach Zahlung der letzten vollen Annuität.

c) Angenommen Sie würden die verbleibende Restschuld aus b) mit der ersten Zahlung Anfang 2006 begleichen. Welcher Betrag wäre dann Anfang 2006 insgesamt zu entrichten?

Aufgabe 5.7
Ende des Jahres 2008 wurde ein Kapital in Höhe von GE 30 000 aufgenommen. Die nachschüssige Verzinsung beträgt 8 % p.a. Die Rückzahlung soll durch sechs Jahreszahlungen in jeweils gleicher Höhe erfolgen. Die Rückzahlung beginnt ein Jahr nach Kapitalaufnahme.

a) Berechnen Sie die Höhe der Annuitäten.

b) Runden Sie die errechneten Annuitäten auf volle 100 auf. Zum Ausgleich für die Rundung soll der erste Rückzahlungsbetrag entsprechend geändert werden. Berechnen Sie die Höhe dieses ersten Rückzahlungsbetrages.

Aufgabe 5.8
Eine Anleihe von GE 1 000 000 soll mittels gleich hoher Annuitäten zu 4 % p.a. verzinst und innerhalb von fünf Jahren getilgt werden. Die erste Rückzahlung soll zum Ende des ersten Jahres der Laufzeit erfolgen.

a) Bestimmen Sie die Höhe der Annuitäten.

b) Nach Ablauf des dritten Jahres wird die Restschuld um GE 500 000 aufgestockt und die neue Gesamtschuld soll nun zum gleichen Zinssatz mit sechs gleich hohen Annuitäten getilgt werden.
Berechnen Sie die Höhe dieser Annuitäten.

Aufgabe 5.9

Sie haben vor, zu Beginn eines Jahres einen Kredit in Höhe von GE 100 000 aufzunehmen. Dabei spielen Sie verschiedene Alternativen für die Rückzahlung, die am Ende des Jahres nach Kreditaufnahme beginnt, durch, wobei jeweils ein Zins von 5 % p.a. unterstellt wird.

a) In fünf Jahren soll durch gleich hohe Annuitäten der Kredit getilgt sein. Berechnen Sie die Höhe der Annuitäten.

b) Sie wollen den Kredit innerhalb von fünf Jahren durch Zahlungen jeweils am Ende eines Monats tilgen, wobei die jährliche Verzinsung wieder 5 % beträgt.

c) Erschrocken über die Höhe der Annuität rechnen Sie einen neuen Tilgungsplan durch. Wie viele Jahre müssten Sie eine Annuität von GE 10 000 in voller Höhe zahlen? Berechnen Sie die Restschuld nach zehn Jahren.

d) Wenn Sie schon dabei sind, spielen Sie noch eine Variante durch: Die Schuld soll in drei gleich hohen Beträgen zurückgezahlt werden und zwar die erste Rate sofort bei Kreditaufnahme, die zweite am Ende des fünften Jahres und die letzte am Ende des zehnten Jahres nach Kreditaufnahme. Wie hoch sind diese Rückzahlungsbeträge?

e) Ihren Kredit brauchen Sie nun nicht aufzunehmen, denn eine Erbschaft in Höhe von GE 100 000 kommt auf Sie zu. Dieses Geld wollen Sie sich in Form einer jährlichen Rente zukommen lassen. Wie hoch ist diese Rente, wenn die erste Rentenzahlung nach Ablauf des ersten Jahres erfolgt und die Zahlung zehnmal erfolgen soll?

Aufgabe 5.10

Eine mit 8 % p.a. zu verzinsende Schuld von GE 500 000 soll vom Ende des ersten Jahres an durch jährliche Zahlungen in Höhe von GE 60 000 getilgt werden.

a) Berechnen Sie, wie oft die Annuität in voller Höhe zu entrichten ist.

b) Berechnen Sie die Restzahlung, die ein Jahr nach der letzten vollen Annuität noch zu entrichten ist.

c) Wie hoch wären quartalsweise nachschüssige Rückzahlungsbeträge, wenn die jährliche Verzinsung wieder 8 % beträgt?

d) Sie sind in der Lage, mit der vierten Annuität noch zusätzlich GE 100 000 zu überweisen. Wie hoch werden die Annuitäten anschließend sein, wenn Sie die Restschuld mit sieben gleich hohen Annuitäten abtragen wollen?

Aufgabe 5.11

Ein Darlehen in Höhe von GE 200 000 wird von einer Bank zu folgenden Konditionen zur Verfügung gestellt:

- Auszahlung: 100 %
- Kreditzins: 10 % p.a.
- Erster Tilgungsbetrag: 1 % der aufgenommenen Schuld
- Tilgungsart: Prozentannuitäten-Tilgung

a) Wie viele volle Annuitäten sind zu zahlen?

b) Nach wie vielen Jahren beträgt die Restschuld nur noch GE 150 000?

c) Wie hoch ist die Restschuld ein Jahr nach Zahlung der letzten vollen Annuität?

d) Geben Sie für das zehnte Jahr die Tilgungsplanzeile an.

Aufgaben zu Kapitel 6 (Effektivzins)

Aufgabe 6.1
Ein Kredit über 1 000 € ist nach vier Jahren und drei Monaten mit einer einmaligen Zahlung in Höhe von 1 850 € zurück zu zahlen. Wie hoch ist der effektive Jahreszins?

Aufgabe 6.2
Sie nehmen einen Kredit in Höhe von Euro 10 000 auf und vereinbaren, nach einem Jahr Euro 5 000 zurückzuzahlen und nach einem weiteren Jahr Euro 6 000 zurückzuzahlen. Wie hoch ist der Effektivzins?

Aufgabe 6.3
Beginnend Anfang 2010 werden fünf Einzahlungen von jeweils GE 100 vorgenommen. Die letzte Einzahlung erfolgt also Anfang 2014. Diese Einzahlungen sollen durch fünf Rückzahlungen in Höhe von jeweils GE 110 ausgeglichen werden. Die Rückzahlungen beginnen Anfang 2015 und enden folglich Anfang 2019. Berechnen Sie den Zinssatz.

Aufgaben zu Kapitel 7 (Investitionsrechnung)

Aufgabe 7.1
Ein Unternehmen schafft eine Maschine mit einem Kaufpreis von 30 000 Euro an. Nach drei Jahren Laufzeit soll die Maschine ausgemustert werden und für 10 000 Euro verkauft werden. Wie hoch müssen bei einem Kalkulationszins von 1,8 % p.a. drei gleich hohe Periodenüberschüsse sein, damit sich die Anschaffung der Maschine lohnt?

Aufgabe 7.2

a) Ein Gemälde wurde vor zehn Jahren fü 1,2 Mio Euro erworben und soll jetzt für 2,3 Mio Euro verkauft werden. Wie hoch ist abzüglich einer Vermittlungsgebühr von 12 % der interne Zins?

b) Ein Gemälde wird zum Kauf angeboten und kann in fünfzehn Jahren für 9,6 Mio Euro wieder verkauft werden. Wie hoch darf der Verkaufspreis heute maximal sein, um mindestens eine Rendite von 18 % p.a. zu erzielen?

Aufgabe 7.3
Eine Brauerei überlegt, ob eine bestehende Maschine durch einen Neukauf ersetzt werden soll. Das Unternehmen kalkuliert dabei wie folgt:

Posten	bestehende Maschine	neue Maschine	Ersparnis
Anschaffungskosten	-	20 000	
Nutzungsdauer	-	3 Jahre	
Liquidationserlös	-	3 000	
Fixe Kosten (in GE) pro Jahr	10 000	4 000	6 000
variable Stückkosten (in GE)	0,2	0,04	0,16
Produktionsmenge pro Jahr	8 000	8 000	

d.h. am Ende der dreijährigen Nutzungsdauer könnte die neue Maschine noch für 3 000 GE verkauft werden. Lohnt sich der Neukauf bei einem Kalkulationszins von 6 % p.a.?

Aufgaben zu Kapitel 8 (Abschreibungsverfahren)

Aufgabe 8.1
Für Büromöbel mit einem Anschaffungswert von GE 30 000, einer Nutzungsdauer von zehn Jahren soll ein Abschreibungsverfahren erstellt werden.
Wie gestaltet sich der Abschreibungsplan, wenn

a) eine lineare Abschreibung mit einem Restbuchwert von 0 GE gewählt wird.

b) eine geometrisch degressive Abschreibung mit einem Abschreibungssatz von 30 % gewählt wird.

c) eine geometrisch degressive Abschreibung mit Übergang zur linearen Abschreibung im optimalen Übergangszeitpunkt gewählt wird? (Abschreibungssatz von 30 %)

Berechnen Sie für die Abschreibungsarten a) und c) den Barwert aller Abschreibungsbeträge bei einer Verzinsung von 5 % p.a. Was lässt sich aus der Höhe der jeweiligen Barwerte folgern?

9.2 Lösungen

Maximal zwanzig Minuten sollte für die Bearbeitung einer Aufgabe benötigt werden.

Lösungen zu den Aufgaben zu Kapitel 2 (Einfache Zinsen)

2.1

a) $K_7 = 8\,100$

b) $K_{0,25} = 6\,075$

c) $K_{\frac{68}{360}} = 6\,056,67$

d) $K_{2\frac{47}{360}} = 6\,639,17$

2.2
$i = 5,5\,\%$

2.3

a) $K_0 = 40\,322,58$

b) $K_0 = 41\,295,77$

c) $K_0 = 49\,734,75$

2.4
$K_{2,25} = 11\,350$

2.5
$n = \dfrac{81}{360}$; d.h. 81 Tage

2.6

a) $\dfrac{40\,000}{1 + \frac{3}{12} \cdot 0,06} + \dfrac{60\,000}{1 + 3 \cdot 0,06} + \dfrac{20\,000}{1 + 4 \cdot 0,06} = 106\,385,40$

d.h. die Rückzahlung beträgt 106 385,40 €.

b) $106\,385,40 - 20\,000 = 86\,385,40$
$86\,385,40 \cdot (1 + 4 \cdot 0,06) = 107\,117,90$

d.h. die Rückzahlung nach vier Jahren beträgt 107 117,90 €.

c) Schulden = Rückzahlungen

$$106\,385{,}40 = \frac{x}{1 + 0{,}06} + \frac{x}{1 + 2{,}5 \cdot 0{,}06} + \frac{x}{1 + 3{,}25 \cdot 0{,}06}$$
$$106\,385{,}40 = 0{,}9434x + 0{,}8696x + 0{,}8368x$$
$$106\,385{,}40 = 2{,}6498x$$
$$x = 40\,148{,}74$$

d.h. die einheitliche Rückzahlung beträgt jeweils 40 148,74 €.

2.7

a) $\dfrac{500\,000}{1 + \frac{1}{12} \cdot 0{,}04} + \dfrac{600\,000}{1 + \frac{5}{12} \cdot 0{,}04} = 1\,088\,503$

d.h. der Wert der beiden Zahlungen beträgt hier 1 088 503 GE.

b) $\dfrac{500\,000 + \frac{600\,000}{1 + \frac{4}{12} \cdot 0{,}04}}{1 + \frac{1}{12} \cdot 0{,}04} = 1\,088\,477$

d.h. der Wert der beiden Zahlungen beträgt hier 1 088 477 GE.

c) $\dfrac{500\,000 \cdot (1 + \frac{4}{12} \cdot 0{,}04) + 600\,000}{1 + \frac{5}{12} \cdot 0{,}04} = 1\,088\,525$

d.h. der Wert der beiden Zahlungen beträgt hier 1 088 525 GE.

Lösungen zu den Aufgaben zu Kapitel 3 (Zinseszinsen)

3.1
$K_3 = 19\,056{,}26$

3.2
$K_0 = 20\,000$

3.3

a) $K_5 = 8\,000 \cdot 1{,}05 \cdot 1{,}04^3 \cdot 1{,}045 = 9\,874{,}06$

b) $q = \sqrt[5]{\dfrac{9\,874{,}06}{8\,000}} = 1{,}04299234628$

d.h. der gleich bleibende Zins beträgt 4,299234628 % $\approx$ 4,3 %

3.4
$$n = \frac{\ln \frac{17\,103{,}39}{10\,000}}{\ln 1{,}05} = 11 \text{ Jahre}$$

3.5

a) $2000 \cdot 1{,}04^6 + 3000 \cdot 1{,}04^4 + 5000 \cdot 1{,}04 =$
   $2530{,}64 + 3509{,}58 + 5200 \qquad\qquad = 11\,240{,}22$

b) $2000 \cdot 1{,}04^6 - 1000 \cdot 1{,}04^5 + 3000 \cdot 1{,}04^4 + 5000 \cdot 1{,}04 = 10\,023{,}57$

3.6

a) $\dfrac{10\,000}{1{,}05^5} + \dfrac{7\,000}{1{,}05^7} + \dfrac{8\,000}{1{,}05^{10}} \qquad =$

   $7\,835{,}26 + 4\,974{,}77 + 4{,}911{,}31 = 17\,721{,}34$

b) $17\,721{,}34 = \dfrac{x}{1{,}05^4} + \dfrac{x}{1{,}05^9}$

   $17\,721{,}34 = \dfrac{x}{1{,}2155} + \dfrac{x}{1{,}5513}$

   $17\,721{,}34 = 0{,}8227x + 0{,}6446x$

   $17\,721{,}34 = 1{,}4673x$

   $12\,077{,}42 = x$

c) $17\,721{,}34 = \dfrac{2\,000}{1{,}05} + \dfrac{15\,000}{1{,}05^5} + \dfrac{x}{1{,}05^8}$

   $17\,721{,}34 = 13\,657{,}65 + \dfrac{x}{1{,}4775}$

   $4\,063{,}69 = 0{,}6768x$

   $6\,003{,}91 = x$

3.7

a) $x = 20\,000 \cdot 1{,}06 + \dfrac{30\,000}{1{,}06^2}$

   $= 21\,200 + 26\,699{,}89$

   $= 47\,899{,}89$

b) Wert der Schulden am Ende des 5. Jahres:
   $20\,000 \cdot 1{,}06^3 + 30\,000 = 23\,820{,}32 + 30\,000 = 53\,820{,}32$

   Wert der Rückzahlungen am Ende des 5. Jahres:
   $10\,000 \cdot 1{,}06^5 + x \cdot 1{,}06 = 13\,382{,}26 + 1{,}06 \cdot x$

   Schulden = Rückzahlungen
   $53\,820{,}32 = 13\,382{,}26 + 1{,}06 \cdot x$
   $40\,438{,}06 = 1{,}06 \cdot x$
   $38\,149{,}12 = x$

3.8

a) $K_{30} = 100\,000 \cdot 1{,}08^{30} = 1\,006\,266$
d.h. das Guthaben beträgt $1\,006\,266$ €.

b) $K_{30} = 100\,000 \cdot 1{,}065^{30} = 661\,436$
d.h. das Guthaben beträgt $661\,436$ € und somit etwas mehr als die Hälfte von Teilaufgabe a).

3.9

a) $K_5 = \dfrac{K_0}{(1 - 0{,}05) \cdot (1 - 0{,}04)^3 \cdot (1 - 0{,}045)} = 9\,966{,}65$

d.h. der Endwert beträgt $9\,966{,}65$ €

b) $9\,966{,}65 = \dfrac{8\,000}{(1 - i)^5}$

$(1 - i)^5 = \dfrac{8\,000}{9\,966{,}65}$

$(1 - i)^5 = 0{,}8027$

$1 - i = \sqrt[5]{0{,}8027}$

$1 - i = 0{,}957$

$i = 0{,}043$

d.h. der gleich bleibende vorschüssige Zins beträgt $4{,}30083792\ldots$ %

3.10

Ersatzzins: $i' = \dfrac{0{,}051}{0{,}949} = 0{,}05374$

a) *1. Lösungsweg*:
$K_4 = \dfrac{6\,000}{0{,}949^4} = 7\,397{,}52$

2. Lösungsweg:
$K_4 = 6\,000 \cdot 1{,}05374^4 = 7\,397{,}52$
d.h. der Endwert beträgt $7\,397{,}52$ €

b) Der Ersatzzins beträgt $5{,}3741$ %

3.11

Ersatzzinssatz $i' = \dfrac{0{,}052}{1 - 0{,}052} = 0{,}054852$

Laufzeit $n = \dfrac{\ln 113\,880{,}98 - \ln 60\,000}{\ln 1{,}054852} = 12$

3.12

a) *1. Lösungsweg:*

$$K_2 = \frac{200\,000}{0,96^2} = 217\,013,8889$$

$$K_7 = \frac{217\,013,8889}{0,95^5} = 280\,459,0788$$

$$K_{12} = \frac{280\,459,0788}{0,94^5} = 382\,146,8069$$

d.h. der Betrag liegt bei 382 146,81 Euro.

2. Lösungsweg:

$$K_{12} = \frac{200\,000}{0,96^2 \cdot 0,95^5 \cdot 0,94^5} = 382\,146,81$$

b) nachschüssiger Ersatzzins $i' = \dfrac{i}{1-i} = \dfrac{0,06}{0,94} = 0,06382979$

$$n = \frac{\ln\left(\frac{300\,000}{280\,459,0788}\right)}{\ln 1,06382979} = 1,09 \Rightarrow 7 + 1,09 = 8,09$$

d.h. nach neun Jahren.

c) $q = \sqrt[12]{\dfrac{382\,146,81}{200\,000}} = 1,055440$

d.h. der gesuchte Zins beträgt etwa 5,54 %.

3.13

a) $K_{15,25} = 20\,000 \cdot \left(1 + \dfrac{0,06}{4}\right)^{4 \cdot 15,25} = 20\,000 \cdot 1,015^{61} = 49\,597,36$

Effektivzins

$$j = \left(1 + \frac{0,06}{4}\right)^4 - 1 = 0,0614 = 6,14\ \%$$

b) $K_{15,\overline{3}} = K_{15,25} = 49\,597,36$

3.14

a) $j = \left(1 + \dfrac{0,05}{4}\right)^4 - 1 = 0,0509$; d.h. 5,09 %

b) $K_{3,25} = 50\,000 \cdot \left(1 + \dfrac{0,05}{4}\right)^{4 \cdot 3,25} = 58\,763,20$

c) $n = \dfrac{\ln \frac{55\,000}{50\,000}}{\ln 1,0509} = 1,9$ Jahre

$1,9 \cdot 4 = 7,6$ Quartale; d.h. am 31.03.2005

3.15

Konformer unterjährlicher Zins:

$$q^{1/m} = 1{,}08^{1/6} = 1{,}01290945696$$

d.h. der konforme unterjährliche Zins beträgt $1{,}290945696\ \% \approx 1{,}3\ \%$

$$K_{3,1\overline{6}} = 2\,000 \cdot 1{,}08^{3,1\overline{6}} = 2\,551{,}95$$

3.16

a) 5 Monate + 10 Tage = 160 Tage

$$\gamma = \frac{160}{360} = \frac{4}{9} = 0{,}\overline{4} \text{ Jahre}$$

$$K_{3,\overline{4}} = 10\,000 \cdot 1{,}07^3 \cdot \left(1 + 0{,}\overline{4} \cdot 0{,}07\right) = 12\,631{,}56$$

d.h. das Guthaben beträgt $12\,631{,}56$ GE.

b) $K_{3,\overline{4}} = 10\,000 \cdot \left(1 + \dfrac{5}{12} \cdot 0{,}07\right) \cdot 1{,}07^3 \cdot \left(1 + \dfrac{10}{360} \cdot 0{,}07\right) = 12\,632{,}25$

d.h. das Guthaben beträgt $12\,632{,}25$ GE.

3.17

a) $K_5 = 1\,000 \cdot 1{,}04^5 = 1\,216{,}65$

d.h. das Guthaben beträgt $1\,216{,}65$ GE.

b) $K_5 = 1\,000 \cdot \left(1 + \dfrac{0{,}04}{12}\right)^{5 \cdot 12} = 1\,221{,}00$

d.h. das Guthaben beträgt $1\,221{,}00$ GE.

c) $K_5 = 1\,000 \cdot \left(1 + \dfrac{0{,}04}{360}\right)^{5 \cdot 360} = 1\,221{,}39$

d.h. das Guthaben beträgt $1\,221{,}39$ GE.

d) $K_5 = 1\,000 \cdot e^{5 \cdot 0{,}04} = 1\,000 \cdot e^{0{,}2} = 1\,221{,}40$

d.h. das Guthaben beträgt $1\,221{,}40$ GE.

3.18

a) Wert der Schulden am 31.12.2012:

$$200\,000 \cdot 1{,}08 \cdot \left(1 + \tfrac{9}{12} \cdot 0{,}08\right) = 228\,960$$

Wert der Rückzahlungen am 31.12.2012:

- $80\,000 \cdot 1{,}08 \cdot \left(1 + \tfrac{5}{12} \cdot 0{,}08\right) = 89\,280$
- $x \cdot \left(1 + \tfrac{9}{12} \cdot 0{,}08\right) = 1{,}06\,x$
- x

Schulden = Rückzahlungen
$$228\,960 = 89\,280 + 1{,}06\,x + x$$
$$139\,680 = 2{,}06\,x$$
$$x = 67\,805{,}83$$
d.h. die beiden gleich hohen Rückzahlungen betragen jeweils 67 805,83 GE.

b) Wert der Schulden am 31.07.2011:
$$200\,000 \cdot \left(1 + \tfrac{4}{12} \cdot 0{,}08\right) = 205\,333{,}33$$

Wert der Rückzahlungen am 31.07.2011:

- $80\,000$
- $\dfrac{x}{1 + \tfrac{8}{12} \cdot 0{,}08} = \dfrac{x}{1{,}0533} = 0{,}9494\,x$
- $\dfrac{x}{1{,}08 \cdot \left(1 + \tfrac{5}{12} \cdot 0{,}08\right)} = \dfrac{x}{1{,}1160} = 0{,}8961\,x$

Schulden = Rückzahlungen
$$205\,333{,}33 = 80\,000 + 0{,}9494\,x + 0{,}8961\,x$$
$$125\,333{,}33 = 1{,}8454\,x$$
$$x = 67\,915{,}72$$
d.h. die beiden gleich hohen Rückzahlungen betragen jeweils 67 915,72 GE.

c) Wert der Schulden am 31.03.2011:
$$200\,000$$

Wert der Rückzahlungen am 31.03.2011:

- $\dfrac{80\,000}{1 + \tfrac{4}{12} \cdot 0{,}08} = 77\,922{,}08$
- $\dfrac{x}{1{,}08} = 0{,}9259\,x$
- $\dfrac{x}{1{,}08 \cdot \left(1 + \tfrac{9}{12} \cdot 0{,}08\right)} = \dfrac{x}{1{,}1448} = 0{,}8735\,x$

Schulden = Rückzahlungen
$$200\,000 = 77\,922{,}08 + 0{,}9259\,x + 0{,}8735\,x$$
$$122\,077{,}92 = 1{,}7994\,x$$
$$x = 67\,843{,}68$$
d.h. die beiden gleich hohen Rückzahlungen betragen jeweils 67 843,68 GE.

Lösungen zu Kapitel 4 (Rentenrechnung)

4.1

a) $30\,000 = r \cdot \dfrac{1{,}07^3 - 1}{0{,}07} \cdot \dfrac{1}{1{,}07^3} \Rightarrow r = 11\,431{,}55$

d.h. die jährliche nachschüssige Rente beträgt 11 431,55 GE.

b) $R_0 = 10\,000 \cdot \dfrac{1{,}07^3 - 1}{0{,}07} \cdot \dfrac{1}{1{,}07^3} = 26\,243{,}16$

    d.h. der Barwert der Rente beträgt 26 243,16 GE.

4.2

$40\,000 \cdot 1{,}07^7 - 6\,000 \cdot \dfrac{1{,}07^7 - 1}{0{,}07} = 12\,307{,}13$

d.h. der Kontostand beträgt 12 307,13 GE.

4.3

$R_0 = 24\,000$

$n = -\dfrac{\ln\left[1 - \frac{24\,000}{1\,600} \cdot 0{,}04\right]}{\ln 1{,}04} = 23{,}36$

d.h. die volle Rente kann 23 Jahre lang bezogen werden.

4.4

$R_n = 20\,000$

$n = \dfrac{\ln\left[1 + \frac{20\,000}{1\,000} \cdot 0{,}05\right]}{\ln 1{,}05} = 14{,}2067$

d.h. nach 15 Jahren.

4.5

Kontostand am 01.01.2018:

$2\,000 \cdot 1{,}0375^7 + 500 \cdot \dfrac{1{,}0375^5 - 1}{0{,}0375} \cdot 1{,}0375^2 - 1\,000 = 4\,488{,}45$

$R_0 = 4\,488{,}45$

$n = -\dfrac{\ln\left[1 - \frac{4\,488{,}45}{800} \cdot 0{,}0375\right]}{\ln 1{,}0375} = 6{,}4$

d.h. die volle Rente kann sechs Jahre lang bezogen werden.

4.6

Wert der Einzahlungen über 10 000 GE am 01.01.2012:

$R_0' = 10\,000 \cdot 1{,}05 \cdot \dfrac{1{,}05^5 - 1}{0{,}05} \cdot \dfrac{1}{1{,}05^5} = 45\,459{,}51$

Wert der Einzahlungen über 20 000 GE am 01.01.2012:

$\dfrac{R_0'}{q^5} = \left(20\,000 \cdot 1{,}05 \cdot \dfrac{1{,}05^{10} - 1}{0{,}05} \cdot \dfrac{1}{1{,}05^{10}}\right) \cdot \dfrac{1}{1{,}05^5} = 127\,053{,}81$

Wert des Guthabens am 01.01.2012:

$45\,459{,}51 + 127\,053{,}81 = 172\,513{,}32$

4.7

Guthaben nach 10 Jahren:
$$10\,000 \cdot 1,06^{10} + 5\,000 \cdot \frac{1,06^{10} - 1}{0,06} + 10\,000 = 93\,812,45$$

Guthaben nach 12 Jahren:
$$93\,812,45 \cdot 1,06^2 = 105\,407,67$$

Rentenendwert der 12-jährigen vorschüssigen Rente:
$$105\,407,67 = r \cdot 1,06 \cdot \frac{1,06^{12} - 1}{0,06} \Rightarrow r = 5\,894,58$$
d.h. die jährliche vorschüssige Rente beträgt 5 894,58 GE.

4.8

a) $1\,500 \cdot \dfrac{1,05^{30} - 1}{0,05} = 99\,658,27$

    d.h. Sie bekommen 99 658,27 GE ausgezahlt.

b) $1\,500 \cdot \dfrac{1,05^{15} - 1}{0,05} = 32\,367,85$

    d.h. Sie bekommen 32 367,85 GE ausgezahlt.

4.9

a) Guthaben nach drei Jahren:
$$1\,300 \cdot 1,05 \cdot \frac{1,05^3 - 1}{0,05} = 4\,303,16$$

    Guthaben nach weiteren vier Jahren:
$$4\,303,16 \cdot 1,04^4 + 1\,300 \cdot 1,04 \cdot \frac{1,04^4 - 1}{0,04} = 10\,775,31$$

    Guthaben nach weiteren fünf Jahren:
$$10\,775,31 \cdot 1,06^5 + 1\,300 \cdot 1,06 \cdot \frac{1,06^5 - 1}{0,06} = 22\,187,71$$
    d.h. das Guthaben nach zwölf Jahren beträgt 22 187,71 GE.

    Anmerkung: Über den gleichbleibenden Zins mit $p = 5,0798$ aus der Berechnung $\sqrt[12]{1,05^3 \cdot 1,04^4 \cdot 1,06^5} = 1,050798$ lässt sich R'_{12} nicht berechnen.

b) $n = -\dfrac{\ln[1 - \frac{22\,187,71}{1\,500} \cdot 0,05]}{\ln 1,05} = 27,58$

    d.h. 27 Jahre lang kann die volle Rente bezogen werden.

4.10

Schulden zu Beginn des ersten Tilgungsjahres:

$50\,000 \cdot 1{,}04^2 = 54\,080$

$R_0 = 54\,080$

Wir berechnen zuerst die jährliche nachschüssige Ersatzrente r_J:

$$54\,080 = r_J \cdot \frac{1{,}04^{15} - 1}{0{,}04} \cdot \frac{1}{1{,}04^{15}} \Rightarrow r_J = 4\,864{,}0147$$

Da das Gehalt am Ende eines Monats ausgezahlt wird, handelt es sich hier um eine monatlich nachschüssige Rente r_M.

$4\,864{,}0147 = r_M \cdot \left(12 + \frac{11}{2} \cdot 0{,}04\right) \Rightarrow r_M = 398{,}04$

d.h. die monatliche Rente beträgt 398,04 GE.

4.11

Wert der Erbschaft am Ende des Studiums:

$50\,000 \cdot 1{,}07^9 = 91\,922{,}9606$

Rentenendwert der jährlichen nachschüssigen Ersatzrente r_J am Ende des Studiums:

$$r_J \cdot \frac{1{,}07^5 - 1}{0{,}07}$$

Somit haben wir:

$$91\,922{,}9606 - r_J \cdot \frac{1{,}07^5 - 1}{0{,}07} = 5\,000 \Rightarrow r_J = 15\,115{,}0940$$

Monatliche vorschüssige Rente r'_M:

$15\,115{,}0940 = r'_M \cdot (12 + 6{,}5 \cdot 0{,}07) \Rightarrow r'_M = 1\,213{,}58$

d.h. die monatliche Rente beträgt 1 213,58 GE.

4.12

Wert des Darlehns am 31.12.2013:

$500\,000 \cdot 1{,}10^6 = 885\,780{,}50$

Wert der Rückzahlungen am 31.12.2013:

nachschüssige jährliche Ersatzrente $r_J = 20\,000 \left(4 + \frac{3}{2} \cdot 0{,}10\right) = 83\,000$

$$83\,000 \cdot \frac{1{,}1^4 - 1}{0{,}1} = 385\,203$$

Höhe der Schulden am 31.12.2013:

$885\,780{,}50 - 385\,203 = 500\,577{,}50$

Wert der Schulden am 31.12.2016:

$500\,577{,}50 \cdot 1{,}1^3 = 666\,268{,}65$

Nachschüssig jährliche Ersatzrente der vorsch. Monatsraten:

$r_J = 15\,000 \cdot \left(12 + \frac{13}{2} \cdot 0{,}10\right) = 189\,750$

Laufzeit:

$$n = -\frac{\ln\left[1 - \frac{666\,268{,}65}{189\,750} \cdot 0{,}1\right]}{\ln 1{,}10} = 4{,}5381$$

d.h. die letzte vorschüssige Monatsrate erfolgt im Jahr 2021.

Zusatzaufgabe:

Wenn interessiert, wie die Rückzahlungen im Jahr 2021 genau aussehen, muss wie folgt (relativ gemischte Verzinsung) vorgegangen werden:

Schulden am 31.12.2020:

$$666\,268{,}64 \cdot 1{,}1^4 - 189\,750 \cdot \frac{1{,}1^4 - 1}{0{,}1} = 94\,854{,}18$$

Restschuld

Schulden am 31.01.2021 :	$(94\,854{,}18 - 15\,000) \cdot \left(1 + \frac{1}{12} \cdot 0{,}1\right) = 80\,519{,}63$
Schulden am 28.02.2021 :	$(80\,519{,}18 - 15\,000) \cdot \left(1 + \frac{1}{12} \cdot 0{,}1\right) = 66\,065{,}63$
Schulden am 31.03.2021 :	$(66\,065{,}63 - 15\,000) \cdot \left(1 + \frac{1}{12} \cdot 0{,}1\right) = 51\,491{,}18$
Schulden am 30.04.2021 :	$(51\,491{,}18 - 15\,000) \cdot \left(1 + \frac{1}{12} \cdot 0{,}1\right) = 36\,795{,}27$
Schulden am 31.05.2021 :	$(36\,795{,}27 - 15\,000) \cdot \left(1 + \frac{1}{12} \cdot 0{,}1\right) = 21\,976{,}90$
Schulden am 30.06.2021 :	$(21\,976{,}90 - 15\,000) \cdot \left(1 + \frac{1}{12} \cdot 0{,}1\right) = 7\,053{,}04$

Restzahlung am 01.07.2021 : $7\,053{,}04$

Nach sechs vorschüssigen Monatsraten beträgt somit die Restschuld:

$$94\,854{,}18 \cdot \left(1 + \tfrac{1}{12} \cdot 0{,}1\right)^6 - 15\,000 \cdot \left(1 + \tfrac{1}{12} \cdot 0{,}1\right) \cdot \frac{\left(1 + \tfrac{1}{12} \cdot 0{,}1\right)^6 - 1}{\tfrac{1}{12} \cdot 0{,}1} = 7\,035{,}04$$

4.13

a) Jährliche nachschüssige Ersatzrente r_J:
$$35\,000 = r_J \cdot \frac{1{,}045^5 - 1}{0{,}045} \Rightarrow r_J = 6\,397{,}71$$
Monatliche vorschüssige Rente r'_M:
$6\,397{,}71 = r'_M\,(12 + 6{,}5 \cdot 0{,}045) \Rightarrow r'_M = 520{,}46$
d.h. die monatliche vorschüssige Rente beträgt 520,46 GE.

b) Monatliche nachschüssige Rente r_M:
$6\,397{,}71 = r_M\,(12 + 5{,}5 \cdot 0{,}045) \Rightarrow r_M = 522{,}37$
d.h. die monatliche nachschüssige Rente beträgt 522,37 GE.

4.14

Rentenbarwert der jährlichen nachschüssigen 10-jährigen Rente:
$$R_0 = 40\,000 \cdot \frac{1{,}05^{10} - 1}{0{,}05} \cdot \frac{1}{1{,}05^{10}} = 308\,869{,}40$$

a) $308\,869{,}40 = r_J \cdot 1{,}06 \cdot \dfrac{1{,}06^{15} - 1}{0{,}06} \cdot \dfrac{1}{1{,}06^{15}} \Rightarrow r_J = 30\,001{,}93$
d.h. die jährliche Rente beträgt 30 001,93 GE.

b) Jährliche nachschüssige Ersatzrente r_J:

$30\,001{,}91 \cdot 1{,}06 = 31\,802{,}01$

$31\,802{,}01 = r_M \cdot (12 + 5{,}5 \cdot 0{,}06) \Rightarrow r_M = 2\,579{,}24$

d.h. die monatliche Rente beträgt $2\,579{,}24$ GE.

Lösungen zu Kapitel 5 (Tilgungsrechnung)

5.1

Tilgungsplan:

Jahr	Zinsen	Tilgung	Annuität	Restschuld
1	40 000	200 000	240 000	800 000
2	32 000	200 000	232 000	600 000
3	24 000	200 000	224 000	400 000
4	16 000	200 000	216 000	200 000
5	8 000	200 000	208 000	0

5.2

a) $Z_{17} = 1\,800$

b) $Z_0 = 43\,624{,}22$

5.3

a) $Z_0 = 13\,199{,}55$

b) $Z_0 = 5\,481{,}78$; d.h. Entscheidung für b)

5.4

a) Tilgungsplan:

Jahr	Zinsen	Tilgung	Annuität	Restschuld
1	1 600	-	-	21 600
2	1 728	-	-	23 328
3	1 866,24	2 916	4 782,24	20 412
4	1 632,96	2 916	4 548,96	17 496
5	1 399,68	2 916	4 315,68	14 580
6	1 166,40	2 916	4 082,40	11 664
7	933,12	2 916	3 849,12	8 748
8	699,84	2 916	3 615,84	5 832
9	466,56	2 916	3 382,56	2 916
10	233,28	2 916	3 149,28	0

b) Tilgungsplan:

Jahr	Zinsen	Tilgung	Annuität	Restschuld
1	1 600	-	1 600	20 000
2	1 600	-	1 600	20 000
3	1 600	2 500	4 100	17 500
4	1 400	2 500	3 900	15 000
5	1 200	2 500	3 700	12 500
6	1 000	2 500	3 500	10 000
7	800	2 500	3 300	7 500
8	600	2 500	3 100	5 000
9	400	2 500	2 900	2 500
10	200	2 500	2 700	0

5.5

a) Tilgungsplan:

$$100\,000 = 10\,000 \cdot 1{,}1 \cdot \frac{1{,}1^2 - 1}{0{,}1} \cdot 1{,}1^4 + 12\,000 \cdot 1{,}1 \cdot \frac{1{,}1^4 - 1}{0{,}1} + x$$
$$= 23\,100 \cdot 1{,}1^4 + 61\,261{,}20 + x$$
$$= 33\,820{,}71 + 61\,261{,}20 + x$$
$$= 95\,081{,}91 + x$$
$$\Rightarrow x = 100\,000 - 95\,081{,}91 = 4\,918{,}09$$

b)

Jahr	Tilgungsjahr	Zinsen	Tilgung	Annuität	Restschuld
1		10 000	-	10 000	100 000
2		10 000	-	10 000	100 000
3		10 000	-	10 000	100 000
4		10 000	-	10 000	100 000
5		10 000	-	10 000	100 000
6	1	10 000	10 000	20 000	90 000
7	2	9 000	10 000	19 000	80 000
8	3	8 000	10 000	18 000	70 000
9	4	7 000	10 000	17 000	60 000
10	5	6 000	10 000	16 000	50 000
11	6	5 000	10 000	15 000	40 000
12	7	4 000	10 000	14 000	30 000
13	8	3 000	10 000	13 000	20 000
14	9	2 000	10 000	12 000	10 000
15	10	1 000	10 000	11 000	0

$$T_4 = 0, A_4 = 10\,000, K_4 = 100\,000$$
$$T_{10} = T = \frac{100\,000}{10} = 10\,000$$

$$Z_{10} = (10 - 5 + 1) \cdot T \cdot \frac{p}{100} = 6 \cdot 10\,000 \cdot 0{,}10 = 6\,000$$

$$A_{10} = Z_{10} + T = 6\,000 + 10\,000 = 16\,000$$

$$K_{10} = (10 - 5) \cdot T = 5 \cdot 10\,000 = 50\,000$$

Oder

$$Z_{10} = K_9 \cdot i = (100\,000 - 4 \cdot T) \cdot \frac{p}{100} = 60\,000 \cdot 0{,}10 = 6\,000$$

$$A_{10} = Z_{10} + T = 6\,000 + 10\,000 = 16\,000$$

$$K_{10} = 100\,000 - 5 \cdot T = 50\,000$$

5.6

a) $K_0 = 100\,000 \cdot 1{,}09 - 10\,000 = 99\,000$

$$n = -\frac{\ln[1 - \frac{99\,000}{15\,000} \cdot 0{,}09]}{\ln 1{,}09} = 10{,}4598$$

d.h. es sind zehn volle Annuitäten zu entrichten; d.h. die letzte volle Annuität ist zu Beginn des Jahres 2016 zu zahlen.

b) $K_{10} = 99\,000 \cdot 1{,}09^{10} - 15\,000 \cdot \dfrac{1{,}09^{10} - 1}{0{,}09} = 6\,475{,}06$

d.h. die Restschuld unmittelbar nach Zahlung der letzten vollen Annuität beträgt 6\,475,06 Euro.

c) $\dfrac{6\,475{,}06}{1{,}09^{10}} = 2\,735{,}14$

$10\,000 + 2\,735{,}14 = 12\,735{,}14$

d.h. statt der 10\,000 Euro müsste die Zahlung zu Beginn des Jahres 2006 dann 12\,735,14 Euro betragen.

5.7

a) $A = 30\,000 \cdot 1{,}08^6 \cdot \dfrac{0{,}08}{1{,}08^6 - 1} = 6\,489{,}46$

b) *1. Lösungsweg:*

$$(30\,000 \cdot 1{,}08 - x) \cdot 1{,}08^5 = 6\,500 \cdot \frac{1{,}08^5 - 1}{0{,}08} \Rightarrow x = 6\,447{,}39$$

2. Lösungsweg:

$6\,500 - 6\,489{,}46 = 10{,}54$

$$10{,}54 \cdot \frac{1{,}08^5 - 1}{0{,}08} \cdot \frac{1}{1{,}08^5} = 42{,}0832$$

$6\,489{,}46 - 42{,}08 = 6\,447{,}38$

5.8

a) $A = 1\,000\,000 \cdot 1{,}04^5 \cdot \dfrac{0{,}04}{1{,}04^5 - 1} = 224\,627{,}11$

b) $K_3 = 1\,000\,000 \cdot 1{,}04^3 - 224\,627{,}11 \cdot \dfrac{1{,}04^3 - 1}{0{,}04} = 423\,668{,}00$

$\quad 423\,668{,}00 + 500\,000 = 923\,668{,}00$

$\quad A = 923\,668 \cdot 1{,}04^6 \cdot \dfrac{0{,}04}{1{,}04^6 - 1} = 176\,200{,}67$

5.9

a) $A = 100\,000 \cdot 1{,}05^5 \cdot \dfrac{0{,}05}{1{,}05^5 - 1} = 23\,097{,}48$

b) $23\,097{,}48 = r_M\,(12 + 5{,}5 \cdot 0{,}05) \Rightarrow r_M = 1\,881{,}67$

c) $n = -\dfrac{\ln[1 - \frac{100\,000}{10\,000} \cdot 0{,}05]}{\ln 1{,}05} = 14{,}21$

$\quad K_{10} = 100\,000 \cdot 1{,}05^{10} - 10\,000\dfrac{1{,}05^{10} - 1}{0{,}05} = 37\,110{,}54$

d) $100\,000 \cdot 1{,}05^{10} - x \cdot 1{,}05^{10} - x \cdot 1{,}05^5 - x = 0 \Rightarrow x = 41\,710{,}91$

e) $r = 100\,000 \cdot 1{,}05^{10} \cdot \dfrac{0{,}05}{1{,}05^{10} - 1} = 12\,950{,}46$

5.10

a) $n = -\dfrac{\ln[1 - \frac{500\,000}{60\,000} \cdot 0{,}08]}{\ln 1{,}08} = 14{,}28$

b) $K_{14} = 500\,000 \cdot 1{,}08^{14} - 60\,000 \cdot \dfrac{1{,}08^{14} - 1}{0{,}08} = 15\,701{,}59$

$\quad K_{14} \cdot 1{,}08 = 16\,957{,}72$

c) $60\,000 = r_Q\,(4 + 1{,}5 \cdot 0{,}08) \Rightarrow r_Q = 14\,563{,}11$

d) $K_4 = 500\,000 \cdot 1{,}08^4 - 60\,000 \cdot \dfrac{1{,}08^4 - 1}{0{,}08} = 409\,877{,}76$

$\quad 409\,877{,}76 - 100\,000 = 309\,877{,}76$

$\quad A = 309\,877{,}76 \cdot 1{,}08^7 \cdot \dfrac{0{,}08}{1{,}08^7 - 1} = 59\,518{,}97$

5.11

a) $n = -\dfrac{\ln[1 - \frac{200\,000}{22\,000} \cdot 0{,}1]}{\ln 1{,}1} = 25{,}1589$

   d.h. 25 volle Annuitäten sind zu zahlen.

b) *1. Lösungsweg:*

$$150\,000 = 200\,000 \cdot 1{,}1^k - 22\,000 \cdot \tfrac{1{,}1^k - 1}{0{,}1} \qquad | \cdot 0{,}1$$
$$15\,000 = 20\,000 \cdot 1{,}1^k - 22\,000 \cdot (1{,}1^k - 1)$$
$$15\,000 = 20\,000 \cdot 1{,}1^k - 22\,000 \cdot 1{,}1^k + 22\,000$$
$$15\,000 = (20\,000 - 22\,000) \cdot 1{,}1^k + 22\,000$$
$$2\,000 \cdot 1{,}1^k = 7\,000 \qquad | \div 2\,000$$
$$1{,}1^k = 3{,}5$$
$$k = \tfrac{\ln 3{,}5}{\ln 1{,}1} = 13{,}1441$$

   d.h. nach 14 Jahren

   2. Lösungsweg:

$$n = -\dfrac{\ln[1 - \frac{150\,000}{22\,000} \cdot 0{,}1]}{\ln 1{,}1} = 12{,}0148$$

$$25{,}1589 - 12{,}0148 = 13{,}1441$$

c) $K_{25} = 200\,000 \cdot 1{,}1^{25} - 22\,000 \cdot \dfrac{1{,}1^{25} - 1}{0{,}1} = 3\,305{,}88$

   $3\,305{,}88 \cdot 1{,}1 = 3\,636{,}47$

d) $K_9 = 200\,000 \cdot 1{,}1^9 - 22\,000 \cdot \dfrac{1{,}1^9 - 1}{0{,}1} = 172\,841{,}05$

   $Z_{10} = 172\,841{,}05 \cdot 0{,}1 = 17\,284{,}11$

   $T_{10} = 22\,000 - 17\,284{,}11 = 4\,715{,}89$

   $K_{10} = 172\,841{,}05 - 4\,715{,}89 = 168\,125{,}16$

Lösungen zu Kapitel 6 (Effektivzins)

6.1

$$q^* = \sqrt[n]{\dfrac{K_n}{K_0}} = \sqrt[4{,}25]{\dfrac{1\,850}{1\,000}} = 1{,}15575009$$

d.h. der effektive Jahreszins beträgt 15,5750 %.

6.2
Der Effektivzins wird aus der Gleichung $10\,000 = \frac{5\,000}{q} + \frac{6\,000}{q^2}$ berechnet. Die Gleichung lösen wir wie folgt nach q auf:

$$10\,000 = \frac{5\,000}{q} + \frac{6\,000}{q^2} \qquad\qquad | \cdot q^2$$
$$10\,000 \cdot q^2 = 5\,000 \cdot q + 6\,000 \qquad\qquad | -10\,000 q^2$$
$$0 = -10\,000 \cdot q^2 + 5\,000 \cdot q + 6\,000 \;\; | \div -10\,000$$
$$0 = q^2 - \tfrac{1}{2} \cdot q - \tfrac{3}{5}$$
$$q = \tfrac{1}{4} \pm \sqrt{\tfrac{1}{16} + \tfrac{3}{5}}$$
$$q = 1{,}0639 \text{ oder } q = -0{,}5639$$

d.h. der Effektivzins beträgt 6,39 %.

6.3
Wert der Einzahlungen über 100 GE am 31.12.2019:
$$\left(100 \cdot q \cdot \frac{q^5 - 1}{q - 1}\right) \cdot q^5$$

Wert der Rückzahlungen über 110 GE am 31.12.2019:
$$110 \cdot q \cdot \frac{q^5 - 1}{q - 1}$$

$$\text{Einzahlungen} = \text{Rückzahlungen}$$
$$\left(100 \cdot q \cdot \frac{q^5 - 1}{q - 1}\right) \cdot q^5 = 110 \cdot q \cdot \frac{q^5 - 1}{q - 1} \;\; | \div \left(q \cdot \tfrac{q^5-1}{q-1}\right)$$
$$100 \cdot q^5 = 110 \qquad\qquad | \div 100$$
$$q^5 = 1{,}1 \qquad\qquad | \text{ 5. Wurzel}$$
$$q = \sqrt[5]{1{,}1} = 1{,}0192$$

d.h. der Zins beträgt 1,92 % p.a..

Lösungen zu Kapitel 7 (Investitionsrechnung)

7.1
$$0 = A \cdot \frac{1{,}018^3 - 1}{0{,}018} \cdot \frac{1}{1{,}018^3} - \left(30\,000 - \frac{10\,000}{1{,}018^3}\right)$$

$$0 = A \cdot 2{,}895155 - 20\,521{,}13$$

$$A = 7\,088{,}09$$

d.h. die drei Periodenüberschüsse müssen mindestens 7 088,10 Euro betragen, damit sich die Investition lohnt.

7.2

a) $2\,300\,000 \cdot 0{,}88 = 2\,024\,000$

$2\,024\,000 = 1\,200\,000 \cdot q^{10}$

$$q = \sqrt[10]{\frac{2\,024\,000}{1\,200\,000}} = 1{,}0536$$

d.h der interne Zins beträgt 5,36 % p.a.

b) $9{,}6 = K_0 \cdot 1{,}18^{15} \Leftrightarrow K_0 = \dfrac{9{,}6}{1{,}18^{15}} = 0{,}801754$

d.h. der Ankaufspreis darf maximal etwa 0,8 Mio Euro betragen.

7.3

Jährliche Ersparnis der variablen Kosten $= 8\,000 \cdot 0{,}16 = 1\,280$ GE

$$K_0 = \frac{6\,000 + 1\,280}{1{,}06} + \frac{6\,000 + 1\,280}{1{,}06^2} + \frac{6\,000 + 1\,280 + 3\,000}{1{,}06^3} - 20\,000 = 1\,978{,}4 > 0$$

d.h. rein rechnerisch lohnt sich die Ersatzbeschaffung.

Lösungen zu Kapitel 8 (Abschreibungsverfahren)

8.1

a) linearer Abschreibungsplan

Jahr	Ab-Betrag am Ende des Jahres	Buchwert am Ende des Jahres
1	3000	27 000
2	3000	24 000
3	3000	21 000
4	3000	18 000
5	3000	15 000
6	3000	12 000
7	3000	9 000
8	3000	6 000
9	3000	3 000
10	3000	0

b) geometrisch-degressiver Abschreibungsplan

Jahr	Ab-Betrag am Ende des Jahres	Buchwert am Ende des Jahres
1	9000	21 000
2	6300	14 700
3	4410	10 290
4	3087	7 203
5	2160,90	5 042,10
6	1 512,63	3 529,47
7	1 058,84	2 470,63
8	741,19	1 729,44
9	518,83	1 210,61
10	363,18	847,43

c) geometrisch-degressiver/linearer Abschreibungsplan

Jahr	Ab-Betrag am Ende des Jahres		Buchwert am Ende des Jahres
	geom.-degr.	linear	
1	9000	-	21 000
2	6300	-	14 700
3	4410	-	10 290
4	3087	-	7 203
5	2160,90	-	5 042,10
6	1512,63	-	3529,47
7	1058,84	-	2470,63
8	-	823,54	1647,09
9	-	823,54	823,55
10	-	823,54	≈ 0

Barwert der Abschreibungsbeträge der linearen Abschreibung:
$$\frac{3\,000}{1,05} + \frac{3\,000}{1,05^2} + \ldots + \frac{3\,000}{1,05^{10}} = 23\,165,20$$

Barwert der Abschreibungsbeträge der geometrisch-degressiven mit Übergang in den letzten drei Jahren zur linearen Abschreibung:
$$\frac{9\,000}{1,05} + \frac{6\,300}{1,05^2} + \ldots + \frac{823,54}{1,05^{10}} = 25\,803,14$$

d.h. die geom.-degr. Abschreibung mit dem Übergang im achten Jahr zur linearen Abschreibung bringt den größeren Steuervorteil.

A   Anhang

A.1   Herleitung der Duration nach Macaulay

Die Macaulay-Duration eines Standardbonds des Nennwerts C mit dem Kuponzins i_K ist gemäß 6.19 bei einem Marktzins $i = q - 1$ wie folgt definiert:

$$D = \frac{\sum_{k=1}^n k \cdot \dfrac{\text{Zahlung am Ende des } k\text{-ten Jahres}}{q^k}}{\text{Kurswert}}$$

Um aus dieser Definition die Berechnungsformel 6.20 herzuleiten, werden wir zunächst den Zähler von 6.19 umformen:

$$\sum_{k=1}^n k \cdot \frac{\text{Zahlung am Ende des } k\text{-ten Jahres}}{q^k}$$

$$= \sum_{k=1}^n k \cdot \frac{i_K \cdot C}{q^k} + n \cdot \frac{C}{q^n}$$

$$= \frac{q-1}{q-1} \left(\sum_{k=1}^n k \cdot \frac{i_k \cdot C}{q^k} \right) + n \cdot \frac{C}{q^n}$$

$$= \frac{1}{q-1} \left(q \sum_{k=1}^n k \cdot \frac{i_K \cdot C}{q^k} - \sum_{k=1}^n k \cdot \frac{i_K \cdot C}{q^k} \right) + n \cdot \frac{C}{q^n}$$

$$= \frac{i_K \cdot C}{q-1} \left(1 + \frac{2}{q} + \frac{3}{q^2} + \ldots + \frac{n}{q^{n-1}} - \frac{1}{q} - \frac{2}{q^2} - \frac{3}{q^3} - \ldots - \frac{n}{q^n} \right) + n \cdot \frac{C}{q^n}$$

$$= \frac{i_k \cdot C}{q-1} \left(1 + \frac{1}{q} + \frac{1}{q^2} + \frac{1}{q^3} + \ldots + \frac{1}{q^{n-1}} \right) - \frac{i_K \cdot C \cdot n}{(q-1)q^n} + \frac{n \cdot C}{q^n}$$

$$= \frac{i_k \cdot C}{q-1} q \sum_{k=1}^n \frac{1}{q^k} - \frac{i_K \cdot C \cdot n}{(q-1)q^n} + \frac{n \cdot C}{q^n}$$

$$= \frac{q}{q-1} \left(\sum_{k=1}^n \frac{i_k \cdot C}{q^k} + \frac{C}{q^n} \right) - \frac{q}{q-1} \cdot \frac{C}{q^n} - \frac{i_K \cdot C \cdot n}{(q-1)q^n} + \frac{n \cdot C}{q^n}$$

$$= \frac{q}{q-1} \cdot \text{Kurswert} - \left(\frac{i_K \cdot C \cdot n}{(q-1)q^n} - \frac{n \cdot C}{q^n} + \frac{q}{q-1} \cdot \frac{C}{q^n} \right)$$

$$= \frac{q}{q-1} \cdot \text{Kurswert} - \frac{C}{(q-1)q^n}\left(i_K \cdot n - (q-1) \cdot n + q\right) \tag{A.1}$$

Der Nenner der Formel 6.19 ist der Kurswert der Anleihe:

$$\text{Kurswert} = C \cdot \left(\frac{1}{q^n} + i_K \cdot \frac{1-\frac{1}{q^n}}{q-1}\right) \tag{A.2}$$

Mit den Formeln A.1 sowie A.2 ergibt sich für die Macaulay-Duration 6.19 eines Standardbonds:

$$D = \frac{\frac{q}{q-1} \cdot \text{Kurswertwert}}{\text{Kurswert}} - \frac{C}{(q-1)q^n} \cdot \frac{i_K \cdot n - (q-1) \cdot n + q}{C \cdot \left(\frac{1}{q^n} + i_K \cdot \frac{1-\frac{1}{q^n}}{q-1}\right)}$$

$$= \frac{q}{q-1} - \frac{i_K \cdot n - (q-1) \cdot n + q}{(q-1) + i_K \cdot q^n - i_K} \tag{A.3}$$

Aus A.3 ergibt sich mit dem Marktzins $i = q - 1$ die Formel 6.20 der Duration eines Standardbonds:

$$D = \frac{1+i}{i} - \frac{1+i+n(i_K - i)}{i_K(1+i)^n - (i_K - i)}$$

A.2   Tabelle Abzinsungssummenfaktor

In den nachfolgenden Tabellen sind die Werte von $\frac{q^n - 1}{q-1} \cdot \frac{1}{q^n}$ tabelliert in Abhängigkeit von der Laufzeit n und dem Zinsfaktor q.

Tabellierte Werte von $\dfrac{q^n - 1}{q - 1} \cdot \dfrac{1}{q^n}$

n	1,0 %	1,5 %	2,0 %	2,5 %	3,0 %	3,5 %	4,0 %	4,5 %	n
1	0,99010	0,98522	0,98039	0,97561	0,97087	0,96618	0,96154	0,95694	1
2	1,97040	1,95588	1,94156	1,92742	1,91347	1,89969	1,88609	1,87267	2
3	2,94099	2,91220	2,88388	2,85602	2,82861	2,80164	2,77509	2,74896	3
4	3,90197	3,85438	3,80773	3,76197	3,71710	3,67308	3,62990	3,58753	4
5	4,85343	4,78264	4,71346	4,64583	4,57971	4,51505	4,45182	4,38998	5
6	5,79548	5,69719	5,60143	5,50813	5,41719	5,32855	5,24214	5,15787	6
7	6,72819	6,59821	6,47199	6,34939	6,23028	6,11454	6,00205	5,89270	7
8	7,65168	7,48593	7,32548	7,17014	7,01969	6,87396	6,73274	6,59589	8
9	8,56602	8,36052	8,16224	7,97087	7,78611	7,60769	7,43533	7,26879	9
10	9,47130	9,22218	8,98259	8,75206	8,53020	8,31661	8,11090	7,91272	10
11	10,36763	10,07112	9,78685	9,51421	9,25262	9,00155	8,76048	8,52892	11
12	11,25508	10,90751	10,57534	10,25776	9,95400	9,66333	9,38507	9,11858	12
13	12,13374	11,73153	11,34837	10,98318	10,63496	10,30274	9,98565	9,68285	13
14	13,00370	12,54338	12,10625	11,69091	11,29607	10,92052	10,56312	10,22283	14
15	13,86505	13,34323	12,84926	12,38138	11,93794	11,51741	11,11839	10,73955	15
16	14,71787	14,13126	13,57771	13,05500	12,56110	12,09412	11,65230	11,23402	16
17	15,56225	14,90765	14,29187	13,71220	13,16612	12,65132	12,16567	11,70719	17
18	16,39827	15,67256	14,99203	14,35336	13,75351	13,18968	12,65930	12,15999	18
19	17,22601	16,42617	15,67846	14,97889	14,32380	13,70984	13,13394	12,59329	19
20	18,04555	17,16864	16,35143	15,58916	14,87747	14,21240	13,59033	13,00794	20
21	18,85698	17,90014	17,01121	16,18455	15,41502	14,69797	14,02916	13,40472	21
22	19,66038	18,62082	17,65805	16,76541	15,93692	15,16712	14,45112	13,78442	22
23	20,45582	19,33086	18,29220	17,33211	16,44361	15,62041	14,85684	14,14777	23
24	21,24339	20,03041	18,91393	17,88499	16,93554	16,05837	15,24696	14,49548	24
25	22,02316	20,71961	19,52346	18,42438	17,41315	16,48151	15,62208	14,82821	25
26	22,79520	21,39863	20,12104	18,95061	17,87684	16,89035	15,98277	15,14661	26
27	23,55961	22,06762	20,70690	19,46401	18,32703	17,28536	16,32959	15,45130	27
28	24,31644	22,72672	21,28127	19,96489	18,76411	17,66702	16,66306	15,74287	28
29	25,06579	23,37608	21,84438	20,45355	19,18845	18,03577	16,98371	16,02189	29
30	25,80771	24,01584	22,39646	20,93029	19,60044	18,39205	17,29203	16,28889	30
31	26,54229	24,64615	22,93770	21,39541	20,00043	18,73628	17,58849	16,54439	31
32	27,26959	25,26714	23,46833	21,84918	20,38877	19,06887	17,87355	16,78889	32
33	27,98969	25,87895	23,98856	22,29188	20,76579	19,39021	18,14765	17,02286	33
34	28,70267	26,48173	24,49859	22,72379	21,13184	19,70068	18,41120	17,24676	34
35	29,40858	27,07559	24,99862	23,14516	21,48722	20,00066	18,66461	17,46101	35
36	30,10751	27,66068	25,48884	23,55625	21,83225	20,29049	18,90828	17,66604	36
37	30,79951	28,23713	25,96945	23,95732	22,16724	20,57053	19,14258	17,86224	37
38	31,48466	28,80505	26,44064	24,34860	22,49246	20,84109	19,36786	18,04999	38
39	32,16303	29,36458	26,90259	24,73034	22,80822	21,10250	19,58448	18,22966	39
40	32,83469	29,91585	27,35548	25,10278	23,11477	21,35507	19,79277	18,40158	40
41	33,49969	30,45896	27,79949	25,46612	23,41240	21,59910	19,99305	18,56611	41
42	34,15811	30,99405	28,23479	25,82061	23,70136	21,83488	20,18563	18,72355	42
43	34,81001	31,52123	28,66156	26,16645	23,98190	22,06269	20,37079	18,87421	43
44	35,45545	32,04062	29,07996	26,50385	24,25427	22,28279	20,54884	19,01838	44
45	36,09451	32,55234	29,49016	26,83302	24,51871	22,49545	20,72004	19,15635	45
46	36,72724	33,05649	29,89231	27,15417	24,77545	22,70092	20,88465	19,28837	46
47	37,35370	33,55319	30,28658	27,46748	25,02471	22,89944	21,04294	19,41471	47
48	37,97396	34,04255	30,67312	27,77315	25,26671	23,09124	21,19513	19,53561	48
49	38,58808	34,52468	31,05208	28,07137	25,50166	23,27656	21,34147	19,65130	49
50	39,19612	34,99969	31,42361	28,36231	25,72976	23,45562	21,48218	19,76201	50
	1,0 %	1,5 %	2,0 %	2,5 %	3,0 %	3,5 %	4,0 %	4,5 %	

Tabellierte Werte von $\dfrac{q^n - 1}{q - 1} \cdot \dfrac{1}{q^n}$

n	5,0 %	5,5 %	6,0 %	6,5 %	7,0 %	7,5 %	8,0 %	8,5 %	n
1	0,95238	0,94787	0,94340	0,93897	0,93458	0,93023	0,92593	0,92166	1
2	1,85941	1,84632	1,83339	1,82063	1,80802	1,79557	1,78326	1,77111	2
3	2,72325	2,69793	2,67301	2,64848	2,62432	2,60053	2,57710	2,55402	3
4	3,54595	3,50515	3,46511	3,42580	3,38721	3,34933	3,31213	3,27560	4
5	4,32948	4,27028	4,21236	4,15568	4,10020	4,04588	3,99271	3,94064	5
6	5,07569	4,99553	4,91732	4,84101	4,76654	4,69385	4,62288	4,55359	6
7	5,78637	5,68297	5,58238	5,48452	5,38929	5,29660	5,20637	5,11851	7
8	6,46321	6,33457	6,20979	6,08875	5,97130	5,85730	5,74664	5,63918	8
9	7,10782	6,95220	6,80169	6,65610	6,51523	6,37889	6,24689	6,11906	9
10	7,72173	7,53763	7,36009	7,18883	7,02358	6,86408	6,71008	6,56135	10
11	8,30641	8,09254	7,88687	7,68904	7,49867	7,31542	7,13896	6,96898	11
12	8,86325	8,61852	8,38384	8,15873	7,94269	7,73528	7,53608	7,34469	12
13	9,39357	9,11708	8,85268	8,59974	8,35765	8,12584	7,90378	7,69095	13
14	9,89864	9,58965	9,29498	9,01384	8,74547	8,48915	8,24424	8,01010	14
15	10,37966	10,03758	9,71225	9,40267	9,10791	8,82712	8,55948	8,30424	15
16	10,83777	10,46216	10,10590	9,76776	9,44665	9,14151	8,85137	8,57533	16
17	11,27407	10,86461	10,47726	10,11058	9,76322	9,43396	9,12164	8,82519	17
18	11,68959	11,24607	10,82760	10,43247	10,05909	9,70601	9,37189	9,05548	18
19	12,08532	11,60765	11,15812	10,73471	10,33560	9,95908	9,60360	9,26772	19
20	12,46221	11,95038	11,46992	11,01851	10,59401	10,19449	9,81815	9,46334	20
21	12,82115	12,27524	11,76408	11,28498	10,83553	10,41348	10,01680	9,64363	21
22	13,16300	12,58317	12,04158	11,53520	11,06124	10,61719	10,20074	9,80980	22
23	13,48857	12,87504	12,30338	11,77014	11,27219	10,80669	10,37106	9,96295	23
24	13,79864	13,15170	12,55036	11,99074	11,46933	10,98297	10,52876	10,10410	24
25	14,09394	13,41393	12,78336	12,19788	11,65358	11,14695	10,67478	10,23419	25
26	14,37519	13,66250	13,00317	12,39237	11,82578	11,29948	10,80998	10,35409	26
27	14,64303	13,89810	13,21053	12,57500	11,98671	11,44138	10,93516	10,46460	27
28	14,89813	14,12142	13,40616	12,74648	12,13711	11,57338	11,05108	10,56645	28
29	15,14107	14,33310	13,59072	12,90749	12,27767	11,69617	11,15841	10,66033	29
30	15,37245	14,53375	13,76483	13,05868	12,40904	11,81039	11,25778	10,74684	30
31	15,59281	14,72393	13,92909	13,20063	12,53181	11,91664	11,34980	10,82658	31
32	15,80268	14,90420	14,08404	13,33393	12,64656	12,01548	11,43500	10,90008	32
33	16,00255	15,07507	14,23023	13,45909	12,75379	12,10742	11,51389	10,96781	33
34	16,19290	15,23703	14,36814	13,57661	12,85401	12,19295	11,58693	11,03024	34
35	16,37419	15,39055	14,49825	13,68696	12,94767	12,27251	11,65457	11,08778	35
36	16,54685	15,53607	14,62099	13,79057	13,03521	12,34652	11,71719	11,14081	36
37	16,71129	15,67400	14,73678	13,88786	13,11702	12,41537	11,77518	11,18969	37
38	16,86789	15,80474	14,84602	13,97921	13,19347	12,47941	11,82887	11,23474	38
39	17,01704	15,92866	14,94907	14,06499	13,26493	12,53899	11,87858	11,27625	39
40	17,15909	16,04612	15,04630	14,14553	13,33171	12,59441	11,92461	11,31452	40
41	17,29437	16,15746	15,13802	14,22115	13,39412	12,64596	11,96723	11,34979	41
42	17,42321	16,26300	15,22454	14,29216	13,45245	12,69392	12,00670	11,38229	42
43	17,54591	16,36303	15,30617	14,35884	13,50696	12,73853	12,04324	11,41225	43
44	17,66277	16,45785	15,38318	14,42144	13,55791	12,78003	12,07707	11,43986	44
45	17,77407	16,54773	15,45583	14,48023	13,60552	12,81863	12,10840	11,46531	45
46	17,88007	16,63292	15,52437	14,53543	13,65002	12,85454	12,13741	11,48877	46
47	17,98102	16,71366	15,58903	14,58725	13,69161	12,88794	12,16427	11,51038	47
48	18,07716	16,79020	15,65003	14,63592	13,73047	12,91902	12,18914	11,53031	48
49	18,16872	16,86275	15,70757	14,68161	13,76680	12,94792	12,21216	11,54867	49
50	18,25593	16,93152	15,76186	14,72452	13,80075	12,97481	12,23348	11,56560	50
	5,0 %	5,5 %	6,0 %	6,5 %	7,0 %	7,5 %	8,0 %	8,5 %	

Tabellierte Werte von $\dfrac{q^n - 1}{q - 1} \cdot \dfrac{1}{q^n}$

n	9,0 %	9,5 %	10,0 %	10,5 %	11,0 %	11,5 %	12,0 %	12,5 %	n
1	0,91743	0,91324	0,90909	0,90498	0,90090	0,98522	0,89286	0,88889	1
2	1,75911	1,74725	1,73554	1,72396	1,71252	1,95588	1,69005	1,67901	2
3	2,53129	2,50891	2,48685	2,46512	2,44371	2,91220	2,40183	2,38134	3
4	3,23972	3,20448	3,16987	3,13586	3,10245	3,85438	3,03735	3,00564	4
5	3,88965	3,83971	3,79079	3,74286	3,69590	4,78264	3,60478	3,56057	5
6	4,48592	4,41983	4,35526	4,29218	4,23054	5,69719	4,11141	4,05384	6
7	5,03295	4,94961	4,86842	4,78930	4,71220	6,59821	4,56376	4,49230	7
8	5,53482	5,43344	5,33493	5,23919	5,14612	7,48593	4,96764	4,88205	8
9	5,99525	5,87528	5,75902	5,64632	5,53705	8,36052	5,32825	5,22848	9
10	6,41766	6,27880	6,14457	6,01477	5,88923	9,22218	5,65022	5,53643	10
11	6,80519	6,64730	6,49506	6,34821	6,20652	10,07112	5,93770	5,81016	11
12	7,16073	6,98384	6,81369	6,64996	6,49236	10,90751	6,19437	6,05348	12
13	7,48690	7,29118	7,10336	6,92304	6,74987	11,73153	6,42355	6,26976	13
14	7,78615	7,57185	7,36669	7,17018	6,98187	12,54338	6,62817	6,46201	14
15	8,06069	7,82818	7,60608	7,39382	7,19087	13,34323	6,81086	6,63289	15
16	8,31256	8,06226	7,82371	7,59622	7,37916	14,13126	6,97399	6,78479	16
17	8,54363	8,27604	8,02155	7,77939	7,54879	14,90765	7,11963	6,91982	17
18	8,75563	8,47127	8,20141	7,94515	7,70162	15,67256	7,24967	7,03984	18
19	8,95011	8,64956	8,36492	8,09515	7,83929	16,42617	7,36578	7,14652	19
20	9,12855	8,81238	8,51356	8,23091	7,96333	17,16864	7,46944	7,24135	20
21	9,29224	8,96108	8,64869	8,35376	8,07507	17,90014	7,56200	7,32565	21
22	9,44243	9,09688	8,77154	8,46494	8,17574	18,62082	7,64465	7,40058	22
23	9,58021	9,22089	8,88322	8,56556	8,26643	19,33086	7,71843	7,46718	23
24	9,70661	9,33415	8,98474	8,65662	8,34814	20,03041	7,78432	7,52638	24
25	9,82258	9,43758	9,07704	8,73902	8,42174	20,71961	7,84314	7,57901	25
26	9,92897	9,53203	9,16095	8,81359	8,48806	21,39863	7,89566	7,62578	26
27	10,02658	9,61830	9,23722	8,88108	8,54780	22,06762	7,94255	7,66736	27
28	10,11613	9,69707	9,30657	8,94215	8,60162	22,72672	7,98442	7,70432	28
29	10,19828	9,76902	9,36961	8,99742	8,65011	23,37608	8,02181	7,73717	29
30	10,27365	9,83472	9,42691	9,04744	8,69379	24,01584	8,05518	7,76638	30
31	10,34280	9,89472	9,47901	9,09271	8,73315	24,64615	8,08499	7,79234	31
32	10,40624	9,94952	9,52638	9,13367	8,76860	25,26714	8,11159	7,81541	32
33	10,46444	9,99956	9,56943	9,17074	8,80054	25,87895	8,13535	7,83592	33
34	10,51784	10,04526	9,60857	9,20429	8,82932	26,48173	8,15656	7,85415	34
35	10,56682	10,08699	9,64416	9,23465	8,85524	27,07559	8,17550	7,87036	35
36	10,61176	10,12511	9,67651	9,26213	8,87859	27,66068	8,19241	7,88476	36
37	10,65299	10,15992	9,70592	9,28700	8,89963	28,23713	8,20751	7,89757	37
38	10,69082	10,19171	9,73265	9,30950	8,91859	28,80505	8,22099	7,90895	38
39	10,72552	10,22074	9,75696	9,32986	8,93567	29,36458	8,23303	7,91906	39
40	10,75736	10,24725	9,77905	9,34829	8,95105	29,91585	8,24378	7,92806	40
41	10,78657	10,27146	9,79914	9,36497	8,96491	30,45896	8,25337	7,93605	41
42	10,81337	10,29357	9,81740	9,38006	8,97740	30,99405	8,26194	7,94316	42
43	10,83795	10,31376	9,83400	9,39372	8,98865	31,52123	8,26959	7,94947	43
44	10,86051	10,33220	9,84909	9,40608	8,99878	32,04062	8,27642	7,95509	44
45	10,88120	10,34904	9,86281	9,41727	9,00791	32,55234	8,28252	7,96008	45
46	10,90018	10,36442	9,87528	9,42739	9,01614	33,05649	8,28796	7,96451	46
47	10,91760	10,37847	9,88662	9,43656	9,02355	33,55319	8,29282	7,96846	47
48	10,93358	10,39130	9,89693	9,44485	9,03022	34,04255	8,29716	7,97196	48
49	10,94823	10,40301	9,90630	9,45235	9,03624	34,52468	8,30104	7,97508	49
50	10,96168	10,41371	9,91481	9,45914	9,04165	34,99969	8,30450	7,97785	50
	9,0 %	9,5 %	10,0 %	10,5 %	11,0 %	11,5 %	12,0 %	12,5 %	

Tabellierte Werte von $\dfrac{q^n - 1}{q - 1} \cdot \dfrac{1}{q^n}$

n	13,0 %	14,0 %	15,0 %	16,0 %	17,0 %	18,0 %	19,0 %	20,0 %	n
1	0,88496	0,87719	0,86957	0,86207	0,85470	0,84746	0,84034	0,83333	1
2	1,66810	1,64666	1,62571	1,60523	1,58521	1,56564	1,54650	1,52778	2
3	2,36115	2,32163	2,28323	2,24589	2,20958	2,17427	2,13992	2,10648	3
4	2,97447	2,91371	2,85498	2,79818	2,74324	2,69006	2,63859	2,58873	4
5	3,51723	3,43308	3,35216	3,27429	3,19935	3,12717	3,05763	2,99061	5
6	3,99755	3,88867	3,78448	3,68474	3,58918	3,49760	3,40978	3,32551	6
7	4,42261	4,28830	4,16042	4,03857	3,92238	3,81153	3,70570	3,60459	7
8	4,79877	4,63886	4,48732	4,34359	4,20716	4,07757	3,95437	3,83716	8
9	5,13166	4,94637	4,77158	4,60654	4,45057	4,30302	4,16333	4,03097	9
10	5,42624	5,21612	5,01877	4,83323	4,65860	4,49409	4,33893	4,19247	10
11	5,68694	5,45273	5,23371	5,02864	4,83641	4,65601	4,48650	4,32706	11
12	5,91765	5,66029	5,42062	5,19711	4,98839	4,79322	4,61050	4,43922	12
13	6,12181	5,84236	5,58315	5,34233	5,11828	4,90951	4,71471	4,53268	13
14	6,30249	6,00207	5,72448	5,46753	5,22930	5,00806	4,80228	4,61057	14
15	6,46238	6,14217	5,84737	5,57546	5,32419	5,09158	4,87586	4,67547	15
16	6,60388	6,26506	5,95423	5,66850	5,40529	5,16235	4,93770	4,72956	16
17	6,72909	6,37286	6,04716	5,74870	5,47461	5,22233	4,98966	4,77463	17
18	6,83991	6,46742	6,12797	5,81785	5,53385	5,27316	5,03333	4,81219	18
19	6,93797	6,55037	6,19823	5,87746	5,58449	5,31624	5,07003	4,84350	19
20	7,02475	6,62313	6,25933	5,92884	5,62777	5,35275	5,10086	4,86958	20
21	7,10155	6,68696	6,31246	5,97314	5,66476	5,38368	5,12677	4,89132	21
22	7,16951	6,74294	6,35866	6,01133	5,69637	5,40990	5,14855	4,90943	22
23	7,22966	6,79206	6,39884	6,04425	5,72340	5,43212	5,16685	4,92453	23
24	7,28288	6,83514	6,43377	6,07263	5,74649	5,45095	5,18223	4,93710	24
25	7,32998	6,87293	6,46415	6,09709	5,76623	5,46691	5,19515	4,94759	25
26	7,37167	6,90608	6,49056	6,11818	5,78311	5,48043	5,20601	4,95632	26
27	7,40856	6,93515	6,51353	6,13636	5,79753	5,49189	5,21513	4,96360	27
28	7,44120	6,96066	6,53351	6,15204	5,80985	5,50160	5,22280	4,96967	28
29	7,47009	6,98304	6,55088	6,16555	5,82039	5,50983	5,22924	4,97472	29
30	7,49565	7,00266	6,56598	6,17720	5,82939	5,51681	5,23466	4,97894	30
31	7,51828	7,01988	6,57911	6,18724	5,83709	5,52272	5,23921	4,98245	31
32	7,53830	7,03498	6,59053	6,19590	5,84366	5,52773	5,24303	4,98537	32
33	7,55602	7,04823	6,60046	6,20336	5,84928	5,53197	5,24625	4,98781	33
34	7,57170	7,05985	6,60910	6,20979	5,85409	5,53557	5,24895	4,98984	34
35	7,58557	7,07005	6,61661	6,21534	5,85820	5,53862	5,25122	4,99154	35
36	7,59785	7,07899	6,62314	6,22012	5,86171	5,54120	5,25312	4,99295	36
37	7,60872	7,08683	6,62881	6,22424	5,86471	5,54339	5,25472	4,99412	37
38	7,61833	7,09371	6,63375	6,22779	5,86727	5,54525	5,25607	4,99510	38
39	7,62684	7,09975	6,63805	6,23086	5,86946	5,54682	5,25720	4,99592	39
40	7,63438	7,10504	6,64178	6,23350	5,87133	5,54815	5,25815	4,99660	40
41	7,64104	7,10969	6,64502	6,23577	5,87294	5,54928	5,25895	4,99717	41
42	7,64694	7,11376	6,64785	6,23774	5,87430	5,55024	5,25962	4,99764	42
43	7,65216	7,11733	6,65030	6,23943	5,87547	5,55105	5,26019	4,99803	43
44	7,65678	7,12047	6,65244	6,24089	5,87647	5,55174	5,26066	4,99836	44
45	7,66086	7,12322	6,65429	6,24214	5,87733	5,55232	5,26106	4,99863	45
46	7,66448	7,12563	6,65591	6,24323	5,87806	5,55281	5,26140	4,99886	46
47	7,66768	7,12774	6,65731	6,24416	5,87868	5,55323	5,26168	4,99905	47
48	7,67052	7,12960	6,65853	6,24497	5,87922	5,55359	5,26191	4,99921	48
49	7,67302	7,13123	6,65959	6,24566	5,87967	5,55389	5,26211	4,99934	49
50	7,67524	7,13266	6,66051	6,24626	5,88006	5,55414	5,26228	4,99945	50
	13,0 %	14,0 %	15,0 %	16,0 %	17,0 %	18,0 %	19,0 %	20,0 %	

A.3   Formelsammlung

A.3.1   Zinsrechnung

Bezeichnungen

K_0 Anfangskapital
n Laufzeit in Jahren
K_n Kapital nach n Jahren
p jährlicher Zinsfuß
$i = \frac{p}{100}$ jährlicher Zinssatz
$q = 1 + i$ jährlicher Aufzinsungsfaktor
j effektiver Jahreszinssatz
m Anzahl der unterjährlichen Zinsperioden innerhalb eines Jahres
k in der Laufzeit enthaltene volle Jahre
$\gamma, \gamma_1, \gamma_2$ Jahresbruchteile

Lineare Verzinsung

$K_n = K_0(1 + i \cdot n); \ \ n \geq 0$

Nachschüssige Verzinsung mit Zinseszins

$K_n = K_0 \cdot q^n; \ \ n \in \mathbb{N}$

$$n = \frac{\ln(K_n) - \ln(K_0)}{\ln(q)} = \frac{\ln\left(\frac{K_n}{K_0}\right)}{\ln(q)} \ \ \text{(Laufzeitformel)}$$

Vorschüssige Verzinsung mit Zinseszins

$$K_n = \frac{K_0}{(1 - i)^n}; \ \ n \in \mathbb{N}$$

$i' = \dfrac{i}{1 - i}$ (nachschüssiger Ersatzzinssatz)

Unterjährliche Verzinsung zum relativen Zinssatz

$$K_n = K_0 \cdot \left(1 + \frac{i}{m}\right)^{n \cdot m}; \ \ m \in \mathbb{N}; n \geq 0; n \cdot m \in \mathbb{N}$$

$$j = \left(1 + \frac{i}{m}\right)^m - 1 \ \text{(effektiver Jahreszinssatz)}$$

Konforme Verzinsung

$K_n = K_0 \cdot q^n; \ \ n \geq 0$

Relativ gemischte Verzinsung

$K_{k+\gamma} = K_0 \cdot q^k \cdot (1 + \gamma \cdot i); \ \ k \in \mathbb{N}_0; \gamma \in (0,1)$

Bankmäßig gemischte Verzinsung

$K_{\gamma_1 + k + \gamma_2} = K_0 \cdot (1 + \gamma_1 \cdot i) \cdot q^k \cdot (1 + \gamma_2 \cdot i); \ \ k \in \mathbb{N}_0; \gamma_1, \gamma_2 \in (0,1)$

Stetige Verzinsung

$K_n = K_0 \cdot e^{i \cdot n}; n \geq 0$

A.3.2 Rentenrechnung

Bezeichnungen

n Laufzeit einer Rente in Jahren
R_n Rentenendwert
R_0 Rentenbarwert
r jährliche Rentenrate bei nachschüssiger Zahlweise
r' jährliche Rentenrate bei vorschüssiger Zahlweise
r_u Rentenrate bei nachschüssiger unterjährlicher Zahlweise
r_u' Rentenrate bei vorschüssiger unterjährlicher Zahlweise
r_j nachschüssige Jahres-Ersatzrente bei unterjährlich gezahlten Renten
m Anzahl der unterjährlichen Rentenzahlungen innerhalb eines Jahres

Rentenendwert bei nachschüssiger Zahlweise

$$R_n = r \cdot \frac{q^n - 1}{q - 1} \quad \text{(nachschüssige Verzinsung)}$$

Rentenbarwert bei nachschüssiger Zahlweise

$$R_0 = r \cdot \frac{q^n - 1}{q - 1} \cdot \frac{1}{q^n} \quad \text{(nachschüssige Verzinsung)}$$

Laufzeit einer Jahresrente bei nachschüssiger Zahlweise

$$n = \frac{\ln\left(1 + \frac{R_n}{r} \cdot (q - 1)\right)}{\ln(q)} \quad \text{(nachschüssige Verzinsung bei gegebenem Endwert)}$$

$$n = -\frac{\ln\left(1 - \frac{R_0}{r} \cdot (q - 1)\right)}{\ln(q)} \quad \text{(nachschüssige Verzinsung bei gegebenem Barwert)}$$

Zusammenhang zwischen vorschüssigen und nachschüssigen Jahresrenten

$r = r' \cdot q$ (nachschüssige Verzinsung)

Unterjährlich nachschüssige Zahlweise

$$r_j = r_u \cdot \left(m + \frac{m - 1}{2} \cdot i\right) \quad \text{(relativ gemischte Verzinsung)}$$

$$r_j = r_u \cdot \frac{\left(1 + \frac{i}{m}\right)^m - 1}{\frac{i}{m}} \quad \text{(unterjährliche Verzinsung zum relativen Zins)}$$

$$K_n = r_u \cdot \frac{\left(1 + \frac{i}{m}\right)^{n \cdot m} - 1}{\frac{i}{m}} \quad \text{(unterjährliche Verzinsung zum relativen Zins)}$$

Unterjährlich vorschüssige Zahlweise

$$r_j = r_u' \cdot \left(m + \frac{m + 1}{2} \cdot i\right) \quad \text{(relativ gemischte Verzinsung)}$$

$$r_j = r_u' \cdot \left(1 + \frac{i}{m}\right) \cdot \frac{\left(1 + \frac{i}{m}\right)^m - 1}{\frac{i}{m}} \quad \text{(unterjährliche Verzinsung zum relativen Zins)}$$

$$K_n = r_u' \cdot \left(1 + \frac{i}{m}\right) \cdot \frac{\left(1 + \frac{i}{m}\right)^{n \cdot m} - 1}{\frac{i}{m}} \quad \text{(unterjährliche Verzinsung zum relativen Zins)}$$

A.3.3   Tilgungsrechnung

Bezeichnungen

K_0 Anfangskapital
n Laufzeit in Jahren
K_k Kapital am Ende des k-ten Jahres
T_k Tilgungsrate für das k-te Jahr
A_k Annuität für das k-te Jahr
Z_k Zinsen für das k-te Jahr
i jährlicher Zinssatz
q jährlicher Aufzinsungsfaktor
t anfänglicher Tilgungssatz (Prozent-Annuitätentilgung)

Raten-Tilgung

$$T = T_k = \frac{K_0}{n} \qquad \text{Tilgungsrate (gleich bleibend)}$$

$$A_k = T_k + Z_k = T + Z_k \qquad \text{Annuität für das } k\text{-te Jahr}$$

$$K_k = (n - k) \cdot T \qquad \text{Kapital am Ende des } k\text{-ten Jahres}$$

$$Z_k = (n - k + 1) \cdot T \cdot i \qquad \text{Zinsen für das } k\text{-te Jahr}$$

$$Z_0 = K_0 - T \cdot \frac{q^n - 1}{q - 1} \cdot \frac{1}{q^n} \qquad \text{Barwert aller Zinszahlungen}$$

Annuitäten-Tilgung

$$A = A_k = T_k + Z_k \qquad \text{Annuität (gleich bleibend)}$$

$$A = K_0 \cdot (i + t) \qquad \text{Prozent-Annuität}$$

$$K_0 \cdot q^n = A \cdot \frac{q^n - 1}{q - 1} \qquad \text{EULER'sche Tilgungsgleichung}$$

$$A = T_1 \cdot q^n \qquad \text{Annuität (gleich bleibend)}$$

$$T_k = T_1 \cdot q^{k-1} \qquad \text{Tilgungsrate für das } k\text{-te Jahr}$$

$$K_k = K_0 \cdot q^k - A \cdot \frac{q^k - 1}{q - 1} \qquad \text{Kapital am Ende des } k\text{-ten Jahres}$$

$$n = -\frac{\ln\left(1 - \frac{K_0}{A} \cdot (q - 1)\right)}{\ln(q)} \qquad \text{Laufzeit}$$

$$n = \frac{\ln(i + t) - \ln(t)}{\ln(q)} \qquad \text{Laufzeit}$$

A.3.4   Investitionsrechnung

Bezeichnungen

C_0 Anschaffungswert / Herstellungskosten
n Laufzeit der Investition in Jahren
C_k Überschuss am Ende des k-ten Jahres
i jährlicher Zinssatz
K_0 Barwert der Überschüsse minus Anschaffungswert
i^* interner Zinssatz

Kapitalwert

$$K_0 = C_1 \cdot \frac{1}{1 + i} + C_2 \cdot \frac{1}{(1 + i)^2} + C_3 \cdot \frac{1}{(1 + i)^3} + \cdots + C_n \cdot \frac{1}{(1 + i)^n} - C_0$$

Interner Zinssatz

Der Zinssatz i^*, für den der Kapitalwert K_0 den Wert null annimmt, heißt interner Zinssatz.

A.3.5   Abschreibungen

Bezeichnungen

B_0 Anschaffungswert / Herstellungskosten
n Abschreibungszeitraum in Jahren
B_k Buchwert am Ende des k-ten Jahres
a Abschreibungssatz

Lineare Abschreibung

$\dfrac{B_0}{n}$ Abschreibungsbetrag am Ende des k-ten Jahres

$B_0 - \dfrac{B_0}{n} \cdot k$ Buchwert am Ende des k-ten Jahres

0 Buchwert am Ende des n-ten Jahres

$\dfrac{B_0}{n} \cdot \dfrac{q^n - 1}{q - 1} \cdot \dfrac{1}{q^n}$ Barwert aller Abschreibungsbeträge

Geometrische-degressive Abschreibung

$B_0 \cdot (1 - a)^{k-1} \cdot a$ Abschreibungsbetrag am Ende des k-ten Jahres

$B_0 \, (1 - a)^k$ Buchwert am Ende des k-ten Jahres

$B_0 \, (1 - a)^n$ Buchwert am Ende des n-ten Jahres

$B_0 \cdot a \cdot \dfrac{q^n - (1 - a)^n}{[q - (1 - a)] \cdot q^n}$ Barwert aller Abschreibungsbeträge

Ungleichung für den günstigsten Zeitpunkt x des Übergangs von der geometrisch-degressiven zur linearen Abschreibung: $x \geq n + 1 - \dfrac{1}{a}$

Index

Abschreibungsbetrag
    geometrisch-degressiver, 134
    konstanter, 132
    linearer, 132
Abschreibungsplan
    geometrisch-degressiver, 136
    linearer, 133
    mit Übergang, 138
Abschreibungssatz
    geometrisch-degressiver, 134
    linearer, 132
abzinsen, 1
Agio, 113
Amortisationsdauer, 128
Annuitätenmethode, 125
Annuität, 75
Annuitäten-Tilgung, 75
aufzinsen, 1

bankmäßig gemischte Verzinsung, 33
Barwert
    Abschreibungsbeträge, 140
    Kapital, 4, 10
    Renten, 40
    Zinsen (Raten-Tilgung), 77
Bewertungsstichtag, 6, 31

Damnum, 97, 99
Disagio, 111
Duration nach Macaulay, 116

Effektivzins, 97
einfache Zinsen, 2
Emittent, 109
Endwert
    Kapital, 4
    Rente, 40, 47, 48, 53
Ersatzzins, 17
Excel Abschreibungs-Formel
    geom.-degr. A., 136

geom.-degr./lin. A., 138
    lineare A., 133
Excel Annuitäten-Formel, 82
Excel Barwert-Formel
    jährliche nachsch. Rente, 42
    jährliche vorsch. Rente, 50
    Periodenüberschüsse, 124
    unterj. nachsch. Rente, 67
    unterj. vorsch. Rente, 69
Excel Effektivzins, 104
Excel interner Zins, 127
Excel Laufzeit-Formel, 43, 44

Haben-Zins, 24

interner Zinssatz, 125

Jahreszins
    effektiver, 22, 97
    nomineller, 22

Kalkulationszins, 121
Kapitalwert, 121, 122
Kapitalwertmethode, 121
Kupon, 110
    -anleihe, 110
    -zins, 110
Kurs, 112
Kurswert, 111

Laufzeit
    Annuitäten-Tilgung, 82
    nachschüssige Rente, 47
    Prozentannuitäten-Tilgung, 86
    vorschüssige Rente, 48, 53
Lieferantenkredit, 107
lineare Verzinsung, 3

Marktzins, 111

nachschüssige Verzinsung, 9

Nennwert einer Anleihe, 110
Newtonverfahren, 100
Nominalbetrag, 110
nomineller Jahreszins, 22
Nullkuponanleihe, 111
Nutzungsdauer, 131

pari, 113
Periodenüberschuss, 121
Prozentannuität, 85
Prozentannuitäten-Tilgung, 86

Raten-Tilgung, 75
relativ gemischte Verzinsung, 28
relativer Zins, 21
Rendite, 114
Rente, jährlich
    ewig nachschüssig, 70
    ewige vorschüssig, 70
    nachschüssig, 39
    vorschüssig, 39
Rente, unterjährlich
    nachschüssig (rel. gem. Verz.), 54,
        59
    nachschüssig (zum rel. Zins), 65, 67
    vorschüssig (rel. gem. Verz.), 59, 65
    vorschüssig (zum rel. Zins), 67, 70
Rentenbarwert
    nachschüssiger, 40, 47
    vorschüssiger, 48, 53
Rentenendwert
    nachschüssiger, 40, 47
    vorschüssiger, 48, 53

Skonto, 108
Soll-Zins, 24
Sparbrief
    abgezinster, 109
    mit steigendem Zins, 109
Standardbond, 110
stetige Verzinsung, 36

tilgen, 46, 75
tilgungsfreie Jahre, 78
Tilgungsplan
    Annuitäten-Tilgung, 79
    Raten-Tilgung, 75

Tilgungssatz, 86

Übergangszeitpunkt, 137, 139
unterjährliche Verzinsung, 20

Verzinsung
    bankmäßig gemischte, 33
    konforme, 28
    lineare, 3
    nachschüssige, 9
    relativ gemischte, 28
    stetige, 36
    unterj. zum relativen Zins, 21
    unterjährliche, 20
    vorschüssige, 14
Vorfälligkeitsentschädigung, 63
Vorleistung, 88
vorschüssige Verzinsung, 14

Wertpapier, 109
    festverzinsliches, 109
    verzinsliches, 109

Zerobond, 111
Zinseszinsen, 2
Zinsfaktor, 1
Zinsfuß, 1
Zinssatz, 1
    interner, 125
    konformer, 25
    relativer, 21